AF241039

PUBLICATIONS
DE L'INSTITUT DES HAUTES-ÉTUDES MAROCAINES
TOME XVIII

MÉMORIAL HENRI BASSET

NOUVELLES ÉTUDES NORD-AFRICAINES ET ORIENTALES

PUBLIÉES PAR

L'INSTITUT DES HAUTES-ÉTUDES MAROCAINES

★ ★

PARIS
LIBRAIRIE ORIENTALISTE PAUL GEUTHNER
13, RUE JACOB (VI')
—
1928

PUBLICATIONS DE L'INSTITUT DES HAUTES-ÉTUDES MAROCAINES

Volumes parus (aux Éditions E. Leroux) :

I. — E. Laoust, *Étude sur le dialecte des Ntifa.*

II. — L. Milliot, *Démembrement des Habous.*

III et IV. — L. Milliot, *Recueil de Jurisprudence Chérifienne (2 vol.).*

V. — L. Brunot, *Notes lexicologiques sur le vocabulaire maritime de Rabat et Salé.*

VI. — L. Brunot, *La Mer dans les Traditions et les Industries indigènes à Rabat et Salé.*

VII. — E. Westermarck, *Cérémonies du Mariage au Maroc,* traduction J. Arin.

VIII. — E. Lévi-Provençal, *Les Manuscrits Arabes de Rabat.*

IX. — E. Lévi-Provençal, *Textes Arabes de l'Ouargha.*

X-XI. — Mélanges René Basset, *Études orientales et nord-africaines (2 vol.).*

XII. — S. Biarnay, *Notes d'Ethnographie et de Linguistique nord-africaines.*

XIII. — L. Milliot, *Recueil de Jurisprudence Chérifienne, t. III.*

XIV. — V. Loubignac, *Étude sur le dialecte berbère des Zaïan.*

XV. — J. Serres, *Mémoires concernant le royaume de Tunis.*

XVI. — Doctoresse Légey, *Contes et Légendes de Marrakech.*

Sous Presse : **A la Librairie Orientaliste Paul Geuthner :**

XIX. — Le Şaḥīḥ d'Al-Buḫārī, reproduction en phototypie des manuscrits originaux de la recension occidentale dite « Recension d'Ibn Sa'āda » établie à Murcie en 492 de l'hégire (1099 de J.-C.) publiée avec une introduction par E. Lévi-Provençal, vol. I : Recension d'Ibn Sa'āda, titres XXV à LVIII, 30 pp. en typographie, 177 feuillets recto et verso et 39 pp. de texte arabe en phototypie et 7 pages de titres et tables arabes, grand in-8, 1928. . . . . **250 fr.**

TEXTES ARABES RELATIFS A L'HISTOIRE DE L'OCCIDENT MUSULMAN

Vient de paraître :

Vol. I. — *Documents inédits d'Histoire almohade,* Fragments manuscrits du « Legajo » 1919 du fonds arabe de l'Escurial publiés et traduits avec une introduction et des notes par E. Lévi-Provençal, 4 planches et 2 cartes, xii-276 pp. et 152 pp. de texte in-8, 1928. Prix. . . . . **160 fr.**

Introduction. — Traduction. — *Première partie :* Lettres d'Ibn Tumart et de Abd al-Mu'min. — *Deuxième partie :* La Généalogie des Almohades et l'organisation du parti (Extrait du Kitab ab-ansab fi ma'rifat al-ashab). — *Troisième partie :* L'Histoire des Almohades d'Abu Bakr b. Ali as-Sanhaji, surnommé al-Baidak. — Appendices. — Glossaire. — Index des noms de personnes. — Index ethnique. — Index géographique et toponymique.

Sous presse :

Vol. II. — Ibn Idari Al-Marrakuchi, Kitab al-Bayan al-Mughrib. Tomo III, *Espagne,* chronique de la fin du califat umaïyade et des « reyes de taïfas », texte arabe publié pour la première fois d'après un manuscrit de Fès, par E. Lévi-Provençal. Suite du texte publié par R. Dozy, à Leide, en 1848.

Vol. IV. — Ibn Haiyan, Kitab al-Muktabis. Tomo III, *Chronique du règne du calife umaïyade Abd Allah à Cordoue,* texte arabe publié pour la première fois, d'après le manuscrit de la Bodléienne, avec une introduction, par le R. P. Melchior M. Antuña, O. S. A., Directeur de la Bibliothèque Royale de San Lorenzo del Escorial.

Vol. V. — Ibn Marzuk al-Khatib at-Tilimsani, Kitab al-Musnad as-Sahid al-Hasan, *monographie du sultan mérinide de Fès Abu 'l Hasan 'Ali,* texte arabe publié pour la première fois, d'après le manuscrit de l'Escurial, par R. Blachère, Maître de conférences à l'Institut des Hautes Études Marocaines, avec une introduction par E. Lévi-Provençal.

PUBLICATIONS DE L'ÉCOLE NATIONALE DES LANGUES ORIENTALES VIVANTES
VI⁰ SÉRIE

Vol. I. — HELLER (B.). *Bibliographie des Œuvres de Ignace Goldziher*, 1 frontispice, xvii et 101 pp. gr. in-8, 1926.. . . . . **30 fr.**

In memoriam Ignace Goldziher (1850-1921), introduction par Louis Massignon. — Notice. — I) Périodiques, revues, journaux, — II) Recueils, séries, mélanges, etc. — III) Encyclopédies. — IX) Livres, articles. — V) Comptes rendus. — VI) Cartes géographiques.

Vol. II. — ASADI JUNIOR DE TOUS, poème persan, publié et traduit par Clément HUART, tome 1ᵉʳ, vii et 218 pp. gr. in-8, 1926. . . **95 fr.**

Préface. — Le livre de Gerchâsp. — Louanges du Prophète. — Louanges de la religion. — Discours sur la louange et les qualités de l'homme. — Description du monde, avec des exemples. — Discours sur le corps et l'âme. — Début du récit. — Louanges du roi Abou-Dolaf. — Récits des hauts faits de Gerchâsp. — Commencement du récit. — La fille du roi révèle son secret à Djemchid. — Mariage de la fille du roi de Kaboul. — Le roi de Kaboul blâme sa fille. — Règne de Chêdasp ; il combat le roi de Kaboul. — Naissance de Gerchâsp, et description de son courage. — Zohhâk reçoit l'hospitalité de Thrita et voit Gerchâsp. — Description du dragon. — Gerchâsp part pour combattre le dragon. — Gerchâsp annonce qu'il a tué le dragon. — Bahoù se révolte contre le Maharâdja pendant que Gerchâsp se rend dans l'Inde — Zohhâk envoie une lettre à Thrita, qui appelle Gerchâsp. — Thrita donne des conseils à Gerchâsp sur la manière de s'acquitter du service du roi — Gerchâsp arrive au secours du Maharâdja. — Gerchâsp écrit une lettre à Bahoù. — Premier combat de Gerchâsp avec les Indiens. — Erratum. — Note complémentaire. — Index de noms propres. — Table des matières.

Vol. III. — DERENBOURG (H.). *Les Manuscrits arabes de l'Escurial*, décrits d'après les notes de H. DERENBOURG, revues et mises à jour par E. LÉVI-PROVENÇAL. Tome III : théologie, géographie, histoire, 2 planches, xi et 330 pp. gr. in-8, 1928. . . . . **125 fr.**

Introduction. — Théologique. — A. Coran et sciences coraniques. — B. Traditions islamiques. — Géographie et histoire. — Additions et corrections.

BIBLIOTHÈQUE DE L'ÉCOLE NATIONALE DES LANGUES ORIENTALES VIVANTES

FEGHALI (M.). *Syntaxe des parlers arabes actuels du Liban*, xxv et 535 pp. petit in-8, 1928.. . . . . **125 fr.**

Avant-Propos. — Bibliographie. — Transcription. — Errata. — *Première partie : Verbe : temps et modes.* — Ch. I : Parfait. — Ch. II : Imparfait. — Ch. III : Modes. — Ch. IV : Participe. — *Deuxième partie : Accord.* — Ch. I : Accord du verbe avec son sujet. — Ch. II : Accord sur substantif avec un attribut et une épithète. — Ch. III : Comparatif et superlatif. — Ch. IV : Noms de nombre. — Ch. V : Annexion. — *Troisième partie : Étude de la proposition.* — Ch. I : Proposition négative. — Ch. II : Proposition interrogative — Ch. III : Proposition optative. — Ch. IV : Proposition conditionnelle. — *Quatrième partie : Pronom.* — Ch. I : Pronoms personnels. — Ch II : Pronoms relatifs. — Ch. III : Pronoms interrogatifs. — Ch IV : Pronoms et adjectifs démonstratifs. — Ch. V : Pronoms et adjectifs indéfinis. — *Cinquième partie : Mots invariables.* — Ch. I : Prépositions. — Ch. II : Conjonctions. — Ch. III : Adverbes. — Index rerum. — Index vocum. — Table des Matières.

MÉMORIAL HENRI BASSET

PUBLICATIONS
DE L'INSTITUT DES HAUTES-ÉTUDES MAROCAINES
TOME XVIII

MÉMORIAL HENRI BASSET

NOUVELLES ÉTUDES NORD-AFRICAINES ET ORIENTALES

PUBLIÉES PAR

L'INSTITUT DES HAUTES-ÉTUDES MAROCAINES

✶✶

PARIS
LIBRAIRIE ORIENTALISTE PAUL GEUTHNER
13, RUE JACOB (VIᵉ)

1928

LES CHAPELLES OCTOGONALES D'EUNATE
ET DE TORRES DEL RIO

Par E. LAMBERT.

Parmi les petites églises d'Espagne, il n'en est guère qui aient autant excité la curiosité des archéologues que les deux chapelles navarraises d'Eunate et de Torres del Rio. L'étrange portique dont l'une est entourée, la belle coupole hispano-mauresque qui couvre l'autre, donnent à chacune un intérêt unique. Leur forme octogonale les singularise en outre toutes deux parmi les monuments chrétiens de la péninsule et contribue à leur conférer une beauté rare qui s'harmonise avec les lignes du paysage environnant.

Il n'y a pas lieu de revenir longuement ici sur le portique d'Eunate ni sur la coupole de Torres del Rio. Celle-ci a été décrite avec toute la précision nécessaire et avec d'excellentes illustrations par Don Serapio Huici[1]; et pour le portique d'Eunate, j'ai tâché de montrer qu'il ne doit pas être contemporain de l'église elle-même, mais paraît une addition postérieure où l'on a seulement réemployé les restes d'une autre construction datant elle-même de deux époques différentes[2]. On m'a fait remarquer à ce propos qu'un document conservé aux archives de la cathédrale de Pampelune et daté de 1520 atteste qu'un cloître entourait déjà l'église à cette date[3]. Mais ce fait ne saurait infirmer les constatations auxquelles le monument donne lieu, car rien n'indique dans le texte dont il s'agit que ce cloître avait

---

1. *Arquitectura*, août 1923, p. 253-259.

2. *Bulletin Monumental*, tome 83 (1924), p. 169-172; — *Boletín de la Comisión de Monumentos históricos y artísticos de Navarra*, 1925, p. 219-228.

3. Ce document a été publié par D. Jesús Etayo, *Boletín de la Comisión de monumentos históricos y artísticos de Navarra*, 1914, p. 64-65.

déjà en 1520 le plan octogonal qui le singularise ; il pouvait être aussi bien carré ou rectangulaire, et j'ai précisément supposé, sans connaître encore cet important document, que les colonnettes romanes et gothiques réemployées dans le portique actuel devaient provenir d'une construction antérieure, un cloître sans doute. On m'a fait remarquer encore que si le portique actuel a vraiment valu à l'endroit son nom d'Eunate, c'est-à-dire en basque les « Cent

Fig. 1. — Église octogonale d'Eunate.

(Cl. E. Lambert.)

Portes », l'existence de ce mot sous la forme « Onate » mentionnée dans le texte de 1520, tendrait à prouver également que ce portique entourait déjà l'église à cette date. Mais « Onate » veut dire en basque la « Bonne Porte », et il s'agirait de savoir à quand remonte non pas cette forme du nom, mais bien la forme « Eunate » : celle-ci pourrait bien avoir été une corruption de la précédente dont on l'aurait dérivée par une sorte de jeu de mots, et cela longtemps après, au moment de la construction du portique nouveau.

Le point sur lequel il y a lieu, semble-t-il, d'attirer encore l'attention, c'est l'attribution aux Templiers des deux églises d'Eunate et de Torres del Rio. Leur commune forme octogonale est la seule

PLANCHE I. — ÉGLISE OCTOGONALE DE TORRES DEL RIO.

PLANCHE II. — COUPOLE DE L'ÉGLISE DE TORRES DEL RIO.

raison qui ait jamais été invoquée pour justifier cette attribution [1].
Or cette forme n'est nullement caractéristique en France de l'architecture des Templiers, mais est plutôt fréquente dans les monuments funéraires et en particulier les chapelles de cimetière [2]. Tel

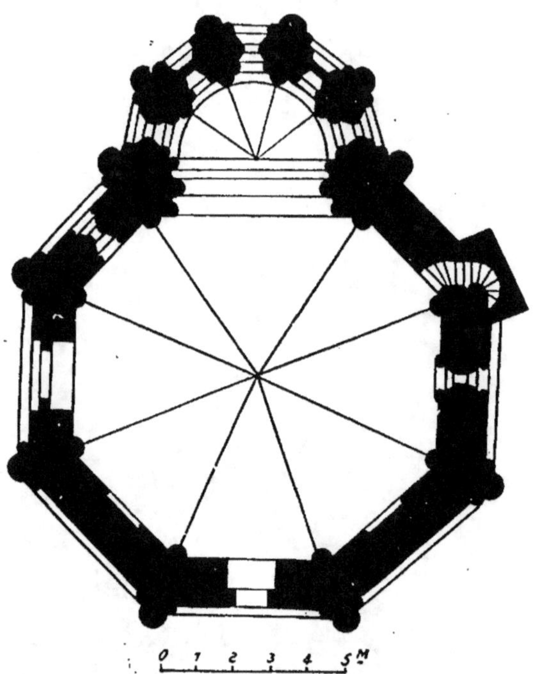

Fig. 2. — Eunate. Plan de l'église (d'après V. Lampérez).

paraît être aussi le cas des églises d'Eunate et de Torres del Rio.
Cette hypothèse est précisément confirmée pour celle-ci par le passage des « Anales de Navarra » [3] où le P. Moret rapporte qu'on
trouva jadis, près de l'entrée, des sépultures contenant des corps
richement vêtus : ce texte ne dit nullement qu'il s'agissait des tom-

1. V. Lampérez, *Historia de la Arquitectura cristiana española*, I, 603.
2. C'est ce que j'ai indiqué dans un article de la *Revue Archéologique* : *La chapelle des
Templiers de Laon et les églises de plan octogonal* (1926, p. 224-233).
3. Livre XVI, chapitre III, § 9 (cité par D. Serapio Huici).

beaux de Templiers, mais prouve seulement que l'entrée de l'église
se trouvait dans un cimetière. Pour la chapelle d'Eunate les précisions sont plus formelles encore d'après le document de 1520 auquel
je fais allusion plus haut. Il y a, dit ce texte, autour de l'église
entre les arcades du cloître qui l'entoure « de nombreux tombeaux,
charniers et sépultures, et on y voit encore aujourd'hui clairement de nombreux osse-ments de ceux qui y furent enterrés, et il y a quelques
grandes pierres qui couvrent les dites sépultures ;... entre
autres sépultures il y en a une très remarquable et principale
dans laquelle fut ensevelie la Reine ou la très grande dame
qui fit édifier ladite église ; et tous les ans on a l'habitude de
la soulever de terre en grande pompe pour rappeler son sou-venir au moment des litanies
et à celui des réunions des confrères. » Il n'y a donc
aucun doute possible sur l'ori-gine et la destination de l'oc-togone d'Eunate : c'est bien
une chapelle funéraire ; cet édifice a été fondé, non par

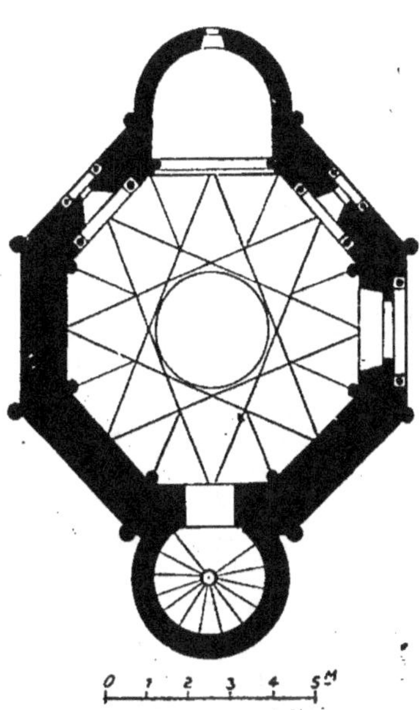

Fig. 3. — Torres del Rio. Plan de l'église.
(D'après S. Huici).

les Templiers, mais par une reine ou une grande dame dont on
conservait le souvenir et dont on célébrait encore les fondations
pieuses en 1520 ; et le portique de même forme qui l'entoure
maintenant a dû être élevé plus tard pour constituer un ossuaire
avec les murs dont les pans ruinés le séparent à peine aujourd'hui
des champs environnants.

Les deux chapelles navarraises présentent en somme les mêmes
caractères que les édifices de cette sorte qui paraissent avoir été en
France des monuments funéraires ; et pour l'un et l'autre monu-

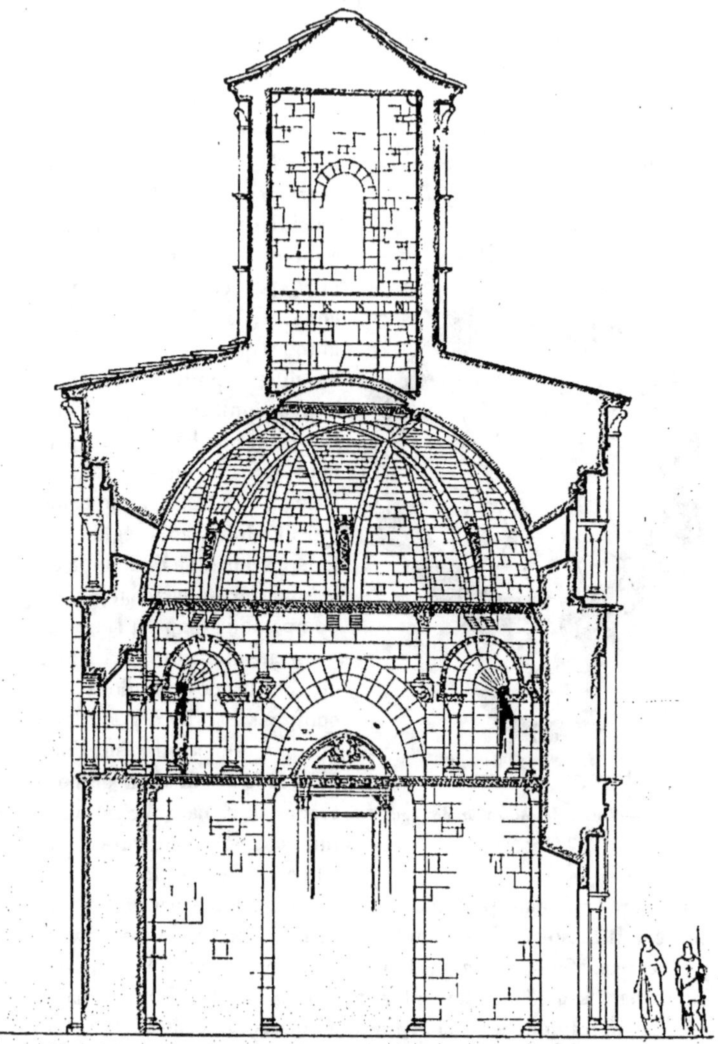

Fig. 4. — Torres del Rio. Coupe de l'église (d'après S. Huici).

ment, il semble qu'on puisse beaucoup mieux expliquer ainsi des
dispositions qui seraient sans cela difficilement explicables. On peut

même dire que ces caractères ont été beaucoup mieux conservés à Eunate et surtout à Torres del Rio. La niche réservée à l'autel dans une partie plus basse que le corps octogonal se retrouverait à Montmorillon, à Saint-Michel d'Aiguille, et à l'ancienne chapelle funéraire aujourd'hui détruite de Saint-Vincent de Laon qui a servi de de modèle à la chapelle des Templiers qui subsiste dans cette ville. Mais c'est surtout l'existence d'escaliers extérieurs parfaitement conservés dans les deux églises navarraises qui doit retenir l'attention, et cette particularité ne peut guère s'expliquer que par l'hypothèse d'une chapelle funéraire.

Il est en effet remarquable que ces escaliers ne pouvaient donner accès que sur la toiture de l'église. On sait que celui d'Eunate est ménagé à l'un des angles de l'octogone, et que celui de Torres del Rio est logé dans une tourelle extérieurement distincte du corps de l'église et placée symétriquement par rapport à l'abside. Il est impossible d'admettre qu'ils fussent destinés à monter sur le toit pour y faire des réparations, car une échelle ordinaire aurait amplement suffi dans des cas aussi exceptionnels. Des escaliers permanents de cette sorte peuvent seulement se justifier par le fait qu'on avait à l'origine l'obligation fréquente d'accéder à une partie de l'église placée sur le toit et sans commuication directe avec l'intérieur. Cette partie n'existe plus aujourd'hui à Eunate, où la toiture a été refaite comme dans la plupart des monuments analogues de France, et où les parties hautes primitives ont été remplacées par une double arcade destinée à loger des cloches une fois que l'édifice avait perdu sa destination première. Mais elle subsiste intacte à Torres del Rio, et nous fournit l'exemple le plus parfait d'une disposition qui ne s'est guère conservée en France qu'à Sainte-Croix de Montmajour, mais que nous savons avoir existé à l'Octogone de Montmorillon, et qui a été modifiée ou ajoutée au xv° siècle à la chapelle Sainte-Catherine de Fontevrault.

Ces chapelles funéraires étaient surmontées d'une lanterne des morts, soit que celle-ci formât un étage supérieur conique ou pyramidal faisant corps avec la chapelle, comme à la Tour des Morts de Sarlat ou à la chapelle aujourd'hui détruite de Saint-Cyprien de Poitiers, soit que le fanal fût logé dans un lanternon spécial beaucoup plus étroit construit sur la coupole, comme à Montmo-

rillon, à Montmajour ou à Fontevrault[1]. C'est précisément ce lanternon qui s'est conservé intact à Torres del Rio, où l'homogénéité
de l'appareil et l'identité de style prouvent avec évidence que la
tourelle d'escalier et le lanternon lui-même appartiennent bien à la
construction primitive. Un lanternon analogue, sinon de même
forme, devait exister à Eunate. Il fallait entretenir ou allumer régulièrement le fanal qui y brûlait ; or aucune communication n'existait avec l'intérieur de la chapelle, puisque la coupole d'Eunate était
pleine, et que celle de Torres del Rio était fermée au centre par
une calotte sphérique, contemporaine elle aussi du reste de la
construction. On comprend dès lors qu'il était indispensable d'avoir
un escalier permanent pour pouvoir accéder facilement et fréquemment par-dessus la coupole au fanal funéraire ; et c'est cet escalier
extérieur qu'ont conservé jusqu'à nos jours les deux monuments,
alors qu'il n'a plus de raison d'être à Torres et est absolument inexplicable à Eunate.

Ce qui est surtout remarquable à l'église de Torres del Rio, c'est
l'harmonieuse combinaison que son auteur a su réaliser entre l'architecture romane et les formes hispano-mauresques. A l'intérieur
déjà, la coupole nervée sur arcs entrecroisés d'origine arabe s'adapte
on ne peut mieux au plan octogonal. Ce genre de voûte convenait
plus que tout autre pour supporter au centre un lanternon de même
forme que la chapelle. Ce lanternon rappelle évidemment les coupolettes qui ajourent à Cordoue et à Tolède le milieu des coupoles de
la grande mosquée-cathédrale et du petit oratoire de Bib-al-Mardom.
Mais comme il était plus lourd et qu'on était obligé d'y accéder
souvent, l'architecte a renforcé sa voûte en remplaçant l'oculus central par une calotte massive et en ajoutant dans les angles de l'octogone des nervures supplémentaires qui ne se trouvent dans aucune
autre coupole de ce genre. A l'extérieur surtout, la synthèse des
deux formes d'art a été réalisée de la manière la plus heureuse et,
pourrait-on presque dire, la plus organique. A part la niche de l'absidiole et la tourelle d'escalier qui forme une petite tour supplémentaire, la silhouette générale de l'octogone de Torres del Rio est

---

1. On trouvera plus de détails sur ces divers monuments dans l'article cité plus haut
de la *Revue Archéologique*.

celle d'une tour à deux étages en retrait l'un sur l'autre et de forme semblable. Elle rappelle ainsi tout à fait l'aspect extérieur des tours musulmanes telles que les minarets carrés hispano-maghrébins ou la célèbre Torre del Oro à Séville. Et pourtant ce monument n'en est pas moins le type achevé de la chapelle à huit pans surmontée de la rituelle lanterne des morts. Cette modeste église est à tous égards le plus notable exemple d'une parfaite adaptation des traditions hispano-arabes aux nécessités du culte chrétien.

CHANTS BERBÈRES
CONTRE L'OCCUPATION FRANÇAISE

par M. E. LAOUST.

L'arrivée des Chrétiens dans sa montagne jusqu'ici inviolée
paraît avoir été le pire comme le plus inattendu de tous les maux
qui pouvaient s'abattre sur le malheureux peuple berbère. Sa dou-
loureuse surprise s'est traduite par une guerre dont nul ne peut
dire la fin. Elle s'est aussi exprimée dans des chants, souvent ano-
nymes, repris en chœur, le soir des razzias heureuses, dans les
cercles d'*ahidous* et transmis de souq en souq par ces sortes de
trouvères que sont les *imdiazen* du Moyen Atlas. Une littérature
guerrière est ainsi née de la dissidence. Les Imazighen du Rif et du
Maroc Central, comme les Kabyles du Djurdjura trois quarts de
siècle plus tôt et à peu près dans les mêmes termes, y ont à leur
tour maudit notre nom, exhalé leur haine et ardemment désiré
notre mort.

Des spécimens de cette littérature ont déjà été relevés. Il les faudrait plus nombreux si jamais l'on veut raconter l'histoire de la
conquête entrevue aussi du côté du vaincu. Et il est grand temps
de les recueillir. Déjà, des bouches qui savent restent prudemment
fermées, et, apparemment s'évanouit le souvenir des durs jours de
siba si chers au cœur berbère.

On ne se propose pas d'étudier ici ces productions poétiques.
Non seulement notre documentation est encore trop insuffisante,
mais déjà l'essentiel paraît avoir été dit à leur sujet en des termes
excellents[1]. Les petits textes qu'on trouvera plus loin ont pour

1. Henri Basset, *Essai sur la Littérature des Berbères*, Alger, 1920.

unique intérêt de grouper les thèmes principaux de l'inspiration belliqueuse du barde berbère[1]. On y verra combien puérils sont parfois ses sentiments, banales, voire triviales ses images, pauvre, son imagination, indigente sa langue toute matérielle si peu faite pour s'entretenir avec les dieux. On y verra surtout comment il nous y représente, comment il y apprécie notre rôle et juge l'attitude du Makhzen et de ceux qui, las de vivre dans une continuelle alerte, ont abandonné une lutte irrémédiablement perdue.

On pense bien que soumis d'hier et dissidents d'aujourd'hui ne nourrissent pas à notre égard des sentiments inspirés par la plus élémentaire justice. Au surplus, on ne le leur demande pas. On pardonne volontiers au poète, leur porte-parole, de parler avec dureté sinon avec haine. Leur cœur saigne encore trop douloureusement. Leur prévention contre nous ne pourra s'atténuer qu'avec le temps. Pour l'instant il nous suffit de pénétrer plus avant dans leur pensée et de mieux connaître, pour y remédier, cette sorte de malaise qui s'est emparé de leur âme. Or, leurs chants sont à cet égard pleins d'enseignements.

*
* *

A tort ou à raison, le Berbère n'a jamais passé pour le type accompli du parfait Musulman. Son Islam recouvre même tout un vieux paganisme impénitent. Aussi n'est-il pas plaisant le reproche qui nous est fait de notre impiété? On nous fait grand grief de n'être pas circoncis, de ne pas nous raser le pubis, de manger la chair d'animaux impurs, de ne pas égorger selon les rites, de ne point invoquer à tout moment le nom de Dieu avant d'entreprendre même les actes les plus simples de la vie courante. Serait-ce que ces pratiques constitueraient pour le Berbère l'essentiel de sa religion. On pourrait le croire pour le plus grand nombre qu'on surprendrait vraiment si on leur imposait les exigences de l'Islam. Nous sommes néanmoins et avant tout le mécréant.

Le Berbère dit-on aussi s'est toujours refusé à rendre hommage à l'autorité des sultans sans toutefois contester leur puissance spiri-

---

1. Ces textes sont dans le dialecte des Beni-Mtir et ont été relevés par notre ancien élève Mr Rahhal Abd-el-Aziz, interprète civil à El-Hajeb.

tuelle de Chef des Croyants. Comment expliquer qu'ignoré en tout autre temps, le Makhzen soit soudainement devenu la « Maison de la honte » ? C'est que les nobles fils des cheurfa, nous dit le poète, n'ont su défendre ni leur foi, ni leur honneur les armes à la main. Et comble de l'infamie, ils ont trahi, ils ont livré cette terre sacrée à l'ennemi de l'Islam, au Roumi dont ils sont devenus les associés, les « policiers ». Dans sa montagne qu'il défend pied à pied contre les mécréants que nous sommes, le Berbère, soyez-en sûrs, lutte avec plus de rage au cœur contre le Makhzen, traître à l'Islam, et dont il sera demain.

Puis le poète tente de nous émouvoir sur le sort de ceux des siens tombés dans nos mains. Ils traînent le boulet à Meknès ; les beaux cavaliers de la siba, armés de pioches et de pelles réparent les chemins du Roumi. Dans le « Bureau » maudit, les plus jeunes et les plus braves reçoivent par centaines des coups de corde sur leur dos nu. Les femmes les plus belles se prostituent dans les bras du Chrétien et ne mettent plus au monde que des « fils de porc ».

Devant tant de méfaits, on comprend que la haine devienne injurieuse. On nous compare au criquet, au hibou, au singe, au porc surtout. Nous sommes des gens mal vêtus de képis et de capotes grises. Nous ne savons pas nous tenir à table ; nous mangeons comme des chiens. Nous souillons l'eau pure des sources où les riches lavaient leurs beaux vêtements blancs. A Dieu, au Prophète, le poète exalté crie sa grande détresse et demande notre mort.

Mais Dieu paraît sourd à tant d'appels. Que faire puisque la rouille couvre les fusils et ankylose les bras ? Comme un fleuve, l'arrivée du Roumi n'a-t-elle pas tout emporté ? Où est l'homme qui pourra faire passer le pont déjà envahi par l'eau ? Le vrai Roi des Musulmans s'en est allé et de quelque côté que l'on se tourne on ne trouve que trahison. A quoi bon dresser tant de chevaux qui ne serviront pas.

Le poète espère pourtant en des temps meilleurs. Mais il cessera de lutter et ne résistera pas au Destin. N'était-il pas écrit que le Roumi devait « se coucher dans le lit paré de la belle fiancée qu'un Sultan indigne n'a pas su garder ? »

* * *

Le premier chant est du genre *tamawait* ; les suivants sont des *izlan*. La tamawait désigne un court poème chanté le plus souvent par un homme isolé. Les izlan sont chantés par les joueurs d'ahidous et presque toujours composés par eux ou par un *anechchad*, sorte de poète et de chef de troupe d'imdiazen. Ce sont des poèmes composés d'une seule phrase rythmée divisée en deux hémistiches qui ne sont ni rimés, ni assonancés et exprimant une idée simple sous une forme généralement imagée.

Le dernier chant constitue un poème relativement mieux ordonné. Selon un usage fort en honneur chez les poètes berbères, l'auteur débute par une série d'invocations aux principaux saints du pays. Il s'assure ainsi de leur protection, et inspiré de leur propre génie il saura traduire ses sentiments avec la force et l'éloquence même des saints. On remarquera la phrase où le poète s'excuse de chercher dans la haine l'inspiration de son poème. Les izlan ne sont pas chants de guerre. Le thé, l'amour sont les thèmes familiers. Mais peut-il rester insensible aux malheurs qui frappent son pays. Il se compare lui-même au roseau plié par le vent froid de l'hiver.

Nos chants sont composés dans le langage habituel et tout de convention de la poésie. Les licences y sont nombreuses. Elles n'ajoutent rien, comme on le pense, à leur clarté et l'on sait que les meilleurs du genre sont faits d'obscurités et pleins de sous-entendus.

I

Tamawait.

Iga lăḥajeb tadjalt iḥub-as waḍo[1] *! Trura*[2] *ǧargaz*[3] *ur-ilin g-tadaut-ennes i*eban-ĕnna iẓill*[4] ; anna turw da-d-iḥrem ; ǧurw-as-t buḥir, nniǵ-aš, iḥub i·t*eššaqt !*

1. Litt. « le vent lui est mauvais » *aḥub* u*waḍo, infortune.
2. Verbe *rar*, rendre.
3. L'*i* est euphonique.
4. Pour *iẓiln*, le groupe *ln* donne souvent *ll* en beraber.

El-Hajeb[1], veuve accablée par l'infortune, a pris pour mari un homme mal vêtu ; elle n'enfante que le fils du péché ; le porc n'est-il pas leur père, ô belle amoureuse au désespoir !

II

Izlan.

Iaš a-nnbi, ur-daš-addern[2] adday sawall; ğas arumi ai-ttinin amiddıs tn-ɣuru !

N'est-il pas vrai, ô Prophète, qu'ils ne prononcent plus ton nom quand ils parlent? N'invoquent-ils plus que celui du Roumi, comme s'il était leur père?

*
* *

A-lenbia, iddis tšfan s-unedduy[3] i-nnşara allig ar-ttenbaḍen y[4]-teḫzanin ğifun !

O Prophètes, n'ont-ils pas rendu au Chrétien leurs fusils encore chargés, et sous sa tente ne leur donne-t-il pas ses ordres?

*
* *

Ittaǧ lḥal ur iḥmil uneslem ad-iss-imašar, assa, niṭni asda beddun i-tnaka[5] !

Jadis, le Musulman ne le pouvait souffrir, n'est-il pas aujourd'hui le premier à le servir?

*
* *

Ad-iḫlu rebbi tinnun, ad-aš-tutti a-ɣarumi, a-ɣabaǧus, a-bu-gar[6] tamart !

Que Dieu détruise et ruine ta demeure, O Roumi à la barbe sale !

1. Nom d'un petit village chez les Beni-Mtir ; siège d'un Bureau de Renseignements depuis 1913.
2. Pour *addern*, f. h. de *bedder*.
3. N. v. de *ndi*, tendre.
4. Affaiblissement de la préposition *g*, dans.
5. Litt. : ce sont maintenant les Musulmans qui montent à cheval les premiers pour les aider à combattre.
6. *Gar, agar*, mauvais, exécrable.

*
* *

Iga-d Ḥăfiḍ ammi ira-d iawel, gin[1] i-lḥenna, imil immet, ur-inni izwur-as rebbi.

Moulay Hafiḍ a fait tout comme s'il voulait célébrer ses noces ; on l'a teint de henné, mais il est mort pour n'avoir point invoqué ton nom, ô Dieu !

*
* *

Uddjan-km-id, a-tislit, amzaid gan-am tissi[2], tektab-asen i-wa ur-issedmir i-tmɣra !

Ils ont mis un étranger dans ta couche, ô jeune fille ; n'était-il pas écrit que tu prendrais pour mari l'homme à qui ces fêtes n'étaient pas destinées ?

*
* *

Iga-d w umi ti-n-wasif, iuwi-d aman guri, ur-illi w'ekkaz g-ntšebbar a-ait-nḍir[3] !

Le Roumi s'est comporté comme un fleuve dont le flot m'envahit. Je ne trouve pas de perche pour me soutenir, ô Beni Mtir !

*
* *

A-tiluggit-ènna ẓriɠ, ikka unda gifem, assa ur-illi u'awwam[4], suleɠ da-t-ntra'a !

Et toi, pont que je vois sous l'eau, (sache) qu'aujourd'hui personne ne peut nous secourir, et (pourtant) je ne cesse d'attendre le Sauveur !

*
* *

Annaiḥ iun urumi, la-igemmer dataɠ lwḥuš, taskurt-enni inɠa ur da-t-itḥella !

---

1. Aoriste du verbe *eg* ; la désinence des 2ᵉ et 3ᵉ pers. du pl. des verbes de ce type est respectivement *im* et *in*, en beraber comme en chelha.

2. Litt. : on l'a fait le lit.

3. Se prononce encore *ait Nnir*.

4. De *'um*, nager ; *'awwam* désigne aussi : offensive, attaque générale.

Le Roumi que j'ai vu chasser devant moi, ne repassait pas le couteau sur la gorge du perdreau qu'il tuait.

*
* *

Manig ẓran anna iẓil, agud userdun atn-tšin ; Saligan, ḥarroš[1] da-t-ig i-tutliwin[2] !

Comment peut-il distinguer ce qui est licite ; il se nourrit même de viande de mulet, le Sénégalais, lui, garnit ses brochettes de viande de chien !

III

Chants d'*ahidous*.

Annayeḥ-d arumi ini-d ġf-uzegza[3] ami iqima uhagus ġf-uzuggʷar !

J'ai vu le Roumi sur son cheval gris comme un singe sur un jujubier !

*
* *

Arumi ini tarikt-ennes am tin ibizun[4], ami tqerred tawukt ġf-uḥlidj y-ʿari !

Il est en selle tel un criquet ou un hibou perché sur l'arbre de la forêt !

*
* *

A-tamettot isgan[5] uḥenzir[6], iḥub-am waḍo ! id llkebboḍ, id lqamijja-nsen ad-am-tssun ?

Femme qui le retiens dans la couche, n'es-tu pas déçue ? Qu'étend-il sous toi ? Sa capote ou sa chemise ?

*
* *

A-ifker, a-jaqru, id lḥujjat ad-aš-dfforr[7] ? illa Saligan d-urumi iusi-a uzzal ġorun !

---

1. Nom particulier de chien employé pour désigner tout le genre.
2. Sing. *tutla*.
3. Litt. le vert.
4. Espèce de criquet autochtone.
5. F. f. de *gen*, dormir.
6. Litt. « qui donne à coucher au sanglier ».
7. *dfar, dfor*, suivre, devoir.

Seriez-vous poursuivies par la vengeance, ô tortue, ô grenouille? Voici Sénégalais et Roumis qui viennent vers vous avec leurs couteaux.

*
* *

Kkiḥ-d ġf-iṛomin, nufa-tn-id g-ulši[1], ami kun ibeṭṭo[2] i-imerjan[3] tiġenjawin[4] !

Je suis passé près des Roumis, je les ai vus à table ; on aurait pu croire qu'on dispensait avec une louché de la soupe aux chiens !

*
* *

A -tameṭṭut isgen bu-šemrir[5] g-tizi[6] nᶜari, id azennar umlil aḳent[7]-itssu bu-šemrir !

Femme qui, dans le ravin de la forêt, donnes rendez-vous à l'homme au képi, est-ce un burnous blanc qu'il étale sous toi ?

*
* *

La-tsmuġuyd ull a-saligan, add-aḳun[8]-anniḥ la-ttettam[9] agmar ; ig ṭṭajin abulḫir ik[10] !

Tu me soulèves le cœur, Sénégalais, quand je te vois manger du cheval : le porc prépare-t-il son ragoût avec toi ?

*
* *

Awa, meš emmuteḥ da-d-anch-isat nnabi, ad-aḥ-ini : tella rriḥt urumi digun !

A ma mort, le Prophète m'interrogera et dira : tu portes en toi l'odeur du Roumi.

1. N. v. de *etš*, manger.
2. F. h. de *bḍu*, partager.
3. *Merjan*, nom particulier de chien.
4. Sing. *trjenjant* (A. Ndhir).
5. L'homme au chapeau, ou au képi ; sobriquet donné aux soldats.
6. Et *tizzi*, colline, changement de pente au sommet d'une élévation.
7. Licence poétique, mis pour *kem*.
8. Id., mis pour *ak*.
9. F. h. *tett*, manger.
10. Pour *digk*.

*
* *

Iak a -lgerb, a-wenna g-ittsgorot[1] *lbabor, ullah mer digk llig ur-ttska-rem tuga !*

N'est-ce pas Gharb, pays où siffle la machine, l'herbe ne pousserait plus si je me trouvais chez toi !

*
* *

A-tameddakult urumi, šf-i leḥbar, is ikkes tiẓi-nnes, is ur-iẓiyen ?

O amie du Roumi, dis-moi, se rase-t-il le pubis ? est-il circoncis ?

IV

A-rebbi, ia-rebbi, tinneš aid-gan tenbaḍin[2] *! ainna-mi ur-tudit*[3]*, ad-tuttin g-wašal !*

O Dieu, ô Dieu, ô Maître Souverain ! Ceux que tu prives de ton soutien, se brisent à terre !

*
* *

A-imma, kem d-baba, a-wi šat-aġ dduʿa ! ha lwalidin, wenna mi ksan ur-as-ittjro cha !

O ma mère, ô mon père, faites des vœux pour moi ! Le malheur n'atteint pas ceux que protègent les parents !

*
* *

A Sidi ʿabd-esslam bellemšiš, ndehḥ issun a-ḥabib ṭṭolba, raḥ l'arʿ ʿali-kum dima !

Je t'invoque ô Sidi Abdesselam ben Lmchich, ô ami des tolba, j'implore la protection pour toujours !

---

1. Pousser des you-you, des cris de joie.

2. Sing. *tanbaṭ* « commandement, autorité, affaire de *nbeḍ*, f. h. *tenbaḍ* « avoir le commandement sur. »

3. *Adi*, soulever.

4. Sur ce mot, cf. Laoust, *Cours de Berbère marocain* (dialecte beraber) p. 336.

* *

Aha dadd i‘isawin aq‘amalu n-bbatun, šeg d-mulay Driss ai-numen, šat-aǧ ddu‘a !

Père des ‘Aïssaoua, je me mets à l'ombre de ton père; je crois en toi et en Moulay Idris, bénissez-moi !

* *

A-Sidi bu Zekri, bu-lǧers uwajjiun[2], ksat-i !

O Sidi Bou Zekri, au mausolée où pousse le térébinthe, protège-moi !

* *

Ad smuttilḥ awal-inu am-uǧanim g-uwaman, ainna ǧurs d-ikka usiḥel[3], la-t-ismgulluy !

Mon chant aujourd'hui ne sera plus pareil. Le roseau dans l'eau ne se penche-t-il pas du côté où le vent le fait s'agiter ?

* *

Jabetni ia rejlia, u-dezt ḥdak a-lmdina[4] ! ur-nmiakaz[5] d-waraw n-ššerfa gan lbulis !

Mes pas m'ont conduit vers toi, ô ville ! mais je n'ai point reconnu les fils des cheurfa parmi ces policiers !

* *

I tenna-iaun taddart llãḥšam[6] leǧder aya ! iddaǧ ugellid inselmen, mas ntgga ša ?

---

1. Mis pour *aǧeǧ*, 1ʳᵉ pers. de l'aoriste du verbe *aǧ*, prendre ; renforcement en *q* des deux *ǧ*.
2. Sing. *ijj*.
3. Vent froid d'hiver chargé de pluie.
4. La phrase entière est en arabe.
5. F. r. de *akez*, reconnaître.
6. Le Makhzen.

La maison de la honte te crie : trahison !

Le roi des Musulmans s'en est allé ; avec qui, vraiment, pourrions-nous faire quelque chose ?

*
* *

Uma irumin, meš idda lḥakem, rarin-d wissni[1] !

Dès que des Chrétiens un chef part, n'en ramènent-ils pas un autre aussitôt ?

*
* *

Kkiḥ bab n-Meknas, annaiḥ ids[2] n-ṣṣebbara, la ikat s-ugelzim, ar-t-itsemsasa s-lbala.

Je suis passé par la porte de Meknès, que de prisonniers y ai-je vu creusant de la pioche, comblant de la pelle !

*
* *

Tuli[3] linikt bunadem, awa tuli-d Indufaᶜ, mai tram ancšt-id isan, a-winna ln-ganin[4] !

La rouille recouvre l'homme ainsi que les fusils, que voulez-vous faire de tous ces chevaux, ô vous qui les dressez ?

*
* *

Iun uᶜarrim ai-tannit liṭ-a g-lbiru ši mia n-ššeḥta ai-das-iša s-igezdisen[5] !

Ne vis-tu pas dans leur Bureau, ô œil, frapper ce beau jeune homme de cent coups de corde sur les flancs !

*
* *

Ur iᶜdil nnefs ad-wteḥ ; i nella leḥt eddimma ! igezzif-aǧ rroḥ, ad-ḥaḍreḥ i-ḥir ĕzzaman !

1. Pour *wis sin*, un deuxième.
2. Et aussi *its*, plusieurs.
3. *Ali*, monter.
4. Participe pluriel de *eg*, faire.
5. Les côtes.

Ma conscience se refuse à rendre coup pour coup ; nous sommes sous le joug. Que la vie semble plus longue ! je crois voir la fin du monde !

*
* *

A ʿali, hezzad iḫf-ênneš attani't ddunit ! ateḫlut anešt-in ait-lkebboṭ tizegzawin !

O Dieu Très Haut ! relève la tête et vois le monde, anéantis tous ces soldats aux capotes grises[1]

*
* *

Aḥemri, a-illa-iaḡ jaj n-tiṭ i-uḡbalu, ainnag ar-ssiriden imeḥmaḷien lizural tteᶜbanin !

L'eau est trouble au fond des sources où les riches lavaient izar et haïks !

*
* *

ḡas araw n-iḥenzir aid-ufiḥ, a-iašafiᶜ, a-bu-Faḍma, nella-iaun g-umur !

A leurs bords, je n'y ai vu que fils de porc, ô Prophète, ô Père de Fatma, protège-nous !

IBN TŪMART ET ʿABD AL-MUʾMIN

LE « FAḲĪH DU SŪS » ET LE « FLAMBEAU DES ALMOHADES »[1]

Par M. E. Lévi-Provençal.

Le Sūs, au Maroc, le Maroc, dans le reste du monde musulman, passent pour les pays prédestinés des magiciens et des sorciers. Les hommes du Sud, Berbères aussi rudes et âpres dans leur aspect extérieur que dans leur genre de vie, sont les maîtres de la science divinatoire, de l'occultisme et des puissances mystérieuses : ils savent commander aux génies, ils découvrent les trésors cachés, et on les craint, on les respecte, quand on ne peut les mettre à mal. Ils ont aussi une éloquence simple, mais prenante, ils parlent à la foule curieuse et naïve, et mieux que d'autres savent la persuader. Ils sont pour la plupart bilingues et leurs discours, qu'ils soient en arabe ou en berbère, sont toujours entremêlés fort à propos de citations coraniques, de formules pieuses qui donnent à leurs pratiques souvent condamnables aux yeux de l'Islām un caractère d'orthodoxie superficielle. Parmi eux, il n'en est pas beaucoup qui se haussent jusqu'à la vraie science islāmique, le savoir théologique qui cristallise si bien son homme et en fait une machine à citer, un docteur d'interprétation à la lettre, qui enserre les esprits dans un moule trop étroit dont il faut bien qu'ils s'accommodent. Ces spécula-

---

1. Extrait de la leçon d'ouverture du cours d'histoire des Arabes et de la civilisation musulmane à la Faculté des Lettres de l'Université d'Alger (5 mai 1927). Pour les références, délibérément omises ici, le lecteur qui en désirerait la liste et le détail voudra bien se reporter à mes *Documents inédits d'histoire almohade* (Textes arabes relatifs à l'histoire de l'Occident musulman), volume I, Paris, P. Geuthner, 1928. Il y trouvera aussi une carte donnant la répartition probable des tribus du Grand-Atlas à l'époque de la prédication almohade.

tions, par leur aridité et peut-être aussi pour leur aridité, les dépassent et ils ne s'en soucient pas. Il ne faut pas nécessairement être un savant pour être un bon musulman, un croyant zélé, et, à l'occasion, terriblement aveugle et fanatique. Les clairs préceptes directeurs de la Sunna sont à la mesure de leurs esprits. Ils s'astreignent à les suivre, plus qu'on ne veut généralement le dire. Les berbères marocains sont dans l'ensemble de bons musulmans, mais pour eux l'Islām ne joue jamais qu'un rôle strictement religieux ; la religion est en honneur dans la cité, mais la cité ne souffre nulle ingérence de la religion dans sa vie propre, ses institutions, ses tendances et l'idéal obscur vers lequel elle essaie de s'acheminer.

On a raison de croire que c'est le Grand-Atlas qui reflète le plus exactement et qui a le mieux conservé les formes sociales de la Berbérie médiévale. Il a toujours été, par sa position géographique, son isolement et son éloignement relatif des plaines de vie facile et des grandes voies de communication, l'abri conservateur, le noyau du bloc berbère sud-marocain. D'autres berbères, qu'ils soient montagnards du Rīf ou du Moyen-Atlas, tendront maintes fois, à travers l'histoire, de secouer le joug d'une pseudo-unité nationale, ils n'arriveront jamais à donner à leurs soulèvements une ampleur aussi totale, une envergure aussi si irrésistible que celles qui caractérisèrent à la fin du xiᵉ siècle de notre ère la poussée de la montagne du Sud de Marrakech vers tout le Maġrib, à l'appel d'un de ses fils, le Mahdī Ibn Tūmart.

Figure profondément attachante, esprit à la fois simple et complexe, visionnaire si l'on veut, réformateur religieux, mais politique si perspicace et si profondément sincère, croyant tellement à sa mission, qu'il voulut accomplir avec une énergie féroce ! On l'a traité de fourbe, de menteur. On pourra le taxer de folie, de mysticisme, de foi exacerbée, jamais de manque d'intelligence. Au reste, une intelligence toute berbère, si l'on peut dire, une clarté d'esprit qui n'exclut pas la finasserie paysanne, la méfiance constante de tout son entourage, le calcul, la rudesse, la cruauté. Mais, en revanche aussi, combien souple à l'occasion ! Ce Berbère de l'Atlas, docteur d'Islām, sait redevenir chez ses concitoyens l'*amġar* écouté et dépouiller pour un instant toute la dialectique de ses discours pour converser simplement et sans grandiloquence, à la mode de chez lui. Il imite servilement le Prophète, le vrai Prophète, mais se doute-t-il seulement de l'abîme qui les sépare, en dépit de leur idéal commun? Il n'a rien du tempérament de l'Arabe de la Péninsule; pour lui, quoi qu'il fasse, la langue qu'il écrit est une langue étrangère, et quelle que soit l'envolée de ses épîtres, c'est en berbère qu'il pense, c'est le berbère qu'il parlera à ses compagnons dans l'intimité de Tînmallal. L'arabe est la langue des prônes, des sermons périodiques ranimant la foi des nouveaux ralliés, qu'impressionne la cadence des belles périodes rythmiques, chantantes à leurs oreilles et pourtant demeurant presque toujours à demi-incomprises. Le berbère est l'idiome de tous les jours, celui des insultes et des imprécations, c'est celui des propagandistes qui s'en vont proclamer la venue de l'Impeccable de village en village et de vallée en vallée.

Combien moins fruste dès l'abord se révèle ʿAbd al-Muʾmin, cet étudiant mi-citadin de la tribu des Kūmya, que le Mahdī va détourner du chemin de l'étude traditionnelle, de cet Orient qui l'avait séduit lui-même et lui avait ouvert les yeux sur sa propre mission ! C'est un berbère de seconde couche, d'une couche plus policée, plus mondaine, moins idéaliste peut-être, douée d'un plus grand sens des réalités. Son intelligence est tout autre ; ses biographes disent qu'elle brillait sur son visage ; on en a fait un homme de génie. Il apparaît d'une nature plus compliquée que celle de son maître, malgré son caractère tout impulsif ; et c'est surtout un timide, que la fortune va servir, que ses conseillers vont pousser ; ses premiers succès vont lui donner l'assurance, ils ne lui enlèveront pas une prudence de tous les instants. Dans l'édifice almohade, à ses fondations, il sera l'étranger providentiel, celui sur qui se fait l'accord, que l'un et l'autre clan accepte, parce qu'il ne traîne pas derrière lui tout l'héritage de haines et d'inimitiés séculaires d'un berbère de la montagne. C'est le plus beau titre de gloire d'Ibn Tūmart, d'avoir compris et d'avoir fait comprendre à ses intimes, qui servaient sa fortune tant qu'il vivait mais se seraient entretués dès sa mort, que le mouvement qu'il avait suscité ne devait être qu'un premier pas vers l'avenir, que la véritable mise en œuvre de ses desseins devait être assurée par un émigré ramené d'une région éloignée, et dès lors sûr de se concilier tous les adhé-

rents du parti, sans la moindre arrière-pensée de leur part ou le
plus petit froissement d'amour-propre de tribu ou de clan.

***

C'est à la tribu des Harġa qu'appartenait Ibn Tūmart. Il faut
placer le territoire qu'elle occupait au moyen âge assez loin sur la
carte au Sud de Marrakech, au delà de la haute vallée du Wād Sūs.
Elle occupait sans doute le versant nord de l'Anti-Atlas, entre les
Haśtūka, voisins du littoral atlantique, et les Saktāna de l'Ouest
du Dar'a. On trouve encore des Ārġen — c'est le vrai nom berbère,
qui s'est arabisé en Harġa — dans la même région. Quelques variations qu'ait pu subir à travers les siècles l'habitat des grandes tribus de l'Atlas, la survivance du nom et les indications topographi-
ques que l'on peut extraire des chroniques médiévales permettent
de proposer cette localisation avec les plus grandes chances de
certitude. Dès lors, les Harġa sont bien plus éloignés des Hintāta
qu'on ne le croit généralement, et la distance assez grande qui
sépare ces deux tribus, dans un pays remarquablement coupé et
difficile, permet d'éclairer bien des points obscurs de l'histoire
almohade à ses débuts.

On donnait au moyen âge le nom de Sūs à tout le pays qui s'étend
au sud de Marrakech, entre l'Océan et la vallée du Wād Dar'a : la
partie septentrionale était souvent appelée de façon plus précise
as-Sūs al-adnā, « le Sūs le plus proche »; l'autre était *as-Sūs al-
aḳṣā*, « le Sūs le plus éloigné ». Il enfermait tout le massif du
Daran, c'est-à-dire l'Atlas. Plusieurs grandes tribus ou confédérations de tribus y habitaient les pentes et le fond des vallées.
C'étaient, entre le Wād Tansīft et le Wād Sūs, en partant de l'Atlantique, les Ragrāġa, les Maskāla, les Mtūgga, les Haḥa et les
Massagīna ; puis, dans les vallées en direction Sud-Nord descendant
vers la plaine de Marrakech, les Gadmīwa et les Ganfīsa ; plus à
l'Est, les Saktāna, les Hintāta, puis les Ūrīka, les Hazrāġa du pays
de Demnāt, les Īgalwān (aujourd'hui Glāwa), enfin les deux grosses
confédérations des Banū Wāwazgīt (aujourd'hui Ūzgīta) et des
Haskūra. Dans l'Anti-Atlas, quatre grandes confédérations se partageaient d'Ouest en Est les terrains de pâturage et de culture: les
Haśtūka, les Harġa, les Saktāna, les Īznāgan.

Un passage souvent cité de l'historien Ibn Ḥaldūn décrit avec assez de réalisme et fort exactement ce pays hérissé et inhospitalier entre tous. Une excellente description, écrite après un voyage fait sur place, en a été donnée par Henri Basset et Terrasse. On y renverra le lecteur. Rien n'est plus sévère que ce pays : les quelques cultures, les rares vergers qu'on trouve au fond des vallées y semblent être dépaysés. La vie est dure pour le montagnard, qui se prive à tout âge, et que sa patrie même élève à la plus dure école qui soit. On a toujours beaucoup émigré de ce pays pour se mettre, dans les plaines du Nord, en quête d'une vie plus facile. Mais le Berbère est trop attaché à sa montagne natale pour n'y pas revenir. Il y vient terminer ses jours. La nostalgie des cimes et des chemins vertigineux le ramène chez lui quelques années après son départ.

Est-il besoin de souligner l'extraordinaire résistance physique des montagnards de l'Atlas, comme de ceux du Maroc tout entier? Ces Berbères sont assez rarement de beaux hommes : ils sont souvent malingres et de petite taille ; le pays est trop pauvre et l'on n'y mange pas assez à sa faim pour que la race y devienne et demeure forte et saine. D'ailleurs, la sélection s'opère d'elle-même. Un chétif, un mal venu ne résiste pas au milieu qui l'entoure : l'implacabilité du climat a vite fait de l'emporter, avant qu'il n'ait atteint l'âge d'homme. Ceux qui restent sont à toute épreuve. Ils parcourent, en sautant plutôt qu'en marchant, par des sentiers incroyables, des distances étonnantes. Pour eux, se mettre en route pour une dure étape est chose toute naturelle et quotidienne. L'entraînement qu'est leur vie de chaque jour en fait des marcheurs émérites. Combien de Berbères n'ont-ils pas accompli le pèlerinage de la Mekke, en parcourant à pied toute la route de terre, et sont rentrés chez eux par le même moyen ? La fatigue physique ne les effraie pas plus que le temps ne compte pour eux. Ils savent marcher par tous les temps, sous le soleil ou la pluie, pour ne s'arrêter qu'aux heures des prières et quand le soleil décline, couvrir inlassablement chaque jour de pénibles étapes, obtenir le soir un gîte modeste dans quelque recoin de mosquée campagnarde, s'en remettre à Allāh pour la nourriture, et recommencer le lendemain, s'il le faut. C'est l'une des caractéristiques les moins variables de leur aspect à travers les âges. Seul un facteur extraordinairement nouveau — en l'espèce l'introduction de la civilisation européenne — pourra lentement changer tout cela.

Dans ces tribus de montagne, les bourgades, sans être très isolées, sont cependant assez éloignées les unes des autres. Les maisons y sont groupées étroitement, car la sécurité est trop précaire pour permettre l'installation sur le terrain de culture. La vie y est rudimentaire, toute agricole ou pastorale. Une maison que rien le plus souvent ne différencie des autres est la maison d'assemblée, la mosquée. On y prie suivant le rite, on s'y réunit, les enfants y viennent apprendre par cœur quelques bribes de Coran sous un maître dont le savoir ne va pas le plus souvent bien loin ; l'hôte de passage y trouve un abri pour la nuit et c'est là qu'on lui apporte son maigre repas. Dans le village où l'Islām n'a rien changé, la maison commune est devenue la mosquée : on a continué comme auparavant à y venir discuter d'un délit d'un membre de la communauté ou d'une vengeance à exercer, et on y est venu prier le vendredi et les jours de fête. Au total, les délibérations n'y sont pas moins nombreuses que les prières. Si dur que soit dans ce pays le travail de la terre, sur des pentes rapides qu'il faut préserver des éboulis et du ruissellement destructeur, les vacances agricoles sont nombreuses et longues. Comme dans le reste du Maroc, c'est l'époque où les cerveaux bouillonnent ; les greniers viennent de se remplir, modestement c'est vrai, mais ne sont pas encore entièrement vidés ; le montagnard, qui a récolté le maigre fruit de son travail, a l'illusion d'une vie facile et son point d'honneur augmente en proportion. Les querelles sont rares quand les cultures attendent. Mais que vienne aussi une année de disette, et c'est alors la meute des affamés, la ruée vers la plaine, vers les richesses des pays bénis !

Dans ces villages de montagne, le moindre événement prend tout de suite des proportions plus grandes qu'ailleurs, la plus petite nouvelle y est inlassablement colportée et répétée. Un homme de la tribu ne connaît pas seulement toutes les familles de son village et de sa fraction, mais tous ses contribules du plus jeune au plus vieux. On va chaque semaine aux nouvelles au marché misérable qui se tient à quelque carrefour de vallées ; les transactions y sont minimes, mais on y apprend les événements saillants de la semaine : tout l'état civil de la tribu, les assassinats, les vols, les reprises, les échos parvenus de la capitale et combien déformés ! Tout est sujet à bavardages innombrables. Les Berbères, comme bien d'autres peuples peu évolués, sont restés en mainte occasion de grands enfants. Leur esprit est fait de curiosité naïve et d'impitoyable cruauté.

* *

Aussi fut-ce sans doute une nouvelle vite ébruitée en montagne que celle du départ d'Ibn Tūmart de sa tribu natale des Harġa. D'autant plus qu'il ne descendait pas vers la plaine pour se louer à gages : il partait étudier vers l'Orient, vers cette terre magique, source de toute science, berceau de la foi et des gloires musulmanes.

Il s'appelait d'un vrai nom berbère, qu'il n'échangea que plus tard contre celui de Muḥammad, quand il voulut imiter jusqu'aux moindres gestes du Prophète. Mais à sa naissance on lui avait sans doute imposé quelque prénom local. A son retour, aussi, il décréta que puisqu'il était Muḥammad, son père de toute évidence devait s'appeler ʿAbd Allāh. Mais le père d'Ibn Tūmart, chef de son village et connu dès lors sous son titre d'*amġār*, l'équivalent de l'arabe *šaiḫ*, portait probablement lui aussi quelque nom qui n'avait rien de commun avec celui d'une illustration islāmique. Les historiens arabes appellent aussi bien entendu le père du Mahdī Tūmart, et donnent, sur le sens de ce nom, des explications pour le moins saugrenues. Tūmart est un nom de femme, il affecte une forme berbère nettement féminine et sans doute faut-il croire que pour le Mahdī comme pour bien d'autres de ses compatriotes à cette époque, peut-être par un souvenir obscur d'un antique régime matriarcal, le nom d'une aïeule éponyme a prévalu dans sa filiation. Peut-être même était-ce le propre nom de sa mère, car celui d'Umm al-Ḥusain, qu'on lui trouve attribué, est évidemment apocryphe. Le grand-père paternel d'Ibn Tūmart était Ūgallīd, son grand-père maternel Wābūrkan. Voilà des noms qui sont sûrement authentiques !

La famille d'Ibn Tūmart habitait un obscur village des Harġa, accroché au flanc de la montagne, Īgīllīz. Les maisons y étaient à demi-souterraines et presque toutes prolongeaient des grottes aménagées. On trouve encore d'analogues habitations de troglodytes dans tout le Maroc. Nul doute que la grotte sacrée d'Ígillīz, qui plus tard allait devenir un but de pèlerinage pour les Almohades, n'ait à l'origine fait partie intégrante de la demeure familiale du Mahdī.

Celui-ci avait trois frères qui devaient plus tard porter les noms de 'Īsā, 'Abd al-'Azīz et Aḥmad, et une sœur, Zainab. On ne sait rien de sa jeunesse. Il dut sans doute l'occuper à l'étude du Coran, et, un jour, soit de lui-même, soit sur le conseil des siens, il se mit en route pour compléter son instruction à l'extérieur de son pays.

Il aurait pu la pousser fort loin en ne dépassant pas Marrakech. La capitale almoravide brillait encore de toute sa splendeur nouvelle; c'était un foyer de culture encore jeune, mais où des maîtres réputés enseignaient à l'ombre du palais lamtūnien. C'était l'ère heureuse des relations suivies avec l'Espagne musulmane, où retentissait encore le triomphe des armées de Zallāḵa, et quelque chose de la vie douce et facile de ce pays, de son élégance et de sa finesse, de son esprit un peu caustique et souvent tolérant, semblait être passé de l'autre côté du détroit pour policer et donner quelque charme à la cour berbère des Almoravides. Marrakech retint peut-être Ibn Tūmart quelque temps, mais on ne peut l'affirmer; on n'est pas très sûr non plus, malgré l'assertion de certains historiens, qu'il ait fait un séjour de quelque durée en Espagne. Tout ce qu'on sait, c'est qu'un jour il se trouva en Orient. Pourquoi n'y fit-il pas le pèlerinage? Mystère. Il se serait trop prévalu de son titre de *ḥāǧǧ*, qui n'apparaît jamais chez ses biographes, s'il avait eu le droit de le porter! Mais ce furent sans doute des circonstances d'ordre politique ou matériel qui y firent obstacle.

La relation précise à l'extrême qu'al-Baidaḵ nous a laissée du voyage du Mahdī est malheureusement acéphale dans l'unique manuscrit, conservé à l'Escurial. Elle n'y débute qu'à son passage à Tunis, au retour d'Orient. Il faut pour la période qui précède avoir recours aux historiens plus récents, donc moins bien renseignés et moins dignes de foi. Ce qui est certain, c'est qu'il acquit pendant ce séjour — qui fut sans doute prolongé, mais sur la durée duquel il est difficile de se faire quelque idée — la presque totalité de ses connaissances théologiques et qu'il jeta les bases de la doctrine qui allait devenir celle des Almohades.

C'était sans doute dans les premières années du vɪᵉ siècle de l'hégire, vers 1110 de J.-Ch., qu'Ibn Tūmart avait quitté le Maġrib pour l'Orient. Quand il se décida à regagner son pays natal, en passant par l'Égypte, ce pays où la science islāmique était florissante et en honneur le retint quelque temps, selon toute vraisemblance. Il est fort probable qu'il y passa au moins une partie de l'année 515 (1121). On trouve dans le *Kitāb al-ansāb* un chapitre assez curieux, mais que j'incline à croire apocryphe : c'est la liste des compagnons du Mahdī en Égypte, reproduite d'après un inconnu, Abu'l-Ḳāsim al-Mu'min al-Miṣrī. Les noms et les ethniques y revêtent une apparence très égyptienne et leur énumération se termine par une phrase qui ne manque pas de prétention : « Voilà quels furent ses disciples (*riğāl*) et ses serviteurs en Égypte et dans les *ribāṭs* syriens. » Ensuite, on perd sa trace jusque dans le Nord de la Tunisie.

Faut-il croire que vraiment dès cette époque il faisait figure de chef d'école ? Sa doctrine s'était-elle à ce point précisée dans son esprit qu'il lui fallait la mettre en œuvre et lui donner une application pratique ? Non, sans doute. C'est le contact avec sa terre, avec la Berbérie où il se retrouve chez lui, qui lui ouvre les yeux. Il s'aperçoit un jour que le réformateur spirituel qu'il se plaisait à paraître pourra devenir aussi un réformateur politique. A son retour, il n'est ni Mahdī, ni Imām Impeccable ; il est, comme bien d'autres avant lui et après lui, dans ce pays où la réaction et l'esprit conservateur ne perdent jamais leurs droits, le simple censeur de mœurs, celui qui ordonne la pratique des actes blâmables. Il a l'ardeur d'un convaincu, d'un illuminé. Son ambition politique n'a pas encore pris forme et n'a pas encore besoin de l'appoint miraculeux que vont lui fournir les théories commodes du mahdisme et de l'imāmat.

Certains historiens disent qu'il fit par mer le trajet d'Alexandrie à al-Mahdīya. La légende a eu vite fait de s'emparer de ce renseignement. Son « impeccabilité », dit la *Chronique anonyme*, se manifesta durant cette traversée. Il répandit sur le bateau qui le transportait des jarres de vin qui s'y trouvaient et il s'exclama quand il s'aperçut que les heures des prières passaient sans que personne ne se souciât de la moindre oraison. Mais les passagers haussèrent les épaules en l'entendant les inviter rudement à prier avec lui. Il fallait un miracle : une tempête se déchaîna. Seules, les invocations du censeur purent apaiser la mer furieuse, et la traversée se termina heureusement, grâce au saint homme qui trouva dès lors à bord des auditeurs attentifs, respectueux et repentants.

Plusieurs chroniques font débarquer Ibn Tūmart à al-Mahdīya. C'est fort possible. Peu après, il va faire un séjour de quelque durée à Tunis. C'est dans cette ville qu'on peut commencer à suivre vraiment sa trace sur le chemin du retour vers l'Ouest du Maġrib. Il a déjà autour de lui trois disciples, qui l'accompagnent dans son voyage et se sont attachés à ses pas après avoir reconnu en lui un compatriote : d'une part, deux pèlerins, al-Ḥāǧǧ Yūsuf ad-Dukkālī et al-Ḥāǧǧ 'Abd ar-Raḥmān, et cet Abū Bakr b. 'Alī aṣ-Ṣanhāǧī qui plus tard écrira le journal de cette randonnée et qu'on appelle d'un sobriquet, al-Baiḏaḳ, le « pion » du jeu d'échecs. A en croire ce dernier, dans toutes les villes du Maġrib où Ibn Tūmart passera, les étudiants, avides d'entendre les leçons du censeur, afflueront vers lui de toute part. Il faut faire la part de l'exagération admirative du modeste disciple du maître. Mais les lettres et les traités du Mahdī ne témoignent pas seulement d'une forte originalité d'esprit, elles dénotent aussi chez l'auteur une connaissance parfaite de la langue arabe et de toutes ses subtilités. Tout porte à croire dès lors qu'Ibn Tūmart ne manquait pas d'éloquence, de cette éloquence châtiée et à longue portée, non pas seulement faite de périodes savamment balancées et d'une perfection de forme achevée, mais sachant aussi doser à propos la persuasion et la menace, évoquer devant un auditoire subjugué tous les châtiments infernaux et les joies suprêmes réservées aux élus dans le Paradis. Dans l'Islām comme dans les autres religions, l'éloquence sacrée n'a jamais cessé de briller, et tels prônes, de langue et de style simples à l'extrême pour qu'ils soient accessibles à la masse des fidèles, sont des chefs-d'œuvre qui, dans l'appel à la guerre sainte ou dans l'anathème aux mauvais croyants, arrivent parfois au sublime. Peut-être cependant le Maġrib n'aurait-il pas beaucoup de prédicateurs à placer au-dessus d'Ibn Tūmart. Il faut à un entraîneur d'hommes le don de la parole qui fait fléchir le doute, qu'elle se montre caressante et louangeuse, ou menaçante et dominatrice. Le Mahdī était un fou, disent les docteurs marocains d'aujourd'hui quand on les interroge sur lui, mais ils ne manquent pas d'ajouter que pour manier la langue arabe et se jouer de ses difficultés, c'était un *ʿafrīt*, un véritable démon.

De Tunis, Ibn Tūmart avec ses trois compagnons gagna Constantine. Là, même accueil réservé au Maître, si l'on en croit son chroniqueur et compagnon fidèle. La ville est gouvernée par un parent du dynaste ḥammādide de Bougie, Sabʿ, fils d'al-ʿAzīz. Le voyageur y passe sans doute assez inaperçu, encore qu'il y fasse respecter le code islāmique. Il ne peut tolérer qu'un voleur soit puni du fouet, alors qu'aux termes de la Sunna on doit lui couper la main ; mais il ne veut pas non plus que le condamné subisse cette amputation, car il ne faut pas prononcer deux châtiments pour un seul crime. Tout cela est légalement exact : c'est le porte-parole de la loi, et il veut la faire appliquer. Seulement, il ne manque pas de prudence. Quand il a ainsi manifesté et qu'il sent que ceux qu'il a morigénés pourraient tirer quelque ombrage de son intervention, il ne s'attarde pas et donne à sa petite troupe l'ordre du départ. La caravane est vite prête et prend le large. De Constantine, elle se dirige sur la prochaine grande ville, Bougie.

C'était alors un centre important. Capitale des princes ḥammādides, elle était jusqu'à un certain point la rivale de Tunis et de Marrakech. Il y régnait, comme d'ailleurs dans les autres villes maġribines à cette époque, une certaine liberté de mœurs, qui n'allait point jusqu'à la licence, mais qu'il fallait être indulgent pour tolérer, quand on voulait reconstituer la société islāmique idéale. Bougie est au surplus une ville berbère, le port naturel de tout le pays kabyle. Les relations avec l'Espagne étaient régulières et nombreuses. On s'y prévalait d'une certaine élégance dans le costume et dans la façon de vivre. Ibn Tūmart, si on l'eût laissé faire, eût vite changé tout cela. Il va en arrivant à Bougie s'installer dans un oratoire, la « Mosquée du Myrte » et commence à se faire remarquer sur les places et les marchés : « plus de turbans comme au temps du paganisme, prêche-t-il aux hommes, plus de scandales à lanières

dorées, plus de tuniques qui vous donnent l'air de femmes ! » Mais,
à l'exemple du Prophète qui lui voulait bien légiférer dans la mesure
où il ne souffrait pas lui-même des défenses qu'il édictait, il permit
aux gens de l'un et l'autre sexe l'emploi des parfums. C'était alors
Ramaḍān, l'époque du carême annuel. Quand il se fut écoulé, commença la grande fête de la Rupture du jeûne avec la liesse générale
et l'oubli des privations endurées tout un mois. Sur l'esplanade qui
qui s'ouvrait vers la campagne, hommes et femmes se promenaient
en groupes mêlés. Faut-il croire al-Baiḍaḳ quand il assure que son
maître vint le disperser à coups de bâton ? C'était encore folle
imprudence. Sur les conseils des fils du prince de Bougie, le censeur ne s'attarde plus dans la capitale. Il se rend à un faubourg
assez éloigné, Mallāla, où peut-être aura-t-il plus de succès et moins
d'ennuis. Ce qui ne l'empêche pas de temps à autre de venir dans
la ville même et, se disant missionnaire d'Allāh et de son Prophète,
de répandre à terre les jarres de vin qui s'offrent à sa vue.

A Mallāla, Ibn Tūmart va séjourner assez longtemps. Il vit dans
un petit oratoire, ce qu'on appellerait aujourd'hui une zāwiya. Il y
passe ses journées à enseigner, à prier, à invoquer Dieu et à méditer. Il y prend peu à peu, semble-t-il, conscience de son rôle de
réformateur : ce n'est pas en gourmandant lui-même la foule malveil-
lante, en se faisant rabrouer et traiter d'insolent et de dément, qu'il
arrivera à quelque résultat tangible. Vers le soir, quand son auditoire d'étudiants curieux d'entendre ce maître à la sévère éloquence
s'était éparpillé, il aimait à quitter sa retraite et gagner, tout à
proximité, une croisée de chemins. Là, il s'asseyait sous un caroubier et reprenait ses oraisons. Ses lèvres murmuraient sans cesse,
tandis que ses regards erraient devant lui. Sans doute quelque
obscur démon l'agitait. Il sentait sa mission se préciser peu à peu
dans son esprit, s'attacher des fidèles sur lesquels il put compter et
ramener au bercail toutes les brebis égarées de l'Islām, dans ce
Maġrib où l'impiété et l'indifférence religieuse gagnaient chaque
jour du terrain ! Pourquoi ne serait-il pas le rénovateur de la foi,
l'homme de la réforme et du châtiment ? Un jour, ses compagnons
l'entendirent à haute voix proclamer la louange d'Allāh. La lumière
venait de se faire dans son esprit ! Il se leva, pénétra dans la mosquée et pria. Puis, rapporte al-Baiḍaḳ, il dit : « Allāh soit loué en

toute circonstance ! Voici qu'est arrivé le moment de la victoire. Et
il n'est de victoire que celle qu'accorde Allāh, le Puissant, le Sage !
Demain, un *ṭālib* arrivera vers vous ; heureux ceux qui le recon-
naîtront ; malheur à ceux qui le renieront ! »

Quelle créance accorder à cette prémonition soudaine, à cet aver-
tissement sur la venue prochaine du lieutenant du Réformateur ?
Assurément, il eût été trop simple qu'Ibn Tūmart et 'Abd al-
Mu'min se rencontrassent fortuitement, que le hasard seul les mit
en présence ! Mais ce trait si peu authentique n'en est pas moins
fort intéressant. Il éclaire à lui seul l'état d'esprit du visionnaire
qui, sous le caroubier de Mellāla, élaborait ses projets et voyait
luire un avenir triomphant. Ibn Tūmart n'était plus jeune. Sa vie
s'était passée dans l'étude et les pérégrinations, et sa vieillesse
était proche. A quoi bon donner quelque envergure à ses desseins
si demain la mort le guettait ? Il y avait des années qu'il avait quitté
son pays. Toujours errant, nulle part il avait séjourné assez pour se
créer une famille. Il n'avait pas d'enfants, pas même une fille
comme le Prophète. Il lui fallait un fils adoptif, ou plusieurs, qui
pussent le seconder et un jour le remplacer. 'Abd al-Mu'min vint à
point nommé sur son chemin.

Ici suivons pas à pas le récit d'al Baidak. Il est d'une simplicité
et d'une sincérité trop naïves pour n'être pas en bien des points
exact. Et il est charmant. D'autres informations, assez succinctes et
de seconde main, nous sont parvenues sur la rencontre d'Ibn
Tūmart et de 'Abd al-Mu'min. Il faut les repousser et accorder
confiance au témoin oculaire.

Entre Tlemcen et la Méditerranée, s'étend un pays montagneux
et boisé, dont le principal centre urbain est aujourd'hui Nédroma.
C'était au Moyen Age le territoire des Kūmya, une tribu berbère à
l'origine, mais de très bonne heure arabisée et ayant sans doute à
l'époque d'Ibn Tūmart renoncé depuis longtemps au bilinguisme.
Il est frappant que de toutes les confédérations du groupement
almohade citées en détail par le *Kitāb al-ansāb*, seule celle des
Kūmya n'ait pas les noms arabes de ses subdivisions accompagnés

de l'équivalent berbère. Il faut lire sur ses origines une note remarquablement suggestive de M. William Marçais. Au xii⁰ siècle, il s'y trouvait plusieurs villages ; celui de Tāgrā, où naquit 'Abd al-Mu'min, n'était pas l'un des moindres.

C'était, suivant les uns, le fils du ḳāḍī de l'endroit, suivant d'autres le fils d'un potier. On est tenté de supposer qu'une fois parvenu au faîte de la fortune, le villageois de Tāgrā laissa s'accréditer, lui ou ses descendants, le bruit que son père était un lettré et un magistrat musulman. Il vaut mieux lui garder son métier de potier : c'était vraisemblablement un petit paysan mettant à profit les loisirs que lui laissait la culture de modestes champs, pour façonner et tourner, comme beaucoup de ses compatriotes encore aujourd'hui, de ces poteries d'usage si courant au Maġrib, qu'il faut pouvoir remplacer dans la maison aussi facilement qu'on les brise. Il les portait au marché voisin ou encore à la ville, Tlemcen. Il s'appelait 'Alī b. 'Alwī b. Ya'lā, et il avait pour femme Ta'lū, la fille de 'Aṭīya b. al-Ḥair. Est-il besoin de dire que, ni l'un ni l'autre, les parents de 'Abd al-Mu'min n'avaient la prétention de remonter au Prophète par l'intermédiaire des deux Idrīs, et que les généalogies chérifiennes dont on les para tous deux par la suite ne furent qu'inventées pour les besoins de la cause ? Du mariage de 'Ali et de Ta'lū, trois fils étaient nés : Yūsuf, Muḥammad et 'Abd al-Mu'min. Plus tard, quand 'Alī mourut, sa femme épousa un autre de ses contribules, dont elle eut une fille, Funda. 'Alī, enfin, avait au moins un frère, qui portait le nom de Ya'lū.

Al-Baiḏak raconte comment, dès avant sa naissance, 'Abd al-Mu'min se trouva marqué pour la fortune et prédestiné à la gloire. La légende est gracieuse et mérite d'être rapportée ; le chroniqueur oriental Ibn al-Aṯīr en a de son côté conservé l'écho dans sa grande compilation historique. Alors que le futur calife était encore dans le sein de sa mère, celle-ci vit un jour comme du feu qui sortait d'elle et embrasait l'espace aux quatre points cardinaux. Anxieuse de la signification de ce présage, elle s'en alla trouver le devin, à Tlemcen, qui augura que l'enfant qui allait naître se rendrait maître des pays situés au Nord comme au Sud, à l'Est comme à l'Ouest. Dans le même temps, Ta'lū accompagna un jour son mari aux champs : prise de lassitude, elle s'étendit à terre et le sommeil la

gagna ; deux essaims d'abeilles vinrent alors se poser sur elle.
Après que l'enfant fut venu au monde, elle se rendit de même aux
champs un jour de moisson, pour glaner, et elle déposa sur le sol
son enfant endormi. Quelles ne furent pas sa surprise et sa frayeur,
quand elle vit des abeilles en grand nombre se poser sur le petit
garçon, puis, sans lui avoir fait le moindre mal, se disperser en
deux essaims, l'un vers l'Orient, l'autre vers l'Occident ! Le père
de son côté cria au miracle et dit à sa femme : « Élève cet enfant avec
soin, en te souvenant des paroles du faḳīh de Tlemcen ! » Et 'Abd
al-Mu'min grandit : on l'envoya de bonne heure à l'école coranique
de Tāgrā, et il se mit à apprendre par cœur le texte du livre sacré
et à étudier les premiers rudiments. Plus tard sans doute, il alla
suivre les cours professés à la grande mosquée de Tlemcen. Puis,
quand il trouva cet enseignement insuffisant, il décida d'aller se
perfectionner en Orient, au foyer même des études islāmiques. Son
père était mort, sa mère s'était remariée. Son oncle paternel Ya'lū
jugea bon de l'accompagner. Ils se mirent en route pour Boŭgie,
dans l'intention d'y prendre passage à bord du premier bateau qui
ferait voile vers l'Orient.

On se représente assez bien ce jeune homme studieux : sans doute
avait-il l'extérieur d'un étudiant relativement aisé, mi-citadin, mi-
campagnard, comme on en coudoie encore aujourd'hui dans les
ruelles des vieux quartiers de Fès. Il avait toute la modestie et la
timidité de son âge, et son esprit était éveillé et curieux ; il était
avide d'apprendre. Son oncle jouait auprès de lui le rôle de mentor.
C'est ainsi que 'Abd al-Mu'min se mit en route vers son destin.

Ils gagnèrent d'abord le pays de Mittīga, où ils se reposèrent
quelques jours, puis celui des Banū Zaldawī, dans le massif kabyle
et arrivèrent enfin à Bougie, où ils descendirent à la « Mosquée du
Myrte ». Le lendemain, après la prière, des fidèles leur demandèrent
de les accompagner chez le faḳīh. « Quel faḳīh ? interrogea 'Abd
al-Mu'min. — Le « faḳīh du Sūs », lui répondit-on. C'est le
savant de l'Orient et de l'Occident, et il n'a pas son pareil ! » C'était
le nom sous lequel on désignait Ibn Tūmart, et qu'il avait rapporté

de son lointain voyage. Avide d'entendre ce maître dont on lui vantait l'éloquence et le savoir, 'Abd al-Mu'min se rendit à Mallāla. Son oncle moins curieux le laissa aller en lui demandant de se hâter.

Le récit que donne al-Baiḏaḳ de la rencontre d'Ibn Tūmart et du futur calife ne laisse pas sur plusieurs points d'être assez peu vraisemblable. Le Maître, en voyant son nouveau disciple, reconnaît aussitôt en lui l'Elu. Il le fait venir tout près de lui, devine le nom de son village et celui de son père. Et l'assistance d'être au comble de l'étonnement ! Il finit par lui dire : « La science que tu vas rechercher en Orient, voici que tu l'as trouvée en Occident ! » Et quand les gens sont partis et que 'Abd al-Mu'min se dispose lui aussi à s'en aller, il l'invite à passer la nuit à Mallāla. Laissons parler le témoin al-Baiḏaḳ :

« Quand le soir tomba, l'Imām Impeccable prit la main du futur calife et tous deux se mirent à marcher. Au milieu de la nuit, l'Impeccable m'appela : « Abū Bakr, donne-moi le livre qui se « trouve dans l'étui rouge ! » Je le lui remis, et il ajouta : « Allume- « nous une lampe ! » Il se mit à lire ce livre à celui qui devait être Calife après lui, et, tandis que je tenais la lampe, je l'entendis qui disait : « La mission sur quoi repose la vie de la religion ne triom- « phera que par 'Abd al-Mu'min b. 'Alī, le flambeau des Almohades ! » Le futur Calife, entendant ces paroles, se mit à pleurer et dit : « O « faḳīh, je n'étais nullement qualifié pour ce rôle ; je ne suis qu'un « homme qui recherche ce qui pourra le purifier de ses péchés ! — « Ce qui te purifiera de tes péchés, répartit l'Impeccable, ce sera le rôle « que tu joueras dans la réforme de ce bas-monde. » Et il lui remit le livre en lui disant : « Heureux les peuples dont tu seras le chef, « et malheur à ceux qui s'opposeront à toi, du premier au dernier ! « Répète fréquemment le nom d'Allāh : qu'Il te bénisse pendant ta « vie, te dirige dans la bonne voie, te préserve de tout ce qui pour- « rait te causer crainte et appréhension ! »

Ce récit est-il authentique ? En tout cas, avec moins de précision il est vrai, ceux des autres chroniqueurs en sont très proches, et peut-être plus ou moins directement inspirés. Un étudiant s'attache aux pas d'un maître qui vient de l'éblouir de son éloquence persuasive, de son enthousiasme, de sa clarté de vues et de son souci permanent d'une étroite orthodoxie. Rien de moins impossible. D'ailleurs, 'Abd al-Mu'min est la recrue de choix, mais ce ne sera pas la seule. Son maître l'entraîne au rôle qu'il lui prépare, il ne lui laisse aucun repos. Le séjour à Mallāla se prolonge, plusieurs mois s'écoulent. Chaque jour Ibn Tūmart médite, calcule, suppute les chances de réussite de la réforme politique qu'il voudrait entreprendre en l'étayant sur une réforme religieuse. Que se passe-t-il là-bas dans sa montagne natale, à Marrakech, dans cette ville que corrompt l'indulgence des Almoravides, de ces sahariens voilés, de ces « anthropomorphistes » tarés ? Un soir, deux hommes se présentent. Sont-ce des acolytes, des émissaires qu'on lui envoie ? Ils se disent en route pour l'Orient et viennent de l'Atlas. Ils ne savent pas un mot d'arabe. Seul le faķīh du Sūs peut les entretenir dans leur langue. Il les interroge, on parle du pays de Daran. Sans doute, leur rapport est-il favorable. Ils s'en vont et quand le soir est venu, Ibn Tūmart donne l'ordre du départ pour le lendemain. La machine almohade commence alors vraiment à se mettre en branle.

LE MIHRÁB MAGHREBIN DE TOZEUR

Par M. Georges Marçais.

Au Sud du centre actuel de Tozeur, au milieu de la palmeraie de
cette belle oasis tunisienne, s'élève le minaret et, une quarantaine de
mètres plus loin, la petite mosquée dite de Bled el-Haḍar. Le minaret,
tour de brique découronnée, repose sur l'angle d'une construction
romaine sommairement arasée. La présence de cette ruine antique,
où l'on peut voir le soubassement d'un mausolée[1], laisse supposer
que Bled el-Haḍar est le centre primitif de Tozeur et que la mosquée occupe l'emplacement de celle dont nous parle un texte du
xive siècle, le commentaire littéraire et historique d'Ibn ech-Chabbât sur la Qacîda ech-Chaqraṭisîya[2]. Seul, au reste, l'emplacement
dut être conservé, car la description d'Ibn ech-Chabbât s'applique
malaisément à la mosquée encore existante. Celle dont nous parle
le glossateur aurait été construite entre 418 et 422/1027-1030 sur
le modèle de la Grande Mosquée de Kairouan, mais en des proportions moindres. Le minaret, qui semble l'intéresser beaucoup plus
que la salle de prières, était en pierres de grand appareil, dans sa
partie inférieure, en pierres plus petites au-dessus. La mosquée
actuelle ne rappelle que de très loin le grand sanctuaire kairoua-
nais ; quant au minaret, j'ai dit que la plus grande partie en était
faite, non de pierres, mais de briques. Toutefois les affirmations
d'Ibn ech-Chabbât ne sont pas à rejeter complètement. On peut
admettre que la salle de prières primitive se reliait au minaret par

---

1. Tissot, *Géographie comparée de la Province romaine d'Afrique*, II, p. 685.
2. Ms. en 4 vol. de la bibliothèque de M. H. Abd el-Wahab. — Je dois à M. Abd el-
Wahab la communication des deux fragments de ce livre (t. I et III in fine) où il est
question de la mosquée de Tozeur.

une cour maintenant disparue et qui donnait à l'ensemble des
dimensions assez vastes, pouvant faire penser à la mosquée de Kairouan. D'autre part, la tour, dont la porte unique est, comme celle
de Kairouan, ouverte vers l'oratoire, a bien une base de grand
appareil. Le seul ornement qu'on y remarque est un fragment
sculpté à décor épigraphique et floral encastré au-dessus de la porte.
Ce fragment, visiblement un remploi, pourrait être daté du

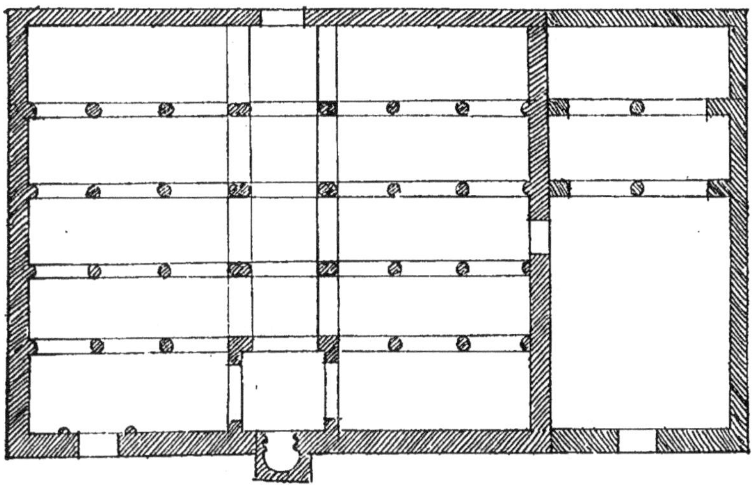

Fig. 1. — Mosquée de Tozeur. — Plan.

xi⁰ siècle. Il n'est pas impossible qu'il ait été emprunté à la mosquée
dont parle Ibn ech-Chabbâṭ. Ce sont là des indices, qui n'ont vraiment rien de décisif. L'examen de la salle de prières nous en fournira d'autres, qui, tout en écartant de notre esprit le souvenir de la
Grande Mosquée de Kairouan, nous autorisent à rapprocher l'époque de la fondation de 1027, date fournie par le glossateur.

Bien que le sujet de cette étude soit plutôt le miḥrâb de cette
mosquée tunisienne, il ne semble pas inutile de décrire sommairement la salle où ce miḥrâb a pris place.

Large de 19ᵐ,80 et profonde de 15ᵐ,40, la salle de prières est
divisée en cinq nefs transversales, c'est-à-dire parallèles au mur de

la qibla (fig. 1). Huit rangées de piliers cylindriques, remplacés
par des demi-piliers aux rangées extrêmes, soutiennent les arcs en
fer à cheval plein cintre, qui portent eux-mêmes les plafonds
des terrasses. Une allée médiane Nord-Sud, aboutissant au miḥrâb,
interrompt ces nefs Est-Ouest. Elle est bordée par des piliers
doubles (fig. 2). Ils font place, du côté de la qibla, à des piliers
en équerre, avec colonnettes
d'angle (fig. 3), qui portent la
coupole en avant du miḥrâb.
Les trompes qui soutiennent la

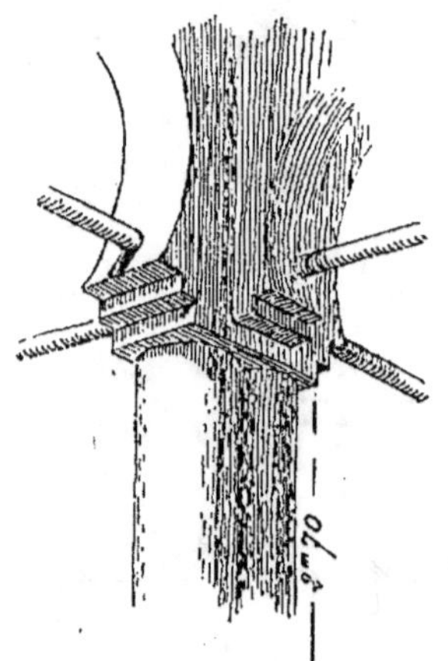

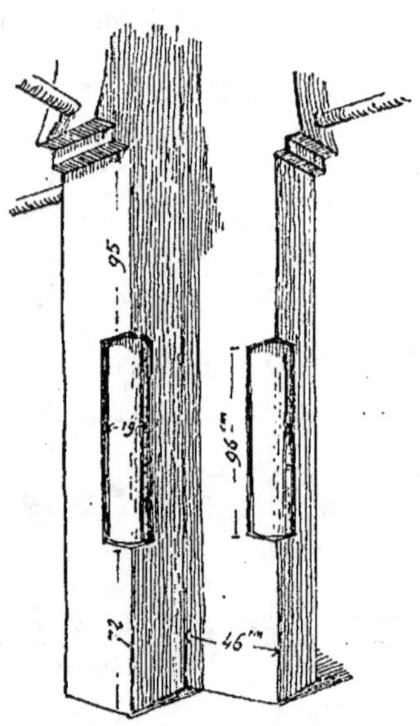

Fig. 2. — Pilier de la nef médiane.   Fig. 3. — Pilier en avant du miḥrâb.

calotte hémisphérique de cette coupole sont formées de six voussures concentriques enveloppant un fond plat (fig. 4). A l'extérieur, la coupole se présente comme un dôme à profil légèrement
brisé, qui repose sur un massif carré par l'intermédiaire d'un
massif octogonal. C'est là silhouette familière aux architectes
d'Ifrîqya depuis le ixe siècle (Grandes Mosquées de Kairouan et de
Tunis). Les trompes à voussures concentriques s'annoncent dès le
ixe siècle[1], mais nous n'en avons d'exemples caractérisés qu'au
xiiie siècle. Les colonnettes d'angle des pieds droits existent aussi

1. Cf. mes *Coupoles et plafonds de la Grande Mosquée de Kairouan*, pp. 16-17, fig. 3.

3*

depuis le ix⁰ siècle, mais durent se généraliser aux x⁰ et xi⁰ siècles.
L'examen du décor du miḥrâb permet d'affirmer que le gros œuvre
de cette mosquée lui est antérieur. D'autre part, les données de
l'histoire nous représentent le pays comme profondément ruiné
vers le milieu du xi⁰ siècle et n'ayant retrouvé une prospérité
d'ailleurs bien précaire que dans la seconde moitié du xii⁰ siècle.
Il semble raisonnable de localiser la construction de la mosquée
au temps très fortuné que connut l'Ifrîqya toute entière avant
l'invasion hilâlienne, c'est-à-dire vers la première moitié du xi⁰

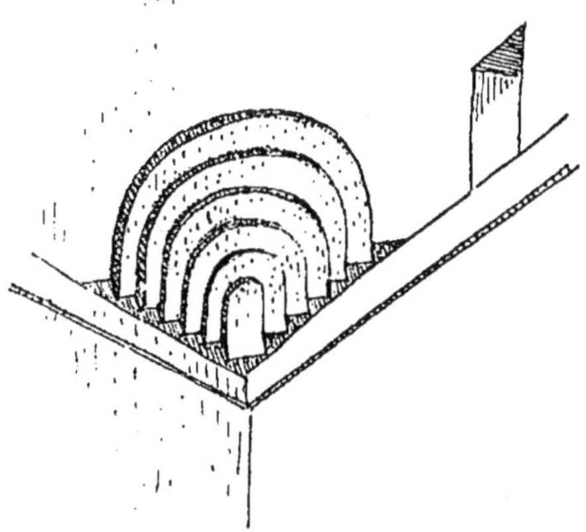

Fig. 4. — Trompe soutenant la coupole.

siècle. La date de 1027-1030 que nous donne le texte d'Ibn ech-
Chabbâṭ se concilie sans peine avec les caractères archéologiques
du monument et s'accorde avec les conditions historiques. Il est à
supposer que la mosquée si dépourvue d'ornement, que nous
voyons maintenant, eut un premier miḥrâb assez modeste : ce qui
est certain, c'est que, dès le premier aspect, le contraste est frappant entre le miḥrâb actuel, de décor très fourni, et les nefs indi-
gentes qui l'entourent.

Au miḥrâb primitif de la mosquée du xi⁰ siècle, jugé sans doute
trop pauvre ou trop endommagé par le temps, un maître de Tozeur
plus fastueux dut substituer, près de cent soixante ans après, un
miḥrâb plus magnifique et plus conforme au goût du jour.

Ce qui ajoute grandement à l'intérêt documentaire de ce miḥrâb, c'est en effet la date qu'il porte, inscrite en caractères cursifs dans un des registres de la demi-coupole (fig. 5, fig. 7 N). Cette inscription sculptée dans le plâtre est ainsi conçue :

نُقِشَ هاذه القبلة سنة تسعين وخمسمائة رحم الله من دعا لصاحبها بالرحمة

Cette qibla a été sculptée en l'année 590. Qu'Allah fasse miséricorde à celui qui demande par prière la miséricorde pour son auteur.

L'année 590 de l'hégire commence le 26 décembre 1193.

Avant d'aller plus loin dans cette étude, il y a lieu de souligner cette date de quelques commentaires, de rechercher à quel personnage historique la mosquée doit cet enrichissement.

Je rappelais plus haut les temps néfastes pour l'Ifrîqya qui avaient

Fɪɢ. 5. — Inscription du miḥrâb.

suivi l'invasion arabe du milieu du xɪᵉ siècle. On sait que cette entrée des bandes nomades dans le pays avait eu pour effet immédiat d'y ruiner l'autorité des maîtres de Kairouan, les Zîrides, et d'y favoriser le développement d'une sorte de féodalité, qui n'était en fait qu'une forme de l'anarchie. L'arrivée du grand conquérant maghrebin, l'Almoḥade 'Abd el-Moûmin, en 1159 avait mis fin à toutes les petites principautés qui avaient poussé sur le cadavre du royaume zirite. L'Ifrîqya devenait théoriquement province almohade ; en réalité, les Arabes étaient toujours maîtres des plaines et des oasis du Djerîd.

Profitant de la présence des Arabes, deux aventuriers descendants des émirs almoravides, les frères 'Alî et Yaḥyâ ben Ṛâniya, avaient tenté de relever une sorte de royaume almoravide dans cette province excentrique des khalifes de Merrâkech[1]. De Bougie, où

1. Sur les Benî Ṛâniya, cf. A. Bel, *Les Benou Ghânya, derniers représentants de l'empire almoravide, et leur lutte contre l'empire almohade (Publications de l'École des Lettres d'Alger, XXVII)*, in-8. Paris, 1903, et mes *Arabes en Berbérie*, pp. 190, ss.

FIG. 6. — Le miḥràb de Tozeur.

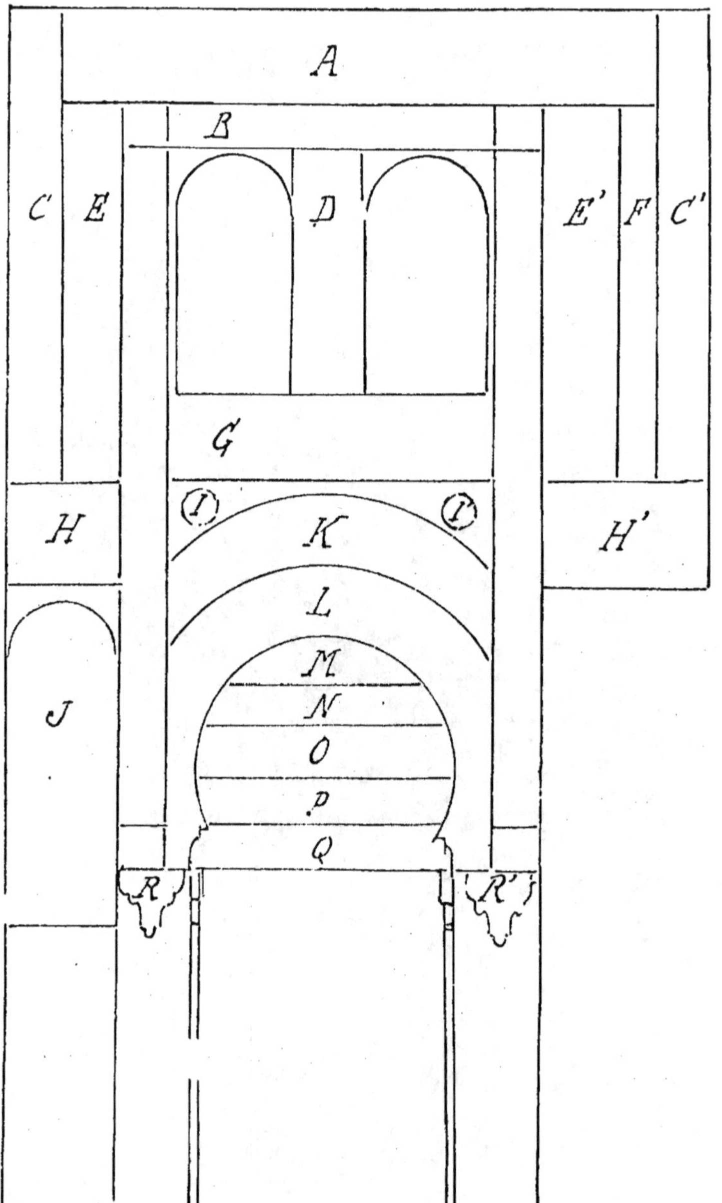

Fig. 7. — Distribution des décors reproduits.

ils avaient débarqué, ils étaient venus dans le Djerîd tunisien ; ils y avaient reçu l'appoint des Arabes et d'un autre aventurier d'origine turque nommé Qarâqoûch, qui y travaillait déjà pour son propre compte. Il fallut que les Almohades envoyassent de nouvelles forces pour récupérer le pays et soutenir les gouverneurs mis par eux dans Tunis.

On connaît maintenant les partis en présence dans le Djerîd aux environs des années 1193-1194. Auquel de ces partis appartenait celui qui fit sculpter le miḥrâb de Tozeur? Le doute est permis ; car il va sans dire que, dans ce pays où l'on se bat, les cités passent de l'un à l'autre, et que les chroniqueurs ne prennent pas le soin de nous renseigner année par année sur les variations de la carte politique. En 1187, l'Almohade El-Mançoûr, s'étant rendu en personne pour rétablir l'ordre, avait repris Tozeur sur Qarâqoûch, et la ville, qui avait reconnu l'autorité de l'aventurier turc, avait été ruinée. L'année suivante 1188, El-Mançoûr était reparti pour le Maghreb. Puis ç'avait été, en 1190, la soumission peu sincère de Qarâqoûch au gouverneur almohade d'Ifrîqya, ce qui avait permis à ce louche personnage de se faire ouvrir les portes de Gabès et d'y commettre les pires excès. Cependant le chef Almoravide 'Alî ben Râniya, mort sur ces entrefaites, avait été remplacé par son frère Yaḥyâ, qui avait dû reprendre pied dans le Djerîd et qui, en 1195, rentrait en possession de Gabès[1].

Almohades ou Almoravides : c'est à l'un ou à l'autre de ces deux partis qu'il s'agit d'attribuer la réfection du miḥrâb de Tozeur. Les conditions historiques m'inciteraient à en faire plutôt honneur aux Almoravides ; je verrais volontiers Yaḥyâ ben Râniya relevant les ruines de son ancien fief dévasté par l'Almohade El-Mançoûr. Il ne convient pas d'ailleurs de s'attarder maintenant à ce problème historiquement insoluble. Le point essentiel reste acquis. Qu'il soit almohade ou almoravide, le restaurateur de cette mosquée tunisienne est incontestablement d'origine maghrebine ou andalouse. C'est l'étude d'une œuvre maghrebine ou andalouse fortuitement greffée sur un édifice ifrîqyen qu'il nous reste à présenter.

---

1. Sur cette histoire, cf. Ibn Khaldoûn, *Hist. des Berbères*, I, 253-255, tr. II, 94-97.

LE MIHRÂB DE TOZEUR

La composition générale de ce mihrâb rappelle celle des mihrâb maghrebins de l'époque almoravide et de l'époque almohade. Les éléments qui figurent à la Grande Mosquée de Tlemcen, à la Kotoubîya et à Tinmal se retrouvent ici. Le cintre de claveaux entoure l'arc d'ouverture comme à Tlemcen. Des défoncements en coupolettes verticales timbrent les écoinçons comme à la Kotoubîya et à Tinmal. Le cadre rectangulaire est surmonté, comme à Tlemcen, d'une frise large à palmes symétriques. De même qu'à la Kotoubîya, deux fenêtres trouent le mur au-dessus de la niche et un bandeau relie, comme à Tinmal, l'étage de ces fenêtres à l'étage inférieur. Toutefois, la nécessité d'accommoder ces éléments importés aux proportions d'un édifice préexistant, que l'on devait accepter telles quelles, a contraint d'y apporter quelques variations. Le décorateur s'est trouvé gêné par l'étroitesse de la surface dont il disposait. Au lieu de 5 à 6 mètres, que mesurent les nefs médianes des mosquées maghrebines, dont le fond constituait la qibla, la nef de Tozeur compte à peine 3ᵐ,5o de large ; encore faut-il, comme à Tlemcen, prendre sur cette dimension l'entrée du réduit où l'on remise le minbar. On doit reconnaître que celui qui devait résoudre ce problème délicat ne s'en est pas tiré sans quelque gaucherie.

Ne pouvant donner à la couronne de claveaux entourant l'arc son ampleur traditionnelle, il a imaginé de juxtaposer deux rangs de claveaux concentriques et de les sectionner sur les côtés par les deux bandeaux verticaux du cadre, qui normalement devraient être tangents. Assez contestable également est la garniture de la niche elle-même : la coupole se meuble de quatre registres superposés, bandeaux à arcatures et à inscriptions précédant la calotte où se déploie un entrelacs floral.

Cette part faite à la critique, il reste beaucoup à louer dans ce morceau décoratif, auquel on souhaiterait qu'un décapage soigneux restituât la pureté et la vigueur de ses reliefs. Il faut tout d'abord rendre cette justice à son auteur inconnu qu'ayant pris le parti de ne laisser aucun vide, de décorer tous les panneaux déterminés par la composition générale, il a introduit de la variété dans leurs valeurs en défonçant profondément le champ de certains d'entre eux et en traitant les autres en léger relief. Cette manière de diversifier le décor s'indique à la Grande Mosquée de Tlemcen ; les décorateurs

du xiiiᵉ et du xivᵉ siècle en feront un emploi judicieux ; je ne connais pas d'ensemble où le procédé soit appliqué avec cette franchise
et cet accent. Dans certains panneaux (II, II′), les défoncements
dépassent 6 centimètres ; les reliefs qui se détachent en avant du

Fig. 8. — Chapiteaux soutenant l'arc d'ouverture.

nu du mur peuvent atteindre 9 centimètres. Certaines grappes sont
presque traitées en ronde bosse.

Si le parti d'ornementation intégrale rappelle plutôt le miḥrâb
almoravide de Tlemcen et s'éloigne d'autant de la sobriété des
miḥrâbs almohades de Tînmal et de Merrâkech, les panneaux à haut
relief de Tozeur (D, E, E′, F, S) évoquent, par l'agencement de leurs
plans, par le groupement et le genre des formes qui y entrent, les
chapiteaux des mêmes sanctuaires almohades. C'est là, si l'on peut
dire, du décor de chapiteau étendu à la dimension de panneaux,

de bandeaux et de bordures. J'étudierai plus amplement ci-après le
décor qui les garnit. Au reste, les quatre chapiteaux qui soutiennent l'intrados de l'arc, quoique très endommagés, semblent bien
se rattacher aux types de Tinmal
(fig. 8). D'un galbe très élancé,
ils ont, dans la partie inférieure,
le méandre incurvé remplaçant
la couronne unique d'acanthes,
tandis que, au parallélépipède
supérieur, le modèle à bandeau
dérivé du composite alterne
avec le modèle à hautes cauli-
coles inspiré du corinthien.
Assez comparables aux chapiteaux maghrebins comme rem-
plissage semblent être — autant

Fig. 9. — Cul-de-lampe.

du moins que l'état actuel le laisse supposer — les amortissements
en cul-de-lampe (R et R') sur lesquels s'appuient les bandes verticales de l'encadrement. Je ne connais pas d'autre exemple d'organes
semblables dans le décor musulman.

Il me reste à étudier les éléments épigraphiques, géométriques et
floraux qui entrent dans le décor des panneaux et des bordures.

Fig. 10. — Inscription cursive B.

L'épigraphie comporte les deux genres d'écriture : l'écriture cursive, qui sert pour l'inscription historique du fond de la niche (N),
pour trois bordures à texte coranique encadrant la niche et les
fenêtres (B) et pour un petit bandeau inséré dans le grand panneau
latéral de gauche (J) ; l'écriture coufique, qui figure aux bordures
longeant les murs (C, C'), aux panneaux latéraux (H, H') et au
bandeau formant la base de la demi-coupole (P).

Une première remarque s'impose touchant les inscriptions coufiques. Dans l'espace étroit de cette qibla se trouvent réunis deux types très différents d'écriture monumentale, représentant deux provinces et peut-être deux époques de l'art musulman. Tandis que

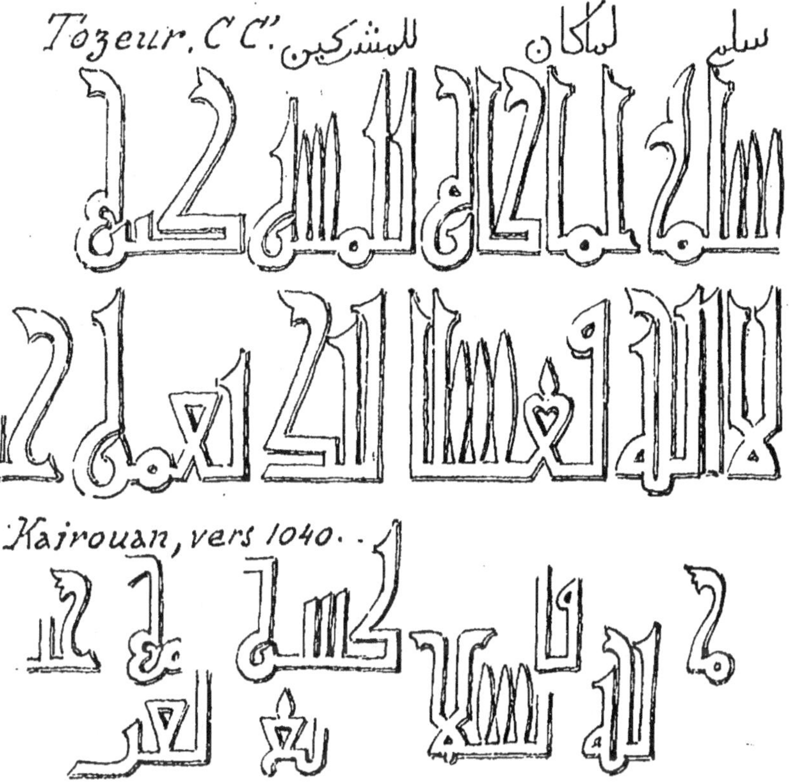

Fig. 11. — Coufique des bordures latérales CC' et comparaison avec le coufique de Kairouan.

les bandeaux horizontaux des côtés et de l'intérieur de la niche s'insèrent naturellement dans la suite des épigraphes maghrebins, entre les inscriptions des portes almohades de Rabat ou de Merrâkech et les inscriptions du XIIIe siècle, comme celles de la mosquée de Taza, par exemple, les bordures verticales, qui limitent à droite et à gauche les parties hautes de la qibla (C, C'), ne trouvent leurs analogues que dans l'Ifrîqya même. Il y a plus, l'étude de la forma-

tion des mots, dont presque toutes les ligatures sont sur la même ligne, l'analyse de l'alphabet, du tracé des lettres, du *sîn*, dont les trois jambages semblent trois fers de lance, du *'aïn* en triangle, du *kâf* à cassure roide, du *noûn* terminal à queue remontante interrompue par un redan en arc, la comparaison de ces traits et de bien d'autres avec les épitaphes kairouanaises du temps du Zîride El-Mo'izz (fig. 13) nous incitent à

Fig. 12. — Formule en caractères coufiques (H') : « Je témoigne qu'il n'y a d'autre dieu... »

voir dans ces bordures l'œuvre d'un décorateur ifrîqyen fidèle aux

traditions locales du XIe siècle ou plutôt encore deux fragments de l'ancienne qibla conservés à la faveur de quelques retouches sur les marges de la qibla nouvelle. Leur datation, qui ne fait guère de doute, rapprochée de l'affirmation du glossateur Ibn ech-Chabbât touchant la première mosquée, a la valeur d'un recoupement.

Fig. 13. — Formule en caractères coufiques : « Louange à Allâh. »

Les autres inscriptions coufiques sont des formules pieuses : « Louange à Allâh ! », « Reconnaissance à Allâh », « Je confesse qu'il n'y a d'autre dieu

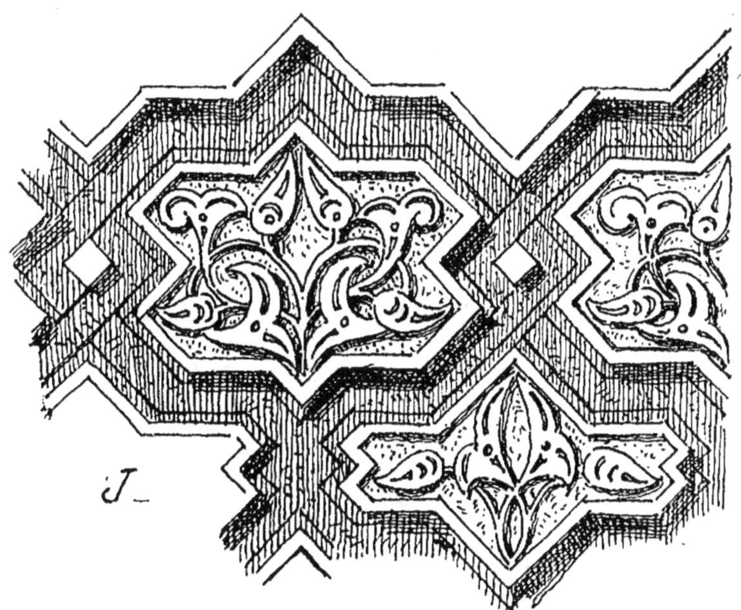

FIG. 14. — Garniture géométrique du panneau latéral J.

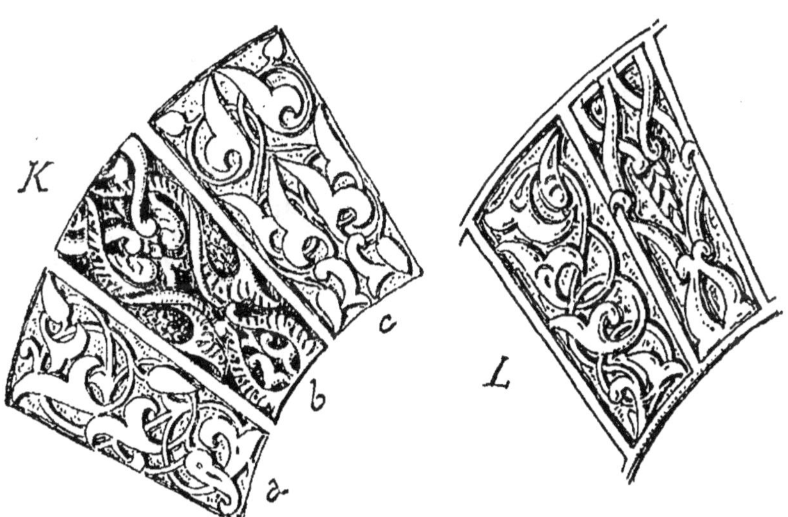

FIG. 15-16. — Claveaux.

qu'Allâh » (II'). J'ai dit qu'elles s'apparentaient avec les épigraphes almohades que le Maroc nous a livrés. La partie inférieure des lettres affecte des formes fami- lières aux lapicides de Merrâ- kech et de Rabat. Tout en res- tant dans la même tradition, les hampes des lettres longues, que termine le biseau étalé et non le fleuron, accusent un beau développement décoratif. La partie moyenne engendre des nœuds et des tresses ; la partie supérieure se brise en angle aigu ou s'assouplit en arc lobé meublant le champ de ses répétitions régulières. La mos- quée de Taza nous montrera des compositions analogues.

Fig. 17. — Angle de la calotte de la niche.

L'élément géométrique tient, dans notre qibla, une place fort réduite, et cela est notable. Rien ne rappelle ici l'ampleur des entre-

Fig. 18. — Bandeau à l'intérieur de la niche.

lacs étoilés du mihrâb de Tinmal. Le seul panneau latéral J présente des polygones circonscrits par un large galon en retrait et meublés par des motifs végétaux symétriques de conception très compara- ble à celle d'une bordure du mihrâb almoravide de Tlemcen¹.

1. Cf. mon album, *Pierre, plâtre et bois sculptés*, pl. VI.

Fig. 19. — Bandeau à l'intérieur de la niche.

Fig. 20. — Décor floral compact du trumeau D.

L'élément floral est de beaucoup celui qui joue le rôle le plus important. Non seulement il meuble les polygones des entrelacs géométriques et enrichit les fonds des bandeaux à inscriptions, mais il constitue la grosse masse des garnitures de frises et de panneaux à défoncement faible ou profond.

C'est dans les panneaux à faible défoncement, notamment dans les claveaux (K*a*, *c*, L), dans la calotte (M) et les registres de valeur claire (O, Q), qu'il faut chercher l'arabesque florale véritable, j'entends l'entrelacs de tiges souples auxquelles s'adaptent les palmes. Les panneaux irréguliers, tels que les claveaux, admettent l'entrelacs asymétrique; le rinceau à tige unique; les bandeaux ou les panneaux réguliers présentent des entrelacs symétriques à tige-double ou à tige unique montant dans l'axe. Ce décor floral se combine naturellement avec l'arcature lobée, dont les formes s'inspirent de la souplesse des feuilles. Quant aux éléments végétaux proprement dits qui surmontent les tiges, on y retrouve

la palme à deux lobes et la palme à un
lobe lancéolé, qui dérive du fruit.
Dans ces panneaux de valeur claire,
les limbes des palmes sont des surfaces nues ou meublées de vergetures
allongées et de trous, suivant la formule que les sculpteurs almohades
ont introduite dans l'art maghrebin.

Très différents sont les panneaux
de défoncement et de relief vigoureux, qui doivent compter dans l'ensemble comme valeurs sombres. Ici
le décor floral n'est pas proprement
de l'arabesque ; il se rattache à ce
genre également connu des sculpteurs
d'époque almohade, pour lequel on
a proposé la dénomination de décor
floral compact[1]. Les formes végétales : fruits à imbrications, palmes
longues à limbe bordé d'une sorte de
chaînette, ou découpé en digitations
et ponctué d'œillets, ne s'adaptent
pas à des tiges qui en détermine-
raient l'ordonnance ; elles se juxta-
posent et s'entrelacent en laissant
pour le champ le minimum d'espace
(D, E'), ou même en le faisant complètement disparaître (F, S)[2].

Ce genre de décor, très riche, un
peu lourd quand il est traité en haut
relief avec force détails intérieurs,

Fig. 21. — Décor floral compact.

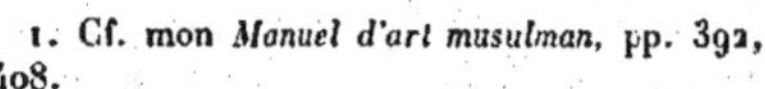

1. Cf. mon *Manuel d'art musulman*, pp. 392,
408.

2. S est la garniture de l'intrados de l'arc du
mihrâb. On en rapprochera certains intrados de
l'Alcazar de Séville (Salle des Ambassadeurs) et
l'on trouvera là une preuve de plus du caractère
archaïque de l'Alcazar.

s'indiquait à peine à l'époque almoravide. Il s'affirme à l'époque
almohade (Porte des Oudàïa). L'époque moresque ne le connaitra

Fig. 22-23. — Décor floral compact. S garnit l'intrados de l'arc du miḥrâb.

plus. Seule le rappellera la garniture des chapiteaux, avec ses
plans contrariés occupant toute la largeur des surfaces verticales.
Il n'est pas, à ma connaissance, d'édifice où le décor floral compact

se montre avec l'ampleur qu'il a dans ce miḥrâb de 1193. Création qui semblait féconde de l'art almohade, ce décor apparaît ici

Fig. 24. — Frise supérieure A.

avec une abondance de détails intérieurs qui fait plutôt penser à
l'art almoravide. Le rapprochement de plusieurs panneaux avec

Fig. 25. — Bandeau sous les fenêtres G.

ceux de la Grande Mosquée de Tlemcen[1] suggère l'hypothèse d'une
conjoncture étrange : ce miḥrâb, œuvre maghrebine qui vit le jour

1. Voir notamment le rapprochement de la frise A avec une frise du miḥrâb de Tlemcen (cf. mon *Manuel d'art musulman*, fig. 242-243).

4*

en Tunisie, pourrait bien être une œuvre almoravide, créée pour ces Almoravides qu'étaient les Benî Râniya, en pleine époque almohade.

La mise au jour de nouveaux documents nous fournira sans doute le moyen de confirmer ou de rectifier cette hypothèse, de déterminer avec certitude la série où ce miḥrâb doit prendre place. Cette œuvre exotique pourra par contre apporter quelque enseignement à ceux qui poursuivent l'étude de l'admirable art maghrebin du xii⁰ siècle. Je n'ai voulu que mettre à leur disposition ces croquis et ces notes, comme un hommage à la mémoire de l'ami qui souhaitait tant de le faire mieux connaître.

OBSERVATIONS
SUR LE TEXTE DU « ṬAWQ AL-ḤAMĀMA »

(« LE COLLIER DE LA COLOMBE »)

D'IBN ḤAZM.

par M. W. MARÇAIS.

Le *Ṭawq al-ḥamāma* d'Ibn Ḥazm a été publié en 1914 par le regretté Pétrof, d'après le manuscrit unique de Leyde. Pétrof, romaniste, était venu assez tardivement à l'étude de l'arabe. S'exagérant les faiblesses de sa formation philologique, il s'excuse dans son avant-propos d'avoir osé entreprendre l'édition de ce texte difficile avec un seul manuscrit. Il aurait pu ajouter que ce manuscrit est au-dessous du médiocre ; que le copiste, comme me l'écrit Snouck Hurgronje « semble avoir été fort ignorant et assez indifférent au contenu du livre qu'il transcrivait » (comp. *ZDMG*, 1915, p. 203, l. 10 et suiv.) ; qu'au cours des quelque trois cent vingt années écoulées entre la rédaction de l'original et l'achèvement du manuscrit de Leyde, d'autres copistes ont vraisemblablement sévi ; que notamment, dans le voyage de l'Andalousie à l'Orient, et dans le passage de l'écriture maghribine à l'écriture orientale, le texte a pu beaucoup souffrir. En fait, Pétrof s'est très honorablement tiré de son entreprise. En publiant ce livre charmant, en faisant précéder son édition d'un consciencieux essai sur l'œuvre et sur l'auteur, il s'est acquis des droits à l'estime et à la reconnaissance des arabisants.

Le grand historien du développement culturel et dogmatique de l'Islâm, Ignaz Goldziher, a consacré au *Ṭawq al-ḥamāma*, dans le tome LXIX de la *ZDMG* (1915, p. 192-207), un substantiel compte rendu où il marque la place du livre dans l'œuvre d'Ibn Ḥazm et dans l'ensemble de la littérature arabe. Il y propose en outre de nombreuses corrections au texte, péremptoires dans l'ensemble : au prix d'une lecture prodigieuse, Goldziher avait acquis un sentiment de la langue qui a été et restera, pour les arabisants, objet d'admiration et d'envie.

De son côté, C. Brockelmann a dressé une courte liste de corrections au texte du *Ṭawq* dans le *Literarisches Centralblatt* du 18 décembre 1915 (nº 51, col. 1276)[1].

Miguel Asín Palacios poursuit en ce moment même la publication d'une magistrale étude d'ensemble sur la vie, l'œuvre et la doctrine d'Ibn Ḥazm (*Abenházam de Córdoba y su historia crítica de las ideas religiosas*). Dans le premier volume, il consacre au *Ṭawq* une pénétrante étude, et en traduit divers passages. Il semble accepter le texte tel que l'a établi Pétrof et n'y propose pas de corrections.

J'ai dû moi-même, il y a quelque temps, lire attentivement ce livre. J'apporte aujourd'hui les premiers résultats de ma lecture. Un nouvel examen du manuscrit m'ayant paru nécessaire, le professeur C. Snouck Hurgronje a bien voulu regarder et noter à mon intention, dans l'*unicum* de Leyde, tous les passages du texte que je tenais pour suspects. En imposant à sa complaisance cette besogne minutieuse et ingrate, je lui ai pris sans doute bien des instants dont il aurait eu meilleur emploi. Je prie le maître respecté des études islamiques de m'en excuser ; et je lui renouvelle ici l'expression de ma gratitude. Il m'a fourni en outre diverses indications qu'on trouvera consignées plus loin, précédées ou suivies des initiales Sn. H.

Je ne reproduis pas en principe les corrections de Goldziher et de Brockelmann. Le lecteur voudra bien se reporter aux articles qui les contiennent. J'en discute toutefois quelques-unes qui me semblent douteuses ou inacceptables.

J'ai tenu particulièrement compte dans mes essais de restitution des erreurs graphiques qu'a pu engendrer la reproduction en caractère arabe oriental d'un texte dont l'original était sûrement écrit en caractère andalou.

Par ailleurs, plusieurs passages du *Ṭawq al-ḥamāma* me demeurent inintelligibles. C'est peut-être, dans quelques cas, affaire de

---

1. Ce compte rendu m'a été signalé par Snouck Hurgronje.

texte irrémédiablement corrompu. Je me plais du moins à le croire : telle est l'*ultima ratio* et l'habituelle excuse des philologues aux abois.

P. 3, l. 20 ; المحتقر adopté par l'éditeur est bien la leçon du manuscrit. Je crois à une erreur de copiste et serais porté à rétablir : المختبى : « soit parce que celui dont *on dévoile* les aventures admet qu'elles soient mises au jour, et ne voit pas grand mal à ce qu'on en colporte le détail » ; sur اختبى « découvrir, mettre au jour » cf. les lexiques ; al-Anbārī, *Aḍdād*, p. 48 ; al-Qālī, *Amālī* I, p. 214, l. 5 a. f. ; et surtout Nöldeke, *Neue Beiträge zur semitischen Sprachwissenschaft*, p. 85.

P. 3, l. 22 ; lire عَلى au lieu de على du texte et du ms.

P. 4, l. 1 ; lire يجشموني au lieu de يحشموني : « mes amis m'*imposent* de faire des vers ».

P. 6, l. 16 ; l'éditeur a corrigé avec raison le خلف de son texte en خَاَف (p. 146). Il convient en outre, je crois, de lire العامريّين au lieu de العامر بن : « c'est elle qu'épousa le vizir ʿAbd allāh b. Maslama après la ruine de la famille des Banū ʿĀmir ». Il y a une tache d'encre, dans le ms., sous la lettre qui suit le ر.

P. 7, l. 5 ; restituer peut-être devant الارواح un أنّ qui ne figure ni dans le texte, ni dans le ms.

P. 7, l. 23 ; les leçons adoptées pour ce vers par l'éditeur sont celles du ms. ; mais la vocalisation est de son fait. Il convient de remplacer بإعدامه par فإعدامُه (avec فـ en tête du *ǧawāb aš-šarṭ* constitué par une proposition nominale) ; et de lire وُجِد au lieu de وَحَد : « mais au cas où nous trouvons qu'une chose a sa cause en une autre différente d'elle, l'abolition de la première se réalise par la disparition à nos yeux de la seconde à laquelle elle devait l'existence (*cessante causa, tollitur effectus*).

P. 8, l. 9 ; remplacer peut-être par ارتيج le ارتاح du texte et du ms.

P. 8, l. 12 ; le ms. comme le texte porte والتحوّل ; cette leçon est tout à fait suspecte ; que peut bien ajouter التحوّل à المطبوعة السجايا استحالة qui précède ? Je pense qu'il faut rétablir النُحول « l'amaigrissement » ; comp. sur l'amaigrissement signe extérieur de l'amour, notre texte, p. 15, l. 1 ; p. 96, l. 3 ; p. 109, l. 2, etc. ; *Muwaššā* (éd. Brünnow), p. 48, l. 18 ;

p. 49, l. 3 ; p. 49-52 *passim* ; etc. ; le ms. porte ذلك au lieu du ذاك du texte.

P. 9, l. 1 ; je restituerais volontiers au début de la ligne, devant بالاختيار, un لا qui ne se trouve ni dans le texte ni dans le ms. ; « se porte vers lui du fait de sa nature et nécessairement, *non* par un mouvement volontaire et délibéré. »

P. 9, l. 21 ; lire نفسي au lieu du deuxième نفسه du texte et du ms.

P. 10, l. 4 ; lire للابان au lieu de لابن du texte et du ms. : « à son oncle maternel Lâbân. »

P. 10, l. 15 ; le ms. a إذ au lieu de إن adopté par l'éditeur ; ce dernier paraît à conserver ; d'autre part l'éditeur a justement rétabli dans ses corrections يفرونا du ms. au lieu de يفرونا ; mais il faut vocaliser يفرونا.

P. 11, l. 8 ; l'éditeur a adopté les leçons du ms ; il me paraît nécessaire de corriger سقيمها en سليمها et وسقام en ومقام ; le contexte l'exige.

P. 11, l. 8 ; Goldziher a justement corrigé والجبلة en والحية (ms. والحده) ; lire aussi يحيل au lieu de يجيل.

P. 11, l. 12 ; lire أنضجه ou peut-être أنضبه, au lieu de أنضحه du texte et du ms. ; pour أنضج « amollir, attendrir, énerver », cf. Hamadānī, *Maqāmāt* (éd. M. 'Abduh), p. 81, l. 1 ; *Muwaššā* (éd. Brünnow), p. 120, l. 15 ; p. 159, l. 21.

P. 12, l. 13 ; le ms. a الدنو au lieu de الدني ; c'est la bonne leçon (Sn. H.). Mais il a, comme le texte, الاستبابة, qu'il paraît nécessaire de corriger en الاستهانة : « tenir pour *insignifiante* toute affaire grave qui amènerait à se séparer de l'objet aimé ».

P. 12, l. 17 ; le ms. a للشعا comme le texte ; je ne puis lui découvrir aucun sens. Brockelmann propose للسما ; peut-être faut-il restituer للشفا pour للشفى (licence poétique peu recommandable, cf. al-Qālī, *Amālī*, II, p. 251 *in princ.*) : « pour me rendre vers toi, je me hâte comme le fait la lune lorsqu'à son lever elle traverse *les confins* du ciel. » C'est en effet seulement à son lever et à son coucher à l'horizon, que la lune semble précipiter sa course.

P. 13, l. 3 ; وفتر du texte ne donne aucun sens ; le ms. porte وفقر ; peut-être faut-il lire وقتير. Mais il n'est pas impossible que le texte primitif, déformé par les copistes, ait eu نبر ou نِبْر : « que de fois *nabot* (ou *vaurien*) amoureux a voulu se donner de belles apparences ! » D'autre part le ms. comme le texte a تَمَتَّك qu'il me paraît nécessaire de corriger en تهَتَّك : «combien d'hommes jusque-là irréprochables *se sont couverts d'opprobre !* »

P. 13, l. 16 ; lire الغَمْز au lieu du الغَمْر du texte et du ms. « la fréquence des clignement d'yeux à la dérobée ».

P. 13, l. 19 ; le فيه adopté par l'éditeur est représenté dans le ms. par فنه ; il semble bien qu'on doive rétablir فاه : « rechercher avidement la partie du verre qui a touché la *bouche* de l'objet aimé ; » c'est l'équivalent d'Ovide (*ars amatoria*).

Fac primus rapias illius tecta labellis
Pocula, quaque bibet parte puella, bibas.

P. 14, l. 1 ; le ms. a : الثر بهمَا حدُّهما ; il faut, je pense rétablir à la place de la leçon adoptée par l'éditeur : كثُر تهاجُرُهما : les *ruptures* [qui ne riment à rien] *se multiplient entre eux* ; — l. 3 ; lire تتبَّع et وتأوّلُ.

P. 14, l. 7 ; lire الأَحقاد au lieu de الإحقاد (ms. الاحقادِ).

P. 14, l. 15 ; lire ارتياحَه au lieu de ارتياحُه ; ms. sans voyelle.

P. 14, l. 18 ; lire يهتاج au lieu de تهتاج du texte et du ms. ; et peut-être يبتدي « qu'il soit convié » au lieu du يبتدى adopté par l'éditeur (ms. بتدى).

P. 14, l. 22 ; lire الإنغلاق au lieu de الانغلاق du texte (ms. الاعلاق) ; comp. p. 23, l. 22 .

P. 15, l. 1 ; lire حر au lieu de حدّ du texte (ms. حدِ) : « sans fièvre, sans élévation de température » ; comp. p. 96, l. 13-15.

P. 15, l. 16 ; le يوجبه du texte qui se retrouve dans le ms. ne donne pas un sens acceptable ; je pense qu'il faut restituer يوَجَّه : « parfois les choses sont remémorées à cause d'autres *du même ordre.* »

P. 15, l. 22 ; النَوَى qui figure dans le texte et le ms., et أنداد, adopté par l'éditeur au lieu du أنذار du ms., me semblent impossibles. I. Ḥazm nous donne ici des preuves de son habileté à trouver des comparaisons complexes (le *tašbīh murakkab* des traités de rhétorique ; cf. al-'Askarī, *K.* aṣ-ṣinā-

'aṭayn, p. 189-190; I. al-Aṯīr, *al-Maṯal as-sā'ir*, p. 158; Murtaḍā, *Amāli*, IV, p. 36-43; etc.). Il se vante d'en avoir mis sur pied une, où les 4 éléments du premier terme correspondent *un à un* aux 4 éléments du second. Il faut donc, pour correspondre à قِران « conjonction d'astres », au lieu de النَّوَى, un mot de sens *favorable*; et de même il faut pour correspondre à العَتب, au lieu de أنداد (أنذار) qui ne signifie rien, un mot de sens *défavorable*, emprunté en outre comme قِران au langage astronomique (cf. p. 16, l. 3). Ceci posé, je crois possible de restituer أنواء: et أنواء الفَدَى:

« C'est comme si la formule « *puissé-je être ta rançon* », succédant aux reproches, et la rupture suivie de réconciliation, étaient *conjonction* et *divergence* d'astres, présages stellaires funestes suivis de présages heureux. »

P. 16, l. 6; au lieu de واتلج du texte, le ms. a واتلج; il faut rétablir واتلج « alors que l'ombre de la nuit s'est étendue et partout *insinuée* ».

P. 16, l. 8; au lieu de السَّبَج (ms. السبج), lire السَّبَج « le jais », correspondant à الدُّجَى « l'obscurité ».

P. 16, l. 10; lire avec le ms. للمحبّ au lieu de للمحبّين.

P. 16, l. 20; lire, au lieu de توقّف, يُوقَف (ms. بوقف); et au lieu du الجليلة du texte et du ms., الجلِيّة (comp. p. 46, l. 4) : « jusqu'à ce que l'affaire *soit tirée au clair.* »

P. 16, l. 21; lire, au lieu de تحوّب (ms. تحوف), تخوّف.

P. 16, l. 23; rétablir, au lieu du الحمرة du texte et du ms., الحيرة [المقطعة] « *une stupeur* [qui laisse sans voix] ».

P. 17, l. 9; au lieu de تُشرّقني du texte et du ms., rétablir تُشرّقني : « et qui fait que parfois, mon souffle lui-même risque *de me suffoquer* » ; comp. مختنق بنفسه ap. Hamadānī (éd. 'Abduh), p. 15, l. 4.

P. 17, l. 19; lire avec le ms. يهمي au lieu du يحمي du texte.

P. 19, l. 4; le أقليل adopté par l'éditeur et le لقايل du ms. sont également inadmissibles; il faut rétablir لقائل الرأي [ou القال] (cf. I. Sikkīt, *Tahḏīb*, p. 189; al-Qālī, *Amāli*, I, p. 116, l. 7-8; *Naqā'iḍ de Ġarīr et d'Aḫṭal* (éd. Salhani), p. 193, note 8; p. 194; Nöldeke, *Neue Beiträge zur semit. Sprachwissenschaft*, p. 213).

P. 19, l. 5; صُوَر الحمام « les représentations figurées d'êtres humains dans les bains » atteste, pour l'Espagne omeyyade, l'existence d'une pratique contre laquelle fulminent les rigoristes de tous les temps ; cf. Snouck Hurgronje, ap. *ZDMG*, 1907, p. 186 et ss. ; Becker, *Islamstudien*, I, p. 300 et ss. ; al-Murtaḍā, *Itḥāf as-Sāda*, VII, p. 59 ; des allusions à cette pratique, ap. R. Basset, *Mille et un contes arabes*, II, p. 49 ; *Muwaššā*, p. 56, l. 23 ; etc.

P. 20, l. 2 ; lire بالضُّعْف, au lieu de بالضيـعـف ; et l. 8 هَذَيَان, au lieu de هَذَيان (ms. هذيان).

P. 21, l. 1 ; lire الجِوار au lieu de الجَوّار (ms. الجوُار).

P. 21, l. 15 ; conserver le رياض du texte « mausolées funéraires » (ms. رياض) contre Goldziher qui propose de corriger en رياض (*ZDMG*, 1915, p. 204, l. 2). aḍ-Ḍabbī, dans la version sensiblement différente de cette historiette qu'il rapporte ap. *Buġyat al-multamis*, a رياض (*sic*), p. 478, l. 17 ; et الرياض p. 479, l. 9.

P. 22, l. 9 ; il paraît impossible de conserver le دمعها du deuxième hémistiche qui figure dans le texte et le manuscrit ; il faut vraisemblablement rétablir دُفَعِها (pour دُفَعِها) ; et vocaliser d'autre part الدِّرَرِ, non الدُرَر (cf. sur دِرَر les lexiques ; Haffner et Cheikho, *Dix traités*, p. 103, l. 4, a. f. ; Ḥarīrī, *Maqāmāt*, I, p. 218 ; *Naqā'iḍ de Ǧarīr et d'Aḫṭal*, p. 166, vers 2 ; *Aġānī* (éd. de *dār al-Kutub*, 1927), I, p. 273, note 7 ; al-Qālī, *Amālī*, II, p. 103, l. 5 ; I, p. 200, l. 6, pour qualifier des larmes ; etc.) « comment trouver justes représailles la conduite des larmes qui noient l'œil dans *leurs ondées ruisselantes* » ; synonyme عبرة أسراب (*Aġānī*, I, p. 321, note 7).

P. 22, l. 15 ; peut-être faut-il rétablir الطرافة « l'inconstance » au lieu de الظرافة du texte et du ms.

P. 22, l. 16 ; lire فإنِّي au lieu du بانِّي du texte et du ms. Ce dernier a encore l'absurde leçon لأأعلم au lieu du لأعلم justement admis par l'éditeur ; lire فُتَيّا au lieu de فتيا.

P. 22, l. 24 ; lire يدوم et يَثْبُت au lieu des تدوم et تثبت du texte et du ms.

. . 23, l. 3 ; lire probablement, bien que les voyelles du texte soient reproduites du ms. وَاخْرُجْ et أَدْخُلْ au lieu de أَدْخِلَ et de وَأَخْرِجَ.

P. 23, l. 4 ; rétablir توجّس pour le توحّش du texte et du ms.

P. 23, l. 6 ; cf. la correction de Sn. H. ap. *ZDMG*, 1915, p. 204, l. 22.

P. 23, l. 8 ; lire الجِذم (ou الجِزم, Sn. H.), au lieu du الحِزم du texte et du ms. : « *couper court* est pour moi la caractéristique du sage. »

P. 23, l. 11 ; lire avec le ms. فزلَّ, au lieu du فذلّ du texte : « comme celui qui, trompé par le peu de profondeur d'une nappe d'eau, *glisse* et disparaît dans la masse des flots. »

P. 23, l. 22 ; lire avec Brockelmann الإنغلاق, au lieu de الإنغلاق cf. *supra*, p. 14, l. 22.

P. 23, l. 23 ; rétablir probablement نغّص, au lieu du نقص du texte et du ms. : « le souvenir du passé *me gâte* toute période nouvelle de la vie. »

P. 24 : Goldziher a donné pour le texte de cette page une série de corrections excellentes ; à la l. 4, عزمها وانتقاضها semblent douteux ; il faut rétablir peut-être مكثها وازديادها, opposés à غربُها وانتقاصُها du deuxième hémistiche ; à la l. 10, il est vraisemblable qu'il faut corriger le احفتها du texte et du ms. en (غمرتها ... لحفتها ... أحاطت بها) لحفتها ; l. 14, lire خفيت au lieu du خفت du texte et du ms. ; et بها (complément de مقابلة qui se construit avec بـ) au lieu de مّما (ms. نّما) ; l. 17, lire فضلت, au lieu de الفصل, et وافتِ, au lieu de فصلت, et وافقت ; l. 18, lire الفضل, au lieu de يُسمّى, au lieu de تُسمّى ; le texte reproduit du reste les leçons du ms. Je comprends : « lorsque le désir, devenu *excessif*, dépasse cette limite, et qu'avec *cet excès coïncide* une union spirituelle à laquelle participent l'âme et les éléments constitutifs de la nature, *le dit désir* prend le nom « d'amour » ; comp. Ǧāḥiẓ, *Maǧmūʿat rasāʾil* (le Caire, 1324), p. 161, *in fine* : انّما العشق اسم لما فضل عن المقدار الذي اسمه حبّ.

P. 25, l. 20 ; lire ينقُض, au lieu du ينغص du texte et du ms. ; et encore « il *défait* les ويحلّ المُبرَم ... ويُحلحِل الثابت ويُنحِل (يُحَلّ) الشَّغاف ويُحِلّ الممنوع choses les plus solidement tordues, [dissout les corps solides], *ébranle* ce qui est ferme, s'installe dans le péricarde, et rend licite ce qui est défendu » ; le texte reproduit les leçons du ms.

P. 25, l. 24 ; rétablir بها, au lieu du ما du texte et du ms.

P. 26, l. 1-2 ; lire بسلوَ et ببَين, au lieu du يسلو et يبين du texte et du ms.

P. 27, l. 13; lire جِنَان, au lieu de جِنان; cf. *Naqā'iḍ* (Bevan), p. 1, l. 12 = *Bayān watabyīn*, I, p. 195, l. 16.

P. 27, l. 15; lire فِيها, au lieu du فيه du texte et du ms.

P. 30, l. 6; lire بِحسبِك, au lieu de بجبّك « qu'il te suffise »; ms. وبحبك.

P. 30, l. 21 et 24; Horten propose الطفرة au lieu de الظفر ap. Wiedemann, *Sitzungsberichte der physik. mediz. Sozietät*, Erlangen, 1915, p. 95 (Sn. H.).

P. 31, l. 5; il est peu vraisemblable que l'auteur ait construit tour à tour وبحو … يبادرون avec la préposition ل (لقطع), puis avec la préposition ب (وبحلها); en principe يبادر se construit avec إلى; il est à croire qu'il faut éta-blir لحلها et لحو; le texte reproduit les leçons du ms.

P. 31, l. 17; le ms. a, comme le texte اتي المزار; Goldziher propose آتي; il faut peut-être rétablir un داني المزار [قريب الدار] conforme à la phraséo-logie consacrée des *artes amatoriæ* arabes et de notre auteur lui-même (cf. p. 2, l. 10; p. 92, l. 16, 21; etc.).

P. 31, l. 19; il semble nécessaire de lire لَنَوّعٌ, au lieu du النوع du texte et du ms. (symétrique à ضربٌ …… فاحش).

P. 32, l. 16; lire خائلاً, au lieu du حائلا du texte (ms. حايلا): « quelque *serviteur* qu'on tient pour négligeable ».

P. 32, l. 20; le ms. a المحدثات (sic) pour le المحدثات du texte; il est tentant de rétablir : المخدرات ou المحجبات ou mieux المخبّآت.

P. 32, l. 21; au lieu du والسرّاقه du texte, Goldziher propose الزرّاقة; je préfère rétablir السوّاقة « la revendeuse de brimborions à la criée » (cf. Dozy, *Supplément*, sub سوّاق).

P. 33, l. 1; le ms. vocalise nettement دُهِيَتْ le دهيت du texte; il me semble cependant nécessaire de lire دَهَتْ.

P. 33, l. 7; lire avec le ms. بزعمه, au lieu du يزعم du texte.

P. 34, l. 2, lire وزيِّي au lieu de وزَيّ du texte et du ms. : « je leur ai dit: ceci est hypocrisie pure et, *en ma conduite*, je suis l'ennemi des hypo-crites »; زِيّ est non seulement « mode, manière de se vêtir », mais « pra-tique, manière d'agir »; ainsi couramment ap. *Muwaššā*, p. 12, l. 8; p. 47, l. 2; p. 140, l. 25, etc.

P. 34, l. 4 ; lire مجيئني.

P. 34, l. 15 ; le فلقد du texte et du ms. est pour moi incompréhensible
Je ne puis rétablir que فبعد : «après cela, il voulut reprendre l'entretien.....»

P. 34, l. 16 ; vocaliser عَذَرَ مَنْ عَذَرَ وعَذَلَ مَنْ عَذَلَ : « que chacun le prenne
comme il voudra ! » ; sur ما عدا ممّا بدا cf. Freytag, *Proverbia*, II, p. 657,
n° 252 ; Mufaḍḍal, *Faḫir*, p. 244.

P. 35, l. 11 ; lire اختلاج, au lieu du اختلاج du texte et du ms.

P. 35, l. 14 ; lire مِيتَتُه, au lieu de مِيتَتُه.

P. 36, l. 8 ; rétablir في بوحه, au lieu du في برحه du texte et du ms. : «dans
sa divulgation».

P. 36, l. 15 ; le ms. a comme le texte يترين ; peut-être faut-il rétablir
يترّيا.

P. 36, l. 16, ; lire خلابة, au lieu du خلافة du texte et du ms. ; et تجليح,
au lieu de تخليج (ms. تحليج) ; « ceci est une *fourberie* inadmissible et une
effronterie détestable ».

P. 37, l. 3 ; vocaliser فَلَمَ, au lieu de فَلَمَ ; « il en perdit l'esprit ».

P. 37, l. 12 ; lire علّه, au lieu du بعمله du texte et du ms.

P. 37, l. 13 ; rétablir كُنَا, au lieu du كأنّا du texte (ms. كأنّا).

P. 37, l. 15 ; rétablir اجَهْد, au lieu de اجهر du texte et du ms.

P. 37, l. 16 ; vocaliser جُمّ ; l. 19 ; rétablir يتضرّم ; et, avec le ms.,
لغخّه, au lieu du لغخه du texte.

P. 37, l. 17 ; Goldziher considère à bon droit le texte du vers comme
corrompu ; le ms. a les leçons du texte, sans voyelles excepté pour بَعَيْر. Je
ne puis rétablir que de la façon suivante :

بأشكاليها من حُسن سعيك يكفيك اليسيرَ يسيرٌ والشديدَ شديدُه

« Quand t'atteignent les coups variés de la fortune — et *nombreuses* sont
les atteintes du sort —, oppose à chacun d'eux une part *adéquate* de tes
sages efforts (قابل ... بأشكاليها), en sorte qu'un petit effort te garde d'un
coup léger et un *effort intense d'un choc violent* ».

P. 37, l. 22 ; lire يَبِذّ, au lieu du بيد du texte et du ms. : « il *surpassait* ses condisciples » ; Goldziher propose يبذ.

P. 38, l. 9 ; peut-être faut-il rétablir بِأبلة, au lieu de بلَّيَاتِ (ms. بليّاتِ).

P. 38, l. 11 ; rétablir العُذر, au lieu de الغَدر du texte et du ms.

P. 38, l. 12 ; rétablir قدحه et لعُذر, au lieu du قدحه et du لغدر du texte et du ms.

P. 38, l. 19 ; rétablir شواهد et الشنار, au lieu du الشّنّار et du بشواهد du texte et du ms.

P. 39, l. 8 ; rétablir سِألة, au lieu du سهلة du texte et du ms.

P. 39, l. 11 ; الأسير est possible ; mais il faut peut-être songer à الأسيل.

P. 39, l. 13 ; Brockelmann et Goldziher ont très heureusement corrigé نَقْد en نقر ; mais il paraît impossible de conserver كذائب : le contrôle de la monnaie n'en est pas la fonte. Je ne puis rétablir que كزائف : « comme *la pièce de monnaie légère et de mauvais aloi* glisse des mains de l'essayeur habile ».

P. 39, l. 21 ; le وهوى نفيّ du texte reproduit la leçon du ms. Il semble nécessaire de rétablir وهو نقيّ [الجلد] : « alors qu'il est irréprochable ».

P. 40, l. 1-4 ; l'enchaînement des idées m'échappe ; par ailleurs lire au vers 3 الخِيلان : « parfois, grains de beauté et mouches font bien dans un visage » ; نَقْط est la bonne vocalisation, « la moucheture » ; c'est aussi celle qu'il faut adapter dans le proverbe نَقَّط عروس avec Maydānī (Boulac), II, p. 198 *in fine*, confirmé par Ġurġānī, *Kināyāt* (Le Caire, 1326/1908), p. 117, l. 18 : ونقّط العروس اذا غسلته ذهب ; corriger W. Marçais et A. Guiga, *Textes de Takroûna*, I, p. 398 et Dozy et Seybold aux endroits y cités.

P. 40, l. 10 ; rétablir الضراعة au lieu du ضراعة du texte et du ms.

P. 40, l. 13 ; rétablir السَبّ au lieu du السيّد adopté par l'éditeur (ms. السبب) : « les cas où l'on est blessé par l'*insulte* sont tout différents ». تُحصّل أنفاسهم de notre texte fournit un bon exemple de حصّل « dénombrer ». à ajouter à ceux que cite Dozy, *Supplément*, I, p. 295-296 ; aussi plus loin, p. 47, l. 22 ; ajouter aussi, pour l'Orient, Ġāḥiz, *Bayān watabyin*, I, p. 13, l. 5 ; p. 43, l. 5 ; *Aġānī* (1927), I, p. 269, l. 5.

P. 40, l. 15 ; le texte reproduit les leçons du ms. Il paraît cependant nécessaire de corriger ثابتة en ثابتة et منّاد en ميّاد : « l'amante est un *tendre* bambou et un rameau *flexible* ».

P. 40, l. 18 ; lire المستنصر, au lieu du المستبصر du texte et du ms. ; c'est une allusion au fait rapporté p. 6, l. 8.

P. 41, l. 17 ; rétablir الجَلَمَين, au lieu du الجملين du texte et du ms. : « il fit entrer en action *les ciseaux* dans sa barbe ». جلم « ciseaux » doit en principe, suivant les puristes, être employé au duel (cf. al-Qālī, *Amālī*, II, p. 149, *in princ.* ; Ḥarīrī, *Durra*, p. 185, *in medio* et les glossaires) ; et, de fait, c'est sous cette forme qu'il apparaît fréquemment en poésie et en prose ('Antara, XIII, 2 ; I. al-Aṯīr, *Nihāya*, I, p. 173 ; Ġāḥiẓ, *Bayān*, II, p. 29, l. 7 ; etc.).

P. 42, l. 13 ; آمذر (aussi dans le ms.) ne me paraît offrir aucun sens ; je ne puis rétablir que لِغَدر : « puis il s'en est repenti à cause d'une trahison dont sa dame s'est ensuite rendue coupable ».

P. 42, l. 16 ; lire, au lieu du صبرا du texte et du ms., صيدًا.

P. 42, l. 21 ; le ms. comme le texte a تجنّبت ; à la rigueur on peut lire تجنّبت ; mais le contexte me fait préférer تجنّب.

P. 42, l. 28 ; vocaliser الرَّوح.

P. 43, l. 23 ; substituer peut-être أقود à أقرّو.

P. 43, l. 7 ; لاضطراك est la leçon du ms. ; rétablir لإضرارك.

P. 43, l. 12 ; rétablir, avec le ms., l'ordre des mots à la fin de la ligne : ومن ساعده الوقت على هذا.

P. 43, l. 19 ; le ms. a clairement مَؤُونَته ; il semble cependant nécessaire de rétablir : أَسقَطتُ مؤونةً.

P. 44, l. 4 ; lire probablement, bien que le texte reproduise les leçons du manuscrit : تسهِّل, au lieu de تسهيل ; et يفتِّر ou يغثّي, au lieu de يفيق.

P. 44, l. 5 ; lire عبدْ (ou عِبْد ?), au lieu de عند.

P. 44, l. 7 ; lire le deuxième علي : عليّ.

P. 44, l. 20 ; المخالفة, qui se trouve dans le ms., paraît à rejeter, puisque dans cette énumération de qualités, قليل المخالفة figure déjà à la ligne précédente ; lire المحالفة.

P. 46, l. 9 ; لاتبالي (aussi dans le ms.) est à corriger en لاتُبالِ.

P. 47, l. 2 ; lire درّبتني au lieu du درّبني du texte et du ms.

P. 47, l. 10 ; lire عزَمًا, au lieu du عزمًا du texte et du ms. ; et aussi, avec Goldziher, والبوح, au lieu de البرح.

P. 47, l. 15 ; lire فرآني, au lieu de فرأى du texte et du ms.

P. 47, l. 21 ; peut-être faut-il substituer يتجفّى à يتحفّى : « *il s'occupe avec une sollicitude indiscrète de vos moindres mouvements* ».

P. 47, l. 22 ; lire أعدى au lieu de أعدا ; il peut paraître tentant de rétablir الجَرَب au lieu de الحرب : أعدى من الجَرَب est un proverbe bien connu (Freytag, II, p. 151, n° 228) ; mais il n'aurait ici guère de sens, puisque : اعدى فيه من العَدْوَى لا من العداوة.

P. 48, l. 8 ; le ms. a آمنا pour le آمِنًا du texte ; je crois qu'il faut rétablir : أمْنًا.

P. 49, l. 7 ; la vocalisation التسلّي est donnée par le ms. ; lire cependant التسلِّي.

P. 49, l. 8 ; صَيَّر est donné par le ms. ; lire cependant صُيِّر.

P. 49, l. 13 ; lire الغَيِّر au lieu de الغَير.

P. 49, l. 18 ; الحريض est dans le ms. ; rétablir الجريض ; cf. 'Abīd b. al-'Abraṣ, p. 3, l. 6 ; p. 4, l. 5 ; Ḥarīrī, *Maqāmāt*, I, p. 150 ; al-Mufaḍ-ḍal, *Fāḫir* (Storey), p. 190-191 et les références.

P. 50, l. 3 ; le ms. a, comme le texte, يسع ; il faut peut-être rétablir تبغ : et que nulle divulgation de son secret *ne soit apparue*.

P. 50, l. 6 ; رحمة du texte se retrouve dans le ms. ; il paraît nécessaire de rétablir رَجْمَة.

P. 51, l. 3 ; le texte reproduit les leçons du ms. ; je crois qu'il faut rétablir وأفطعه وأحدّه ..... واستفادته بجهده.

P. 51, l. 14 ; le ms. a la même leçon que le texte ; je crois qu'il faut rétablir, au lieu de وآخر ما طهر : وآخُذُ ما طهُر : Si c'est un vice grave, je laisse au Créateur le soin de lui en demander compte, et je *prends pour ma part tout ce qui peut être agréable dans* son caractère.

P. 51, l. 21 ; l'ordre des mots du texte, qui est celui aussi du ms., semble avoir été bouleversé ; pour obtenir un texte cohérent, respectant la symétrie des éléments constitutifs de la phrase, il faut rétablir : وهو مزنون مغموز عليه ,اليه بشق في ذاته ..... في ذاته, construit sur le même plan que le qui suit : suspect de recéler en lui-même quelque secrète fêlure.

P. 53, l. 5 ; lire والله au lieu de ولله.

P. 53, l. 16 ; ولي الى آل الخ est pour moi obscur.

P. 53, l. 18 ; lire الهزل, au lieu de الهذل, avec Goldziher ; les leçons de l. 19-20 se retrouvent dans le ms. ; je pense néanmoins qu'il faut rétablir : كثير المزاح, au lieu de كان المزاح ; et الدعابة au lieu de الرعاية : *fort porté à la plaisanterie* et *fertile en facéties.*

P. 54, l. 1 ; vocaliser كمولج فساد ; et l. 2, vocaliser بسلاحها (cf. Freytag, *Proverbia*, I, p. 642, n° 131 ; Damīrī, *Ḥayāt al-ḥayawān*, sub جبارى ; etc.).

P. 54, l. 15 ; rétablir avec ʿAbd al-wāḥid al-Marrākušī (éd. Dozy, p. 34, l. 16) : قضب, au lieu du قصب du texte et du ms.

P. 55, l. 11 ; lire زعمًا, au lieu du رغمًا du texte et du ms. ; synonyme de كفلا qui précède et de ضمان qui suit : *caution, garantie.*

P. 55, l. 23 ; le لا de ولا التزوّج a été ajouté par l'éditeur (note 3) ; il ne semble pas nécessaire. Il faut vraisemblablement lire : والتزوّح عن المآل : *ni la sécurité après la peur jointe à l'éloignement de tout refuge.*

P. 56, l. 1 ; le ms. a comme le texte, تأجج ; le contexte exige qu'on rétablisse يتأجج.

P. 56, l. 2 ; lire يتضرّم, au lieu de يتصرّم ; الرجاةة, au lieu de الرجاة ; peut-être التفاف, au lieu de أصناف ; — enfin, dans le ms., غب a été ajouté au-dessus de بد et par la même main ; l'un des deux semble à supprimer.

P. 56, l. 4 ; lire المتخلّة, au lieu du المتجلّة du texte et du ms.

P. 56, l. 9 ; la vocalisation ساعة est dans le ms. ; il faut cependant vocaliser ساعة : je lui ai répondu : « une seule heure..... ».

P. 57, l. 3 ; lire مغمورًا au lieu du معمورًا du texte et du ms.

P. 57, l. 16; le ms. a comme le texte توافقه; rétablir peut-être يوافقه.

P. 58, l. 2; lire, avec Goldziher, حفز au lieu de حفر; et خالدها (pour خِلَدُها) au lieu de خالدها (ms. sans voyelles): comme si ses *boucles d'oreilles* étaient dans le cœur de son amant.

P. 58, l. 4; le ms. a la leçon du texte, وعلّته رحمه. Il faut rétablir: وعَلَّتْه وَجْمَةً : il fut pris d'abattement.

P. 58, l. 5; il y a dans le ms. entre غابت et عينه un espace vide; je pense qu'il faut y rétablir عن; à peine eut-elle disparu à ses yeux que.....

P. 58, l. 9; Goldziher propose de corriger en يُوذي le يُوذي du texte et du ms.; ce dernier me paraît à conserver.

P. 58, l. 11; le ms. a bien رأيه comme le texte; il faut cependant rétablir بدائه : qui cherche son remède *dans son mal même*.

P. 58, l. 17; le ms. a bien comme le texte: تلوّذا; Golziher propose تلذّذا; je préférerais personnellement تلوّعًا.

P. 58, l. 21; vocaliser شُغاف, au lieu de شَغاف.

P. 59, l. 1; vocaliser هادئًا, au lieu de هاديًا.

P. 59, l. 8; il faut je crois conserver le دالّة du texte et du ms. que Goldziher propose de corriger en رذالة : la *tendance à prendre avantage* qu'engendre la certitude d'être aimée; دالّة est très bien expliqué par Dozy, *Supplément*, I, p. 459 dont il serait facile d'allonger la liste d'exemples : cf. notamment notre texte, p. 36, l. 6; et sans sortir de l'Andalousie, *al-'Iqd al-Farid* (éd. en 4 volumes de 1331/1913), I, p. 101, l. 13, l. 18; p. 106, l. 20; al-Qālī, *Amālī*, I, p. 69, l. 11; II, p. 136, l. 17, etc.

P. 60, l. 1; conserver le المقاتل du texte et du ms. que Goldziher propose de corriger en للمقابل : *et chose qui pénètre mieux jusqu'aux points vitaux*.

P. 60, l. 2; lire الذَكِيّة, au lieu du الزَكِيّة du texte et du ms.

. P. 60, l. 18; lire كانت يجد, au lieu du كانت تجد du texte et du ms.

P. 61, l. 2; وقائدين إليه du texte, reproduisant la leçon du ms., est pour moi incompréhensible.

P. 61, l. 8; lire, au lieu de القرض du texte et du ms., القرص : les *pressions* de main et de pied.

P. 61, l. 11 ; vocaliser لَذَّةٌ au lieu de لذَّةٌ : c'est une jouissance.....

P. 62, l. 1 ; conserver le هوًى du texte et du ms. que Goldziher propose de corriger en هوًا : *un objet aimé* ; cf. Dozy, *Supplément*, II, p. 772 ; Ġarīr, I, p. 65, l. 14 ; *Aǵānī* (1927), I, p. 393, note 1 ; *Muwaššā* (Brünnow), p. 78 *passim* ; al-Qālī, *Amālī*, I, p. 156, l. 2 a. f. ; Murtaḍā, *Amālī*, p. 72, l. 11 ; etc.

P. 62, l. 7 ; corriger vraisemblablement التخلّج en التجليح : la hardiesse, le mépris du qu'en dira-t-on (ms. النجلح).

P. 62, l. 8 ; lire يُغرِي au lieu de يعرى (ms. بري).

P. 62, l. 15 ; substituer au وباش du texte et du ms. : وفاش (pour وفايش).

P. 62, l. 19 ; vocaliser ظَلِلْتُ au lieu de ظَلَلْتُ que le texte reproduit d'après le ms.

P. 63, l. 4 ; lire ولأَجْلَلْتُه, au lieu de لرجأت ; et ولأَرجأت, au lieu de ولا جلّته.

P. 63, l. 6 ; lire يلحق, au lieu du تلحق du texte et du ms.

P. 63, l. 15 ; lire تَعَمُّدَا au lieu de تَعَمُّدا « fait de propos délibéré » ; ou peut-être تَعُمُّدا « pour une raison secrète ».

P. 63, l. 18-20 ; je ne puis comprendre ces vers qu'avec les corrections suivantes : l. 18 ; أتجنّبُ, au lieu du أبنالي du texte et du ms. ; أنبالي au lieu de أتجنّبُ ; — l. 19 ; يَشْرَبُ, au lieu de الصابُ, au lieu de ويُتْرَك (ms. ويبترك), au lieu de لعلّه (ms. لعلّه) لعِلّة ; الضاب (ms. الضاب) ; — l. 20 ; (محيّبُ) (ms. محيّب) au lieu de محبّب, au lieu de صفوَ ; صفوَ, au lieu du اجتهاد du texte et du ms. ; et عن, au lieu du deuxième في : la joie secrète de mon cœur va à l'élu de mon âme ; et la joie de *mon sourire* (m. à m. de *mes canines* ; cf. le vers célèbre de Dū-l-'Iṣba' al-'Adwānī ap. Murtaḍā, *Amālī*, I, p. 181, l. 9 = *Ḫizāna*, II, p. 409 ; et les lexiques sub كشر ; fréquent en poésie vulgaire ; cf. W. Marçais, *Textes de Tanger*, p. 74-75, l. 3), va à celui *pour qui je ressens de l'éloignement*. Parfois, il *est une raison* pour boire le jus de la détestable *coloquinte* et laisser le miel pur [secrètement] *préféré. Contraignant* mon âme *je me détourne* de l'objet de mes désirs.....

P. 64, l. 5 ; lire ذَوَى, au lieu de دَوَى (ms. دَوِى).

P. 64, l. 12 ; peut-être faut-il substituer au مذهب du texte et du ms. : مَرْغَب.

P. 64, l. 15 ; lire عواقب غِبّة au lieu du غِيّة du texte (ms. غِيّه) : que de fois le *lendemain d'une pénurie d'aliments* a-t-il apporté abondance de vivres.

P. 64, l. 16 ; malgré la vocalisation expresse du ms. (الرُّوح), il faut lire : الرَّوح.

P. 64, l. 20 ; rétablir الرنق au lieu du الريق du texte et du ms.

P. 64, l. 23 ; le ms. à يغِلب ; l'éditeur a, à tort je crois, vocalisé يُغْلَب ; il faut peut-être restituer يَغْلَب ou يصلب.

P. 65, l. 6 ; il faut garder le يكدح du texte et du ms. que Goldziher veut corriger en يكدر. Il semble que Goldziher ait considéré الصفا du texte comme (الصفا٠) « la pureté », alors que c'est bien الصفا « la roche ». Ce vers nous offre le vieux lieu commun de la goutte d'eau qui entame la pierre : قالت الحلماء ألا ترى أنّ الماء٠ على لينه يقطع الحجر على شدّته (al-'Iqd al-Farid, I, p. 323, l. 9). Ovide aussi l'a appliqué aux choses de l'amour (*ars amatoria*) :

> Quid magis est saxo durum ? quid mollius undā ?
> Dura tamen molli saxa cavantur aquā

pour كدح « attaquer une roche », cf. al-Qālī, *Amālī*, p. 161, l. 7 a. f.

P. 65, l. 9 ; lire التدلّل « le marivaudage, la coquetterie », au lieu du التذلّل du texte et du ms.

P. 65, l. 13 ; lire أجلْ au lieu de أجلْ ; et فيكون au lieu de يكون du texte et du ms.

P. 66, l. 11 ; rétablir والإدلا au lieu de والأدلّة (ms. والادلّة) ; والأدلّة أدلى بحُجّته est un terme consacré de la langue du droit.

P. 66, l. 12 ; le ms. a bien comme le texte يرد بالعفو ; peut-être faut-il rétablir يريد العفو.

P. 66, l. 15 ; lire وتَقَبّل, au lieu de ويقبل du texte et du ms.

P. 67, l. 5 ; أتحلّل est un bon exemple du sens de « chercher à fléchir, à adoucir, à persuader » noté par Dozy, *Supplément*, I, p. 312-313 pour حَلَّل et تَحَلَّل, et qui est aujourd'hui maghribin.

P. 67, l. 16 ; il faut conserver le خطور du texte et du ms. que Goldziher propose de corriger en حضور : or juste au moment où il récitait le premier vers, il arriva qu'Abū-l-Ḥosayn *passait*, comp. p. 117, l. 10-11.

P. 67, l. 19 ; il est vraisemblable qu'il faut corriger تَقَرَّبه (aussi dans le ms.) en تَقَرَّبه ; cf. la belle correction de Goldziher sur p. 3, l. 14 (*ZDMG*, 1915, p. 203, l. 25-33).

P. 68, l. 18 ; Goldziher propose, au lieu du لاتغروه du texte, لاتعدوه qui est très admissible ; mais on peut songer aussi à لَاتَقَرَّبوا ; n'en faites pas vos intimes ; d'autre part il faut restituer يَتَحَلَّوا au lieu de يخاوا ; ils *ne bénéficieront* de sa part d'aucun avantage.

P. 68, l. 21 ; le ms. porte فليس منهم ذلك حقَّه انبهرج مذاقه ; cette leçon, pas plus que celle de l'auteur (يهرج), ne paraît offrir de sens acceptable ; Goldziher propose de rétablir يهجر ; personnellement, je préférerais : أن يَبَهْرَجَ مُذْهَبُه : [celui-là n'est pas du nombre des amoureux] ; il mérite qu'on *dénonce le mauvais aloi de son cuivre doré* [et qu'on le rejette.....].

P. 69, l. 1 ; rétablir peut-être تغبنها, au lieu de تغنها du texte et du ms qui du reste est possible (لَاتُغنِيها).

P. 69, l. 9 ; lire peut-être وَرُبِّين au lieu de وزنين ou du رَثَّين adopté par l'éditeur dans ses corrections, p. 148 (ms. وريين) : et qui *avaient été élevées et éduquées* pour lui.

P. 70, l. 16 ; le ms. porte bien comme le texte كَأولاً ; je crois cependant qu'il faut rétablir : كلاولى ; cf. *Lisān*, XX, p. 357, l. 5-7 ; et les abondantes références de Dozy, *Supplément*, II, p. 507 ; *Aġānī* (1927), I, p. 357, l. 5 ; *Iḥāṭa*, I, p. 131, l. 4 ; *Monde oriental*, 1915, p. 148, l. 10 ; *Catalogue des mss. arabes de Leyde*, I, p. 270, l. 4 a. f. ; etc.

P. 70, l. 19 ; rétablir محجري.

P. 70, l. 23 ; lire وأُضحَى au lieu de أُضحِي (ms. sans voyelles).

P. 71, l. 3 ; lire خَلَى au lieu de خَلاَ du texte et du ms.

P. 71, l. 8 ; lire وليَسُعَ au lieu de ويسعى du texte et du ms.

P. 72, l. 4 ; lire peut-être ورنجو, au lieu de ويرجو qui est du reste possible.

P. 72, l. 8 ; lire peut-être عِشْرة, au lieu de غِرّة ; et restituer deux fois ندري au lieu de تدري ; le ms. a les leçons du texte.

P. 72, l. 12 ; vocaliser ولُوذي.

P. 72, l. 17 ; lire اِستبِري, au lieu de استبري.

P. 72, l. 20 ; lire طَمَّت, au lieu de ظمت.

P. 73, l. 12 ; lire avec le ms. إذ الكلام au lieu de اذا الكلام.

P. 73, l. 20 ; lire avec Goldziher والتأنّي, au lieu de والثاني ; et en outre في جذّ, au lieu de في جر ; le ms. a les leçons du texte.

P. 74, l. 3 ; il y a apparemment une lacune dans le texte au début de la ligne.

P. 74, l. 11 ; lire المؤنة ; et وما au lieu de ما à la fin de la ligne : alors que ce que, moi, je savais de lui était bien plus ; le ms. a les leçons du texte.

P. 75, l. 14 ; lire المعرّض au lieu du والتعرّض du texte et du ms.

P. 75, l. 15-16 le texte reproduit la leçon du ms : الأوّل في عدد طالب الاصفيا ; elle est pour moi incompréhensible ; peut-être faut-il rétablir : الأوّل في صَدَد مطالب الإصبا : le premier qui soit entré dans la voie des réquisitions d'amour fidèle.

P. 75, l. 14 ; le ms. a والتابّي ; l'éditeur a adopté والتأنّي ; personnellement je préférerais والتأتّي.

P. 76, l. 4 ; والّا يكون طامه ثوربا الخ ; le texte reproduit la leçon du ms., que je crois altérée sans rien pouvoir proposer à la place.

P. 76, l. 5 ; lire على المحبوب au lieu de على المحبّ du texte et du ms.

P. 76, l. 19 ; lire peut-être والتجوّل au lieu de التحوّل.

P. 77, l. 2 ; il y a peut-être une lacune ; ce vers ne paraît pas faire suite à ceux qui le précèdent.

P. 77, l. 4 : lire وقذفوني ; et l. 5 وقذفوني, au lieu de مخالفيّ.

P. 77, l. 10 ; lire peut-être يزيغون في عيني au lieu de يُذيعون في غيبي : en *mon absence ils répandent* [une foule de bruits extravagants] ; le texte reproduit les leçons du ms.

P. 77, l. 17 ; lire, au lieu du النواقض du texte et du ms. : النوابض.

P. 77, l. 18 ; lire au premier hémistiche, au lieu du في غير du texte et du ms. : لي غير : les pistes des fourmis *m'apparaissent très nettement.*

P. 78, l. 6 ; le فَنَادِرَة du texte et du ms. est possible ; mais peut-être aussi faut-il rétablir فَبَادِرَة.

P. 78, l. 8 ; au lieu du يقّبله du texte, le ms. a يقّلبه qui est la bonne leçon.

P. 78, l. 11 ; lire أَصْبَحَ, au lieu du أَصبحتُ du texte et du ms.

P. 79, l. 4 ; Goldziher propose de corriger en يوقّت le يُوقَّن du texte et du ms. ; ce dernier paraît à conserver ; un temps *dont on est sûr* de voir la fin.

P. 79, l. 22 ; lire وعـذرُه au lieu du وغدره du texte et du ms.

P. 80, l. 2 ; lire ابوالجيش au lieu du ابوالحسن du texte et du ms. ; cf. *Encyclopédie de l'Islâm,* II, p. 407 b, l. 20-21 a. f.

P. 80, l. 4 ; lire avec le ms. واحترس au lieu de احترست.

P. 80, l. 9 ; rétablir سَكَنًا (ms. سكنًا) au lieu du سكنى adopté par l'éditeur : il avait laissé derrière lui *une femme aimée,* cf. les glossaires ; Ḥarîrî, *Maqāmāt,* II, p. 571 ; *Muwaššā,* p. 187, l. 6 ; Nuwayri, *Nihāya,* V, p. 14, l. 12 ; al-Qālî, *Amālī,* II, p. 21, l. 3 a. f. ; etc.

P. 80, l. 13 ; le ms. a قُنِّلَ ; l'éditeur a adopté قُنِّلَ auquel je ne puis personnellement découvrir aucun sens ; il faut peut-être rétablir ثَقَّلْ ; et vocaliser ensuite : (حتّى =) أو = أو يَبِينَ : (fais comme) le sabre (i. e. quitte ton pays comme il quitte son fourreau) ; il n'est *qu'un bagage encombrant jusqu'au moment où* le fourreau s'en éloigne.

P. 80, l. 16 ; supprimer le *šadda* de الدوّي qui est dans le ms.

P. 80, l. 18 ; le ms. comme le texte a عِلَّة ; il faut vocaliser عِلَّة : *c'est là un mal* dont le traitement.....

P. 80, l. 21 ; Goldziher propose de corriger زماني en زماني ; زماني offre cependant un sens satisfaisant : on dirait que le temps où je vis.....

P. 81, l. 5; lire خاتَم, au lieu de خاتِم ; l. 8 عجِبتُ au lieu de عجَبتُ ; l. 15 عطشانَ au lieu de عطشانُ.

P. 82, l. 6; en restituant قد devant بان, on obtient un wāfir correct.

P. 82, l. 12; vocaliser avec le ms. بالمزنُ قدتُطّلَبُ (ou يُطلَبُ).

P. 82, l. 14; lire تَنفضِخ, au lieu de تَفتضِح du texte et du ms. : dans laquelle la fermeté des plus fermes est *mise en pièces*.

P. 84, l. 2; vocaliser الهجرَ au lieu de الهجرُ (régime direct de طرده): s'il me réjouit en chassant la rupture.

P. 85, l. 1; au lieu de لايغنَى (ms. لايغنِى), Goldziher propose لايغنِى ; peut-être faut-il songer aussi à لايغفَى.

P. 85, l. 18; au lieu de فبعد وقوع ظلّ, vocaliser فبعد وقوع ظلَّ: *après s'être posé un instant, il n'a plus fait* que voltiger. Les lexicographes donnent d'abondants exemples, dont il serait facile d'allonger la liste, de وقع « se poser, se percher (oiseau) », nom d'action وقوع ; de واقع « perché, posé » pl. وُقّع et وقوع ; et expliquent, justement par cette acception du mot, l'expression إنّه لَواقعُ الطائرُ (comp. *Amālī*, I, p. 228, l. 4 a. f.).

P. 85, l. 23; vocaliser ويَقسِمُن au lieu de يَقسِمُن.

P. 86, l. 13; اضارا qui se retrouve dans le ms. paraît impossible; peut-être faut-il rétablir إيغارًا: et s'il dure, il peut même engendrer la *fureur*.

P. 87, l. 3; lire مَنْ جانَبَ الاحبّةَ au lieu de مِنْ جانب الأحبّةِ : *celui qui s'écarte de ceux qu'il aime n'est pas des nôtres*.

P. 87, l. 5; restituer devant هذا المعنى un في qui ne se trouve ni dans le texte ni dans le ms.

P. 88, l. 6; lire peut-être تُفيض أيديهم au lieu de لديهم du texte et du ms.

P. 88, l. 10; vocaliser وتُزَهِد (ms. وتُزْهِد).

P. 88, l. 12; le ms. a comme le texte الآثّار ; peut-être faut-il rétablir الديار.

P. 88, l. 13-14; le ms. a comme le texte بقاء تلك النصبة ; il faut cependant rétablir فَناء تلك القَصَبة ; cf. p. 102, l. 20.

P. 88, l. 15 ; lire peut-être فيها, au lieu du في du texte et du ms. ; et lire وخلا• au lieu de وخلا.

P. 88, l. 24 ; lire للتحيير au lieu de للتخيير.

P. 88, l. 25 ; lire مُوعِدًا au lieu de مُوعَدًا.

P. 90, l. 23 ; lire مَوْطِنَي au lieu de مَوْطِنِي.

P. 90, l. 24 ; vocaliser تَجْمَدوا.

P. 91, l. 19 ; rétablir peut-être تهانى au lieu du بها• du texte et du ms. : les *accords faits* entre les corps.

P. 92, l. 21 ; rétablir قَافِل au lieu de فَابِل du texte et du ms. : revenant après un éloignement.

P. 93, l. 4 ; vocaliser تعجبوا.

P. 93, l. 5 ; rétablir تحتوي, au lieu de يحتوي (ms. يحتوي).

P. 93, l. 15 ; ابن الغريض se trouve dans le ms. ; c'est sans doute par une inadvertance de copiste que ابن a été ajouté.

P. 93, l. 16 ; lire pour l'un des deux دُنِّيت : دُلِّيت (ou دُلِّيت ?) ; cf. *Coran*, LXXVI, 14 ; le texte reproduit la leçon du ms.

P. 93, l. 19 ; lire au lieu du ويَهْدَى du texte et du ms. : ويَهْدَأ « avec un murmure qui tour à tour s'enflait et s'*apaisait* : tout à fait de même dans certains parlers bédouins du Maghreb : *zġārit tġûm utāhda :* des youyous qui s'élèvent et retombent.

P. 94, l. 5 ; vocaliser أَخْلاق.

P. 94, l. 10 ; rétablir à la fin de la ligne, au lieu du في du texte et du ms : هِيَ.

P. 94, l. 17 ; rétablir إحراز, au lieu de إحواز du texte et du ms.

P. 94, l. 24 ; لاتنتسب est pour moi incompréhensible.

P. 95, l. 15 ; lire تلاقحت, au lieu du تلافحت du texte et du ms. ; la métaphore est continuée par le نتج de la ligne suivante.

P. 95, l. 17 ; supprimer le و de والقبيح que ne porte pas le ms.

P. 95, l. 21 ; رحا qui signifie en principe « meule de moulin » est pris ici dans le sens de « roue de noria » ; je crois que le vers fait allusion aux

deux sens de طَحَان « meunier » et « proxénète, mari complaisant », ce
dernier attesté dans le *Vocabulista* publié par Schiaparelli (cf. p. 134,
طَحَان *leno* ; p. 454, *leno* طَحَان, دَيّوث).

P. 97, l. 10 ; lire أَذْكُر هاهُنا, au lieu de هنا أَذكرها.

P. 98, l. 10 ; supprimer le *śadda* de ابو الخِيَار (ms. ابو الخيار, cf. *Encyclopédie de l'Islām*, II, p. 408 a, l. 40).

P. 98, l. 11 ; le texte reproduit la leçon du ms. ; il faut pourtant rétablir
الغَشَيَان au lieu de الفِتيان : il était, par ma vie, *exempt de tout trouble d'esprit*.

P. 98, l. 14 ; il aurait été bon de vocaliser بطُوله.

P. 99, l. 3 ; vocaliser قَلَتُ, au lieu du قُلتُ du texte et du ms.

P. 99, l. 11 ; rétablir avec le ms. وستأتي au lieu de وسياتي du texte.

P. 100, l. 3 ; le texte reproduit la leçon du ms. ; il faut cependant
rétablir قَاهِرٌ au lieu de قَاصِرٌ et عِد au lieu de غَيرُ : celui qui oublie sans
efforts les êtres aimés diffère de celui qui se console de leur perte. —
Autre chose est de renoncer délibérément, autre chose d'abandonner par
faiblesse. — *Celui qui maîtrise* son naturel n'est pas *sur le même pied* que
celui qui lui obéit. — Celui dont la patience est innée n'est pas comme
celui qui fait effort pour en prendre l'attitude. — Comp. le vers bien
connu d'Abū-Tammām : عُذر النبي خلاف عذر السالي (éd. Beyrouth, p. 264,
l. 4) ; et I. Durayd, ap. al-Qāli, *Amāli*, II, p. 115, l. 5 ; opposition fréquente du صبر et du تصبر (p. ex. Ṭabarī, II, p. 274, l. 18).

P. 102, l. 9 ; lire الذَّأم, au lieu de الذَّام du texte et du ms.

P. 103, l. 20 ; le texte a مقلتينا et le ms. مفلتينا ; il faut restituer مُقلتَيَّ.

P. 104, l. 1 ; lire المُحْدَثة (ms. المحدثه), au lieu du المحدث du texte.

P. 105, l. 1 ; lire peut-être متتوّرا, au lieu du متبوّرا du texte et du ms.

P. 105, l. 4 ; lire ولتبذّلها au lieu de ولتبذلها « et à cause de l'incurie
dégradante où elle était descendue..... » (opposé à صون et صيانة).

P. 105, l. 22 ; lire نذل, au lieu de نذل.

P. 105, l. 24 ; vocaliser peut-être غَرور, au lieu de غرور.

P. 106, l. 2 ; vocaliser كَنتُ au lieu de كُنتُ.

P. 106, l. 3 ; restituer peut-être خدور au lieu de غرور.

P. 106, l. 18 ; plus loin, l. 23, l'auteur affirme que s'il a chanté le vin
dans ces vers, c'est par pure fiction poétique ; à Dieu ne plaise que lui-même
s'adonne à la boisson ! Il faut donc admettre que dans les dits vers il est
question du vin ; et, en conséquence, lire العُقَار, au lieu du القَار du texte
et du ms. : selle les montures du vin ; c'est-à-dire « remplis les coupes ».
— D'autre part restituer avec le ms. au vers 21 كالمَدَار au lieu de كالمُدَار
du texte : *comme l'enivré* ; — et peut-être خَائِر au lieu de حَائِر.

P. 107, l. 14 ; lire لايهنّني au lieu de لايهنّى du texte et du ms. ; et التَّغْيِب,
au lieu de التَّثَبُّت ; p. 107, l. 15 ; le texte reproduit la leçon du ms. ; je
crois devoir corriger ما أنا بسببه en ما أُقَاسِيه : il est deux traits de ma nature
qui m'ont toujours empêché de goûter paisiblement la vie ; qui, par leur
réunion, me font prendre l'existence en dégoût et parfois même désirer une
perte de conscience susceptible de me libérer des tourments que, par eux
deux, j'endure. — Miguel Asín a donné de ce passage, en conservant les
leçons du texte, une traduction fort différente (*op. laud.*, p. 216).

P. 107, l. 15 ; lire مُوَثِّرة, au lieu de مُوَثِّرة.

P. 107, l. 23 ; le premier hémistiche de ce vers est gravement altéré ;
l'éditeur a laissé en blanc la place d'un mot, qui, vérification faite, est
représenté dans le ms. par le groupe بطى ; je crois qu'il faut lire تَطْبِيني ;
et restituer d'autre part كِلْتَاهُما, au lieu de كلاهما et جُبْلَتَيْها, au lieu de جبلتها ;
ainsi : كِلْتَاهُما تَطْبِيني نَحْوَ جُبْلَتَيْها : chacune d'elles cherche à m'entraîner vers
son parti. Pour اطْبى, cf. les glossaires ; *Mufaḍḍaliyāt* (Lyall), lexique ;
I. al-Aṯīr, *Nihāya*, III, p. 33, l. 12 ; al-ʿAǧǧāǧ (Ahlwardt), p. 68, v.
47 ; Nuwayrī, *Nihāya*, VI, p. 195, l. 2 ; etc.

P. 108, l. 4 ; restituer ذُرور, au lieu du ذُو du texte et du ms.

P. 108, l. 12 ; le texte reproduit la leçon du ms. ذَرَوْا ; peut-être faut-il
restituer بَرُوْا (pour بَرِوْوْا) et corriger عَنْ en مِنْ : des gens sûrs que leur
sincérité *rend exempts* de toute improbation, de tout soupçon d'imposture.

P. 108, l. 15 ; lire ما, au lieu du لا du texte et du ms.

P. 109, l. 1 ; lire مِن جهتها ; au lieu du في جهتها de texte et du ms.

P. 109, l. 3; vocaliser سُلَّت (ms. سلت) : elle fut atteinte de consomption.

P. 110, l. 20; rétablir استمد, au lieu du استمر du texte et du ms.

P. 111, l. 17; vocaliser لم أقدِر (ms. لم اقدر).

P. 112, l. 1; rétablir مُنكرًا, au lieu du مسكرًا du texte et du ms.

P. 112, l. 10: il faut rétablir يعنيني au lieu du بعيني du texte (ms. بعيى): Si A. Muhammad — il voulait parler de moi, I. Hazm — était ici.....

P. 114, l. 21; rétablir منها au lieu du منيا du texte et du ms.

P. 115, l. 2; rétablir لم يضح, au lieu du لم يصح du texte et du ms.

P. 115, l. 3; الأكتمال du texte se trouve dans le ms.; il me paraît nécessaire de rétablir : الامتثال.

P. 115, l. 9 et ss.; comp. Ǧāḥiẓ, *Bayān watabyin*, I, p. 69, l. 4 a. f.

P. 115, l. 18; rétablir الوقاء, au lieu du الوفاء du texte et du ms.

P. 116, l. 3; rétablir صمّاء, au lieu du ممّا du texte et du ms.: alors qu'elle *restait sourde* à ses prières.

P. 116, l. 9; supprimer devant يتوب le أن qui se trouve dans le texte et dans le ms.

P. 117, l. 4; il semble qu'il y ait une lacune dans le texte après عند العرب.

P. 118, l. 2; il faut lire الحُجزة, au lieu du الحجزة du texte et du ms. : عفيف الحجزة, طيّب الحجزة, etc. les lexiques et les glossateurs sur Nābiġa, I, vers 25 (H. Derenbourg, ap. J. A., octobre 1868, p. 382; al-Baṭalyawsī, p. 9, *in princ.*; I. Qutayba, *ši'r wa-šu'arā'*, p. 74; imité peut-être par Farazdaq [Boucher], p. 15, l. 9); synonymes طيّب معقد الازار; عفيف الإزار, cf. les lexiques; Ǧurǧānī, *Kināyāt*, p. 11; Ta'ālibī, *Kinayāt*, p. 9 *in fine*; et le commentaire de Cheikho au dīwān d'al-Ḥirniq, p. 12-13. Les femmes bédouines de Tunisie disent aujourd'hui dans le même sens : سرواله طاهر.

P. 118, l. 3; rétablir, avec Goldziher, فرْج, au lieu du فَرَح du texte et du ms.

P. 118, l. 11; Goldziher propose de corriger le شرّة الحداثة en شرَه; il faut conserver شِرّة; l'expression est synonyme du شِرّة الشباب « le feu de la jeunesse », enregistré par les lexicographes (cf. Ǧawharī, *Siḥāḥ*, I, p. 338, l. 9 *a. f.*; al-Qālī, *Amālī*, I, p. 17, l. 6 a. f.; شرَتي وشبابي ap. Ṣūlī, *Adab al-Kuttāb*, p. 26 *in fine*; etc.); le ms. a وبشرة.

P. 119, l. 5; lire avec le ms. بيت et vocaliser صباحةٍ au lieu de صباحةً : ‮.‬ : d'une famille où la beauté était de règle. اهل بيتٍ صباحةٍ

P. 119, l. 19; متكزرين du texte et du ms. est bien peu satisfaisant; peut-être faut-il rétablir متكوّرين : enveloppés dans les plis de la protection divine.

P. 119, l. 24; rétablir avec le ms. الصوَر, au lieu du الصور du texte.

P. 120, l. 14; supprimer le deuxième الى مبزاه qui n'est qu'une dittographie de copiste, amenée probablement par la similitude graphique des finales de فاجابه et de فاستجلبه.

P. 121, l. 22; vocaliser كُلَّ le كل du texte et du ms.

P. 121, l. 23; مَخبَر du texte et du ms. est tout à fait suspect. Sn. II. pense qu'il faut peut-être corriger en مِحبَر « encrier »; les lexicographes n'enregistrent, je crois, que le féminin مَحبَرة; mais مِحبَر est de fait donné par le commentaire de de Sacy aux *Maqāmāt* de Ḥarīrī, I, p. 168 *in fine*.

P. 122, l. 3; lire البَرَكَا, au lieu de البَرَكَا.

P. 122, l. 5; lire الأزر, au lieu de الإزر.

P. 122, l. 6; lire حتى=أوْ) أوْ تَدْخُل ; مملكةً ; تُصحَّح) : le pouvoir d'un prince n'est affirmé que quand les courriers qu'il expédie s'engagent sur les routes.

P. 123, l. 7; rétablir probablement أحراج, au lieu du إخراج du texte et du ms.

P. 123, l. 16; le symbolisme alphabétique du premier hémistiche, courant dans la littérature de مجون (généralement صاد au lieu du ها de notre texte; cf. Ǧurǧāni, *Kināyāt*, p. 29; Ta'ālibi, *Kināyāt*, p. 26), a son équivalent dans l'argot moderne des basses classes algériennes : *əlmim* = podex.

P. 124, l. 4; lire غيا (formant couple avec بلادة qui précède), au lieu du عيا du texte et du ms.

P. 125, l. 14 ; cf. Coran, XXII, 2.

P. 125, l. 23 et p. 126, l. 2 ; le texte reproduit le ms. J'incline cependant à penser qu'il faut faire changer de place entre eux أقطع et أقطع.

P. 126, l. 19 ; cf. Coran, XL, 20.

P. 127, l. 9 ; peut-être faut-il substituer خِلقة au خلقه du texte et du ms.

P. 129, l. 5 ; je crois qu'il faut garder la leçon العدل du texte et du ms. que Goldziher propose de corriger en الحد ; sur la valeur attribuée dans les *'ulūm al-ḥadiṯ* à la زيادة عدل ou زيادة ثقة, cf. W. Marçais, *Taqrīb* d'an-Nawawī, p. 60.

P. 130, l. 13 ; rétablir عن devant عمر ; le ms. le porte.

P. 130, l. 17, au lieu de ألا يثبت, rétablir : أَلَا تُثْبَتَ (ms. شبت): tout cela dans le dessein chez Allâh d'entourer de précautions le fait que ce crime affreux *soit établi* à la charge d'un musulman et d'une musulmane (avec *lā zā'ida* habituel après les *verba metuendi et cavendi*).

P. 130, l. 24 ; restituer في devant الغضب ; le texte reproduit la leçon du ms. ; allusion à Coran, XXIV, 7-9.

P. 131, l. 1 ; le reste du développement semble autoriser à rétablir مُوبِقَتان, au lieu de موجبتان ; sur le caractère non-limitatif de la liste des sept *mūbiqāt*, cf. Qasṭallāni sur Buḫāri, *Ḥudūd*, n° 44.

P. 131, l. 17 ; lire من حكم, au lieu du في حكم du texte et du ms.

P. 131, l. 20 ; peut-être faut-il remplacer le يسي du texte et du ms. par : يُبيَن : [il y a dans ces décisions et opinions] de quoi *démontrer clairement* l'urgence des motifs qui ont inspiré une telle rigueur.

P. 132, l. 23 ; Goldziher a très heureusement corrigé en عُجْبًا le عجبا du texte et du ms. ; le جَوَّاذِرًا du texte et du ms. (جَوَّاذِرًا) est bien peu satisfaisant ; il faut je crois, rétablir جَوَّاذِبًا : celui qui abandonne les espérances alors qu'elles sont *sans lait et les mamelles vides* n'est pas comme celui qui les laisse avec les pis gonflés.

P. 132, l. 24-133, l. 1 ; le texte reproduit les leçons du ms. ; je ne puis rétablir que de la façon suivante : ومَن قايَل au lieu de ما قايِل ; مُغارِك au lieu de مُبارِك ; لأُخْرَى عباد au lieu de لأَجْدَى عباد : Et quiconque consent à l'échange de l'objet désiré, avec l'ardeur d'un passionné et la sagesse d'un *indifférent, est le plus digne des serviteurs de Dieu* de.....

P. 133, l. 9 ; le بنور مَجَلٍ du texte est dans le ms. بنور محل ; je crois qu'il faut rétablir : بنور مُجَلٍّ.

P. 133, l. 10 ; lire اعتذاء au lieu de اعتداء : le fait que leur corps *doit prendre de la nourriture* (tandis que les anges sont des « corps glorieux » ; cf. Sell, *The faith of Islam*, p. 199) ; le ms. a la même leçon que le texte.

P. 133, l. 13 ; lire ذَمَرت, au lieu de دمرت du texte et du ms. : lorsque tu examines avec précision.

P. 133, l. 21 ; lire أن تقهر, au lieu de وان يقهر ; et العذل, au lieu de العدل ; le ms. a les leçons du texte.

P. 134, l. 18 ; le ms. a comme le texte المطلع et c'est la bonne leçon (Sn. II.).

P. 135, l. 15 ; معارك du texte et du ms. me semble très suspect ; mais je ne vois guère par quoi le remplacer ; peut être معادلة.

P. 135, l. 22 ; lire peut-être خارت ou حارت « auraient défailli », au lieu du جادت du texte et du ms.

P. 135, l. 23 ; le ms. a, entre علما et في ضمائرهم, un ما qu'il faut rétablir dans le texte.

P. 136, l. 5 ; وثقف القصر est un bon exemple du sens de ثقّف « consigner, interdire l'accès, séquestrer, etc. » à ajouter aux exemples donnés par Dozy, *Supplément*, I, p. 160.

P. 137, l. 11 ; vocaliser يَقْتَضَى لك فرقُه.

P. 138, l. 5 ; lire كأنْ, au lieu de كأنَ.

P. 138, l. 15 ; lire الزمانَ, au lieu de الزمانُ.

P. 138, l. 25 ; lire الشواظ, au lieu de الشواظ.

P. 139, l. 1 ; peut-être faut-il restituer : للإلاه le mot laissé en blanc par l'éditeur (ms. للألِه.)

P. 139, l. 7 ; lire يَجَدْ, au lieu de ريجدْ.

P. 139, l. 14 ; lire لطيفُ قدرتِه, au lieu de لطيفٌ قدرتهُ (ms. sans voyelles).

P. 139, l. 17; le ms. a bien ومَن à la fin du premier hémistiche; on attendrait وَمَا.

P. 140, l. 13; lire تُسَر, au lieu de تَسَر.

P. 140, l. 14; il y a peu de chances pour que الليالي que le texte reproduit du ms. soit la bonne leçon; je pense qu'il faut rétablir الألهي (أﻟﻬﻮّة) (pl. de [والمسرّات]).

P. 140, l. 21; lire ذي مُلكِه (ms. sans points et sans voyelles); et corriger peut-être مستعارُها استعارها en استعارُها (ms.): et ce qu'elles avaient emprunté est revenu aux mains du propriétaire.

P. 140, l. 22; lire peut-être شِعارُها, au lieu du سُعارُها du texte et du ms.: retroussée pour marcher droit au but, car c'est là sa *tenue caractéristique*.

P. 141, l. 2; rétablir أُحزاأنا pour le إخوانَّا du texte et du ms.

P. 141, l. 6; lire وآنَ au lieu du أنَّ du texte et du ms.

P. 141, l. 10-14; il faut renvoyer à Coran LXXXI, 1-13, dont tous ces vers sont des *Iqtibās*.

P. 141, l. 22; il semble nécessaire de lire الخَذْل au lieu du البَذْل du texte et du ms.: *lui faire défection*, c'est la vraie manière de remplir envers elle les devoirs de sauvegarde.

P. 142, l. 2; peut-être faut-il lire عزّة au lieu du عُدّة du texte et du ms.

P. 142, l. 3; le ms. a روخَلُوا, au lieu de حَلوا; c'est la bonne leçon.

P. 142, l. 4; vocaliser نهِج, au lieu de نهج.

P. 142, l. 19; vocaliser مُنْقادَة, au lieu de منقادَة.

P. 142, l. 22; Goldziher propose de corriger en خِوارها le حوارها du texte et du ms.; ce dernier est peut-être à conserver: il s'agirait du chamelon (فصيل, سقب, حوار) de la chamelle de Ṣāliḥ.

P. 142, l. 25; il faut lire avec Goldziher الأتون, au lieu de الأنوق. En outre, le واعترارُها de la rime n'offre aucun sens; mais je ne vois guère par quoi le remplacer; la graphie du ms., reproduite par le texte, n'autorise pas استعارُها « son flamboiement »; peut-être اغبِرارُها « son poudroiement » = son air enfumé.

P. 143, l. 4; Goldziher propose de lire ومنارُها, au lieu du مُغارُها du texte et du ms. Ce dernier me paraît à conserver : et il a assuré le succès des *expéditions musulmanes* dans les pays les plus reculés.

P. 143, l. 5 ; au lieu de لَا يُخَلّ مَعَارُهَا, Goldziher propose : لَا يُخَلّ شعارها ; je crois préférable de rétablir لَا يُحَلّ مغارُها « dont *la solide torsion* ne peut être défaite » ; مُغَارُها figure déjà à la rime du vers précédent, mais avec un sens entièrement différent, si bien qu'il n'y a pas *'iṭā* ; pour مُغَار « solidement tordu », cf. *Mu'allaqa* d'Amru-l-qays, v. 45 ; Zuhayr ap. Landberg, *Primeurs arabes*, II, p. 132-133 ; Lexiques des *Mufaḍḍaliyāt* (Lyall) et des *Naqā'iḍ* (Bevan) ; Jacob, *Schanfarà-Studien*, 1, p. 68, l. 3 ; etc.

P. 143, l. 6 ; lire avec Goldziher مدارُها, au lieu de منارُها. Il faut peut-être en outre rétablir أرآنا au lieu du أرباينا du texte et du ms. (écrit peut-être أروانا dans quelque ancêtre du ms). On aurait là une affirmation de la doctrine ẓāhirite à laquelle l'auteur se serait déjà rallié à l'époque où il composait le *Tawq* (cf. *Encyclopédie de l'Islam*, II, p. 408 *a, in medio* ; M. Asin, *op. laud.*, p. 131 et suiv.) : Et qui, par le texte irréfragable |des versets de vérité| nous a sauvés de l'infidélité des *vues personnelles tournant sur l'axe de la perdition.*

P. 144, l. 8 ; au lieu de أَنيظنَ في, le ms. a أنيظنَ بي qui est la bonne leçon (Sn. H.).

L'INTERDICTION DU *MAHOMET* DE VOLTAIRE ET LA DÉDICACE AU PAPE (1742-1745)

Par M. Pierre Martino.

Mahomet[1], représenté pour la première fois, à Paris, le jeudi 9 août 1742, fit scandale. Cinq jours après, Voltaire, obéissant à une injonction formelle du lieutenant de police, retira sa pièce. *Mahomet*, avait déclaré par écrit le Procureur général, « est l'énormité en fait d'infamie, de scélératesse, d'irreligion et d'impiété, et c'est ce que disent ceux-mêmes qui n'ont point de religion... Tout le monde a dit que, pour avoir composé une pareille pièce, il faut être un scélérat à faire brûler[2]. » Trois ans après exactement, — en août 1745, — Voltaire fit accepter la dédicace de cette pièce au pape Benoît XIV ; et quand il réimprima sa tragédie dans une édition complète de ses œuvres[3], en 1748, il put la faire précéder d'une bienveillante lettre du Souverain Pontife, qui disait son plaisir d'avoir reçu et lu une aussi belle œuvre.

En 1742, à Paris, et en 1745, à Rome les intentions de Voltaire étaient interprétées de façon bien différente ; le Pape et le Procureur s'affrontent de façon paradoxale ! Aussi bien la signification de *Mahomet* était-elle plus complexe qu'il ne paraît d'abord ; on peut essayer de l'éclairer, et d'éclairer aussi cette singulière histoire.

1. On trouvera dans H. Lion, *Les tragédies et les théories dramatiques de Voltaire*, 1895, pp. 125 à 148, un chapitre sur *Mahomet* ; l'étude, quoique fort diligente, me paraît insuffisamment poussée.

2. *Lettres de M. de Marville, lieutenant général de police, au ministre Maurepas*, éd. Boislisle, t. I, p. 62.

3. *Œuvres de M. de Voltaire*, nouv. éd., Dresde, 1748, t. IV, p 362 et s.

I

Voltaire avait choisi le personnage de Mahomet pour faire connaître au public, indirectement et avec prudence, ses idées sur le fait religieux : comment naissent les religions ? comment se développent-elles ? quelle est leur utilité ? leur danger ? Mais ses opinions n'étaient point parvenues, en 1740, au degré de généralité et de certitude, jusqu'où il les conduisit dans l'*Essai sur les mœurs*, dans le *Dictionnaire philosophique* ou dans *La Bible enfin expliquée*. Il ne remontait point vraiment jusqu'aux origines ; il n'avait à l'esprit ni l'histoire des premiers temps de l'Islamisme, ni celle des commencements de l'Église catholique ; il se souvenait seulement de quelques épisodes de l'histoire de la France moderne ; il évoquait dans un clair-obscur propice les querelles religieuses les plus contemporaines. Équitablement, et avec astuce, il s'en prenait à la fois aux jansénistes et aux moines. Mais ses coups sur ces deux adversaires étaient de poids inégal : en ce qui concerne les moines, il se bornait à faire réapparaître des histoires anciennes, et qui ne donnaient plus guère lieu à polémique ; contre les jansénistes au contraire il dressait des aventures toutes récentes, qui venaient de passionner la France, et qui la laissaient encore partagée en deux camps ennemis.

La religion, — Voltaire a écrit son *Mahomet* pour le dire, et c'est à peu près uniquement ce qu'il a voulu y dire, — a admis le crime rituel, et elle a rendu nécessaire le faux miracle. Comment prépare-t-on un crime rituel ? comment Séïde est-il amené à tuer Zopire ? Comment fabrique-t-on un miracle ? comment Mahomet peut-il si facilement foudroyer, au nom de Dieu, Séïde révolté contre lui ?

Le crime de Séïde est une image fidèle de l'assassinat de Henri III par le frère Jacques Clément, sorti tout exprès du couvent des Jacobins ; une évocation aussi des crimes de Jean Châtel, élève des jésuites, et de Ravaillac, ancien moine feuillant. Voltaire l'a dit très expressément : « Ma pièce représente, sous le nom de Mahomet, le prieur des Jacobins [1] mettant le poignard à la main de Jacques

1. Le prieur des Jacobins fut jugé et exécuté comme complice de Jacques Clément.

Clément, encouragé de plus par sa maîtresse[1] au parricide[2]. » — « Le malheureux Séïde, avait-il écrit trois ans auparavant[3] à Frédéric de Prusse, qui croit servir Dieu en égorgeant son père, n'est point un portrait chimérique. Les Jean Châtel, les Clément, les Ravaillac étaient dans ce cas. » C'était de ces tristes aventures de l'histoire de France dont Voltaire aimait à tirer avantage contre l'Église au profit de la tolérance. Déjà un long épisode de la *Henriade* avait été consacré à Jacques Clément[4] ; sans cesse Voltaire est revenu sur cette histoire, et toujours avec la même curiosité tendancieuse. Il voulait expliquer, dans le détail, comment et par quels procédés, on avait pu préparer au régicide d'honnêtes jeunes hommes, pleins d'ingénuité et de foi. Or on retrouve dans *Mahomet* toute cette tactique préalable de suggestion criminelle que Voltaire croyait pouvoir reconstituer d'après les mémoires des contemporains et d'après la tradition populaire : choix longuement délibéré d'un jeune homme simple, aveugle, superstitieux (vers 659 et suiv.) ; appels réitérés au devoir religieux (vers 638 et suiv.) ; évocation des grands exemples de l'histoire sacrée ; influences féminines (et Palmire joue auprès de Séïde un peu du rôle que la duchesse de Montpensier avait eu, disait-on, auprès de Jacques Clément[5]) ; serments devant les autels, bénédiction du poignard (vers 835 et suiv., vers 970 et suiv.) ; « chambres de méditations »[6] favorables à créer des hallucinations ; jeûne, confession et communion préalables ; promesse de vie éternelle[7] et de sanctification, etc. On disait aussi que les instigateurs du crime de Jacques Clément avaient songé à lui donner du poison[8], un peu avant l'acte, pour n'avoir rien à craindre de ses aveux possibles : c'est la mort qui est

1. Allusion à la duchesse de Montpensier, dont on disait qu'elle s'était donnée à Jacques Clément pour obtenir le meurtre du roi.

2. Lettre à C. de Missy du 1er septembre 1742, éd. Moland, t. 35, p. 157.

3. Septembre 1739, t. 35, p. 331. Voir aussi une lettre au même de nov. 1739, t. 35, p. 345.

4. Chant V (1723), t. 8, p. 135 et suiv.

5. Voir une réapparition de cette histoire dans Jouy, *Œuvres complètes*, Mélanges, t. 16 (1823), p. 85.

6. Notamment : *Essai sur les mœurs*, chap. 174 ; dans *Mahomet* : l'hallucination de Séïde : vers 1153 et suiv.

7. *Mahomet*, vers 888.

8. Voir une réapparition de cette histoire dans Jouy, vol. cité, p. 89.

réservée à Séïde (vers 1020, 1315 et suiv., 1412 et suiv.). La concordance, dès qu'on s'en avise, apparaît comme si complète qu'elle ne peut qu'avoir été voulue. Aussi bien un spectateur de la pièce, en 1742, avait-il très exactement compris l'intention de Voltaire[1] : « Jacques Clément, disait-il [si on lui avait fait connaître une œuvre comme *Mahomet*], frappé de la conformité des voyes qu'on employe pour porter Séïde au plus grand des forfaits avec celles qu'on avoit employées pour le séduire lui-même, n'eût vu qu'avec horreur, et le crime qu'on deguisoit à ses yeux sous de religieuses apparences, et les dânables maximes de ses maîtres. »

Les allusions aux « convulsionnaires » nous paraissent peut-être un peu moins précises ; mais elles ont bien plus vivement frappé les contemporains. La crise de mysticisme et de fanatisme religieux qu'avaient déclenchée « les mômeries de Saint-Médard » était toute récente ; à vrai dire elle durait encore, à peine atténuée ; « ces farces, dira Voltaire, ont duré vingt ans chez les Welches[2] ». Brusquement le petit peuple de Paris avait cru voir surgir en pleine ville impie une source jaillissante et intarissable de miracles ; les jansénistes, aux prières desquels elle paraissait due, tiraient argument des « convulsions » et des guérisons contre tous leurs ennemis, contre « la Bulle », contre les Jésuites, contre les libertins. Voltaire avait assisté avec horreur à quelques-unes de ces scènes d'excitation collective et de folie mystique commençante : « J'ai vu, dira-t-il, des convulsionnaires, qui en parlant des miracles de Saint-Pâris, s'échauffaient par degrés parmi eux ; leurs yeux s'enflammaient, tout leur corps tremblait, la fureur défigurait leur visage et ils auraient tué quiconque les eût contredits. Oui je les ai vus ces convulsionnaires, je les ai vus tendre leurs membres et écumer. Ils criaient : *Il faut du sang*[3]. »

Voltaire et ses amis eurent grand peur alors de voir à nouveau

---

1. *Lettre écrite à M. le Comte de *** au sujet de la Tragédie de* Mahomet *de M. de Voltaire*. Manuscrit de la Bibliothèque de l'Arsenal : 2757. — Reproduit dans les *Amusemens du cœur et de l'esprit, ouvrage périodique*, tome 14 (1742), p. 440. L'auteur répète là un des arguments familiers de Voltaire.

2. *Le Pauvre diable* (1758), t. 10, p. 109 ; voir aussi : *La Pucelle*, chant III, vers 166 et s. (t. 9, pp. 62 et s.); *Histoire du Parlement de Paris*, chap. 64 et 65 ; *Dictionnaire philosophique*, V° Convulsions.

3. *Dictionnaire philosophique*, V° Fanatisme.

des massacres de religion ; et ils se lancèrent passionnément contre
ceux qui, au nom de la religion, excitaient si dangereusement les
instincts profonds de la populace. Ils nièrent ces miracles ou bien
ils montrèrent les grossiers truquages qui permettaient d'en donner
l'apparence. *Mahomet*, de même, montre de façon brutale, un
« faux prophète » qui fabrique les miracles nécessaires, et le prestige qu'il se donne sur la foule par ces abominables impostures
(notamment vers 1425 et suiv. [1]).

Ce dessein est aussi évident que l'autre et il est facile de comprendre combien l'exaspération de croyants passionnés devait
grossir les moindres allusions. *Mahomet* pouvait donc facilement
passer pour anti-janséniste. L'opinion du pouvoir et celle des diri-
geants de l'Église était alors fort excitée contre les jansénistes, et
peut-être bien cela aida-t-il Voltaire à obtenir avant la représentation définitive de sa pièce, de précieuses adhésions, celle du
clergé de Lille, en avril 1741, celle du cardinal Fleury [2] et des
dignitaires ecclésiastiques de son entourage, dès janvier 1741. Le
cardinal-ministre avait lu la pièce en manuscrit ; il fit faire quelques retouches de détail [3] ; mais il n'avait rien trouvé « contre la
Rélligion ni contre l'État, ni contre les bonnes mœurs [4] » ; il avait,
en signe d'approbation, visé le manuscrit ; et après le scandale de
la représentation, il s'empressa de faire restituer par Voltaire ce
document qui portait, d'une façon devenue compromettante, sa
signature [5].

Les témoignages assez nombreux, — imprimés ou manuscrits,
— que nous possédons sur les représentations d'août 1742, semblent indiquer que le succès de la pièce commençait à se dessiner ;
en tout cas la hardiesse de Mahomet n'apparaissait point générale-

1. Au lendemain de l'attentat de Damiens, Voltaire triompha. Il l'attribua aux jansénistes (*Dictionnaire philosophique*, Vᵒ Fanatisme). Il demanda, comme antidote, quelques
représentations de *Mahomet* (Lettre à d'Argental, 20 janv. 1757, t. 39, p. 161).

2. Collé (*Journal*, éd., 1868, t. I, p. 349) prétend que le cardinal dormit pendant la
lecture.

3. Avis de l'éditeur, 1743, t. 4, p. 97.

4. Lettre de l'abbé Le Blanc au président Bouhier, Paris, 5 février 1741. Manuscrit,
Bibliothèque nationale : fonds fr. 24412.

5. Peuchet, *Mémoires tirés des archives de la police de Paris*, 1838, t. II, p. 118. Lettre
de Voltaire du 13 août 1742.

ment comme trop choquante. Mais un petit groupe de spectateurs fut scandalisé ; ils étaient magistrats et allèrent se plaindre au Procureur général. Ces messieurs avaient de la sympathie pour les Jansénistes : le Procureur général aussi. Le 11 août matin, au Parlement, on parla de *Mahomet* comme d'une « comédie où quelques-uns de ces Messieurs ont été et qu'ils disent contenir des choses énormes contre la religion [1] » ; le Procureur général écouta, réfléchit deux jours, ne lut point la pièce et n'alla point la voir ; le 13 au soir, il écrivit au lieutenant général de police une lettre où il résumait les propos de ses collègues ; il terminait familièrement en annonçant qu'il était tard et qu'il allait se coucher. Mais un post-scriptum nous le montre qui revient brusquement à sa table ; il écrivit alors ce qui lui tenait le plus au cœur : « On m'en a tant dit que j'en oublie la moitié, que vous poursuivez les jansénistes et leurs écrits, et que vous laissez tranquille un auteur scélérat... [2] »

Voltaire ne s'y trompa point ; il reconnut ses vrais adversaires : « Nos convulsionnaires en robe longue ne veulent pas qu'on joue le Fanatisme... Me voilà victime des jansénistes [3]. — Nos jansénistes de Paris, et surtout nos jansénistes convulsionnaires ... ont cru que l'on attaquait Saint Médard et M. Saint Pâris [4]. — Ils avaient pris pour prétexte que dans cette tragédie de *Mahomet* il y avait plusieurs traits contre ce faux prophète qui pouvaient rejaillir sur les convulsionnaires [5]. »

La lutte était impossible. Le cardinal de Fleury fit bien savoir à Voltaire qu'il « pensait toujours de même au fond » ; mais il ne voulait point d'éclat, Voltaire eût pu d'ailleurs en pâtir. Le Procureur général n'avait pas manqué de faire allusion à « un certain arrêt du Parlement en vertu duquel il ne tient qu'à lui d'informer et de décréter l'exécution des *Lettres philosophiques* [6] » ; c'était un « argument persuasif ». Voltaire le comprit : il retira sa pièce. Les

---

1. P. Manuel, *La Police de Paris dévoilée*, Paris, an II, p. 158. Lettre du Procureur du 11 août 1742.

2. *Lettres de M. de Marville...*, éd. Boislisle, t. I, p. 63.

3. Lettre à d'Argental, Paris, 22 août 1742, t. 36, p. 150.

4. Lettre à Cideville, 1er septembre 1742, t 35, p. 154.

5. Lettre à Albergati Capacelli, 23 décembre 1760, t. 41, p. 114.

6. Lettre de Maurepas du 13 août 1742, dans Peuchet, *Mémoires tirés des Archives de la police...*, t. II, p. 117.

comédiens donnèrent, à la place de *Mahomet*, *Polyeucte* ; choix
dangereux, car le public n'applaudit que les imprécations de Stra-
tonice contre les chrétiens et les propos tolérants de Sévère[1] ! Mais
les comédiens avaient voulu sans doute flatter ces Messieurs du
Parlement et conquérir la faveur populaire : il est assez souvent
question de la grâce dans *Polyeucte*, pour que cette tragédie pût
passer, en 1742, pour une œuvre janséniste.

II

Voltaire pesta pendant quelques jours, mais il eut vite fait d'imaginer la meilleure des répliques. Le 22 août 1742, il écrivait à
d'Argental : « Puisque me voilà la victime des jansénistes, je
dédierai *Mahomet* au pape[2]. »

Il avait la partie assez belle. Très sérieusement, en janvier 1741,
il avait pu songer à donner *Mahomet* aux « représentations de
carême », pour lesquelles on désirait des pièces édifiantes. « Je
crois, disait-il, qu'il faut le donner le lendemain des Cendres, c'est
une vraie pièce de carême[3]. » Voltaire, en effet, et il s'en est accusé
plus tard[4], s'était conformé à la meilleure tradition catholique.
« Nous autres bons chrétiens, écrivait-il ironiquement à d'Argental, nous pouvons très bien supposer un crime à Mahomet[5]. » Pour
le grand public, en 1740, et même pour la partie de ce grand
public qui se libérait de l'attache religieuse, Mahomet apparaissait
encore teint des couleurs atroces et grossières dont l'avaient bar-
bouillé dès l'abord les moines byzantins et les juifs convertis d'Espagne, nos premiers informateurs sur l'Islam[6]. Si l'on ouvrait le
dictionnaire de Moreri, trésor de strictes informations, on y lisait :
« Mahomet, faux prophète... » ; l'article établissait la réputation
traditionnelle du fondateur de la religion musulmane : imposture et

1. *Les Amusemens du cœur et de l'esprit*, 1742, t. 14, p. 424 et s.
2. T. 36, p. 150.
3. Lettre à d'Argental du 19 janvier 1741, t. 36, p. 9.
4. « J'ai fait assurément Mahomet un peu plus méchant qu'il n'était » : lettre à
Mme Denis du 29 oct. 1751, tome 37, p. 337.
5. Lettre du 11 juillet 1752, tome 37, p. 443.
6. Voir P. Martino, *Mahomet en France au XVIIe et au XVIIIe siècle*, 1906.

libertinage. Montrer dans une pièce de théâtre les « impostures »
de Mahomet, ajouter même quelques horreurs plus grosses à la
liste ancienne, c'était faire œuvre licite, habituelle et pieuse.

L'abbé Melchiorre Cesarotti, qui traduisit peu après *Mahomet* en
italien, n'a pas manqué d'énumérer les bons effets qu'on pouvait
attendre de cette tragédie. « En mettant en lumière les marques de
la fausse religion, elle indique le caractère distinctif de la vraie...
Elle sera goûtée spécialement par ceux qui sont le plus pénétrés du
saint esprit de la religion chrétienne : en opposant la violence et
l'imposture du mahométisme à la douceur et à l'humanité de
l'Évangile, ils pourront rendr.... grâces plus grandes à Dieu de
ce qu'il nous a ordonné d'adorer une loi qui est adorable en elle-
même, et qui porte profondément l'empreinte de la Divinité[1]. »
Pièce de carême, disait Voltaire ; elle fut mieux que cela : pièce
d'église vraiment : on en donna des représentations pour l'édification des bons chrétiens et l'éducation des prêtres. A Lille, en 1741,
on avait invité des chanoines au spectacle ; et lord Chesterfield
s'amusa fort de rencontrer, peu après, un Lillois « bon catholique,
dont le zèle surpassait la pénétration, qui était extrêmement édifié
de la manière dont cet imposteur ennemi du christianisme était
dépeint[2] ». On joua *Mahomet* au séminaire, à Padoue ; et celui qui
prit l'initiative de la représentation était l'évêque lui-même, qui
devint, en 1758, pape sous le nom de Clément XIII[3] ; on l'avait
représenté à Rome dans des « assemblées particulières » ; on le joua
publiquement à Bologne, « en terre papale[4] ».

Il est vrai que ces représentations sont postérieures à l'approbation pontificale ; mais elles l'expliquent ; elles témoignent qu'il n'y
eut pas là une surprise, ni une grâce vite révoquée. Benoît XIV
n'était pas homme à condamner une pièce de théâtre sur le
seul nom de son auteur ; il aimait le théâtre[5], et il aimait les
philosophes, même ceux qui sentaient le fagot. Lui-même était

<hr>

1. *Opere dell' abb. M. Cesarotti*, vol. 33 (1810), p. 230.

2. *Miscellaneous Works of lord Chesterfield*, 1777, t. II, p. 35 : lettre à Crébillon du
26 août 1742.

3. *Opere dell' abb. M. Cesarotti*, vol. 33 (1810), p. 230.

4. Lettre de Voltaire au Maréch. de Richelieu du 31 août 1751, t. 37, p. 315.

5. Jusqu'à écrire à Scipion Maffei une lettre sur les spectacles... et à ne les point condamner. Cette lettre, comme la dédicace de *Mahomet*, embarrasse fort certains de ses

assez « philosophe » ; il n'avait « rien de ce zèle indiscret et amer
qui aigrit les esprits, en voulant les corriger » ; il s'appliqua à réfré-
l'intransigeance de la Congrégation de l'Index, ou les ardeurs des
missionnaires au Paraguay et à la Chine ; il se faisait aimer des
protestants, des orthodoxes et des musulmans ; il fit de grands
efforts pour arrêter la bataille religieuse en France ; il n'aimait point
les « convulsionnaires » ; il ordonna le châtiment d'une femme
« qui avait osé contrefaire la miraculée[1] ». De Brosses, Voltaire,
Montesquieu, Grimm, Diderot ont chanté son éloge avec une chaleur quelquefois bien compromettante :

> Car le sage Lambertini
> N'est point cagot atrabilaire ;
> Il est rempli de la lumière
> *Di questi grandi Romani.*
> Admiré de la terre entière,
> Des beaux-arts il est le défenseur,
> Et le successeur de Saint Pierre
> De Léon X est successeur[2].

« Si tous ses prédécesseurs lui eussent ressemblé, assure encore
Voltaire, il n'y eût point eu de guerres de religion dans le monde[3]. »
Comment n'eût-il pas aimé *Mahomet* ! Tout au plus aurait-il pu
regretter, par bonté, qu'on se fût cru obligé de peindre le Prophète
avec une bien vilaine figure.

Autour du pape : des prêtres, des évêques, des cardinaux, amis
des gens de lettres, et protecteurs dévoués des philosophes. Le père
Cerati, confesseur du pape, ami de Voltaire et de Montesquieu, qui,
en 1742, l'année de *Mahomet*, donne un avis favorable à la comédie et aux comédiens[4] ; — le cardinal Querini[5], bénédictin et
bibliothécaire du Vatican, membre de l'Académie des inscriptions
et belles-lettres, qui traduisit la *Henriade* et le *Poëme de Fontenoi,*

biographes : *Éloge hist. de Benoist XIV par le marquis Caraccioli,* 1766, p. 50 ; *Vie du
pape Benoît XIV,* 1783, p. 80.

  1. Tous ces détails sont empruntés aux biographies citées dans la note précédente.
  2. Lettre à M. de Cideville du 27 juin 1743, tome 36, p. 216.
  3. Lettre du 6 nov. 1756 à M. Tronchin, tome 39, p. 126.
  4. *Revue d'hist. litt.,* 1920, p. 570. Voir *Elogio di Mons. Cerati,* Parme, 1778.
  5. *Éloge de M. le Card. Querini,* dans *Hist. de l'Ac. des Inscr. et B. L.,* t. 27 (1761), p. 215.

et à qui Voltaire dédiera *Sémiramis* (1748) ; — le cardinal Passionei[1], attaché à la bibliothèque du Vatican et membre de l'Académie
des Inscriptions et Belles-Lettres ; il défendit contre la Congrégation
de l'Index Lenain de Tillemont et Montesquieu, correspondit avec
Voltaire et présenta au pape, de la part du poète, le *Poëme de Fontenoi*. Rien ne faisait plus de plaisir à ces grands seigneurs d'Église,
érudits et hommes de lettres, que de recevoir un livre de France où
leur nom se moulait à la première page en tête d'une belle et longue
dédicace imprimée. Il était facile de les faire agir dans une affaire
où l'on ne demandait que de bons offices littéraires et la faveur
d'une introduction auprès d'un ami, plus puissant certes et moins
abordable, mais qui, comme eux, écrivait, aimait qu'on lût ses
livres, et ne détestait point qu'on lui dît publiquement et par une
dédicace, selon la mode d'alors, tout le bien que l'on en pensait.

Toutefois Voltaire mit trois ans à approcher du pape ; il lui fallut d'abord trouver de bons intermédiaires, car ses amitiés romaines
paraissent dater précisément de l'affaire de *Mahomet*. Il avait d'abord
à consolider, en France même, sa situation que des incartades
avaient récemment ébranlée ; l'Académie manifestait de l'obstination à le repousser. Il travailla à se mettre bien en cour, et il y
réussit ; on lui demanda des divertissements dramatiques ; on le
chargea d'une mission diplomatique en Prusse. Et puis, son grand
ami le marquis d'Argenson, en novembre 1744, devint ministre
des Affaires étrangères... Au début de 1745, Voltaire se trouva
gentilhomme ordinaire de la chambre du roi et historiographe de
France. Les travaux d'approche étaient terminés : il attaqua.

Mme du Châtelet s'était attaché une Mlle du Thil ; celle-ci mit Voltaire en relations avec un certain abbé de Tolignan et, par cet abbé,
avec le cardinal Acquaviva. Il s'agissait d'obtenir du pape sa bénédiction et un avis favorable sur *Mahomet*[2] ; plus tard on ajouta le
désir de deux « grosses médailles » avec l'effigie pontificale, marque

---

1. *Memorie per servire alla storia della vita del Card. D. Passionei*, 1762 ; *Éloge hist.
de M. le Card. Passionei*, 1763 ; *Éloge de M. le Card. Passionei*, dans *Hist. de l'Ac. des
Inscr. et B. L.*, t. 31 (1768), p. 331.

2. Lepan, *Commentaire sur les trag. de Voltaire*. 2ᵉ éd., 1826, p. 348. « On assure que
dans la copie que l'auteur envoya au pape il avait supprimé les vers qui pouvaient le plus
choquer sa Sainteté. »

insigne de faveur, qui, aux yeux de Voltaire, valait bien « deux
évêchés ». En même temps le poète faisait savoir au pape qu'il était
« au rang de ses admirateurs comme de ses brebis », qu'il lisait
ses ouvrages, qu'il en rédigeait « un petit extrait », qu'il admirait
son portrait et composait des vers latins sur ce portrait... Le 3 mai,
Voltaire pouvait annoncer à l'abbé de Valori : « Le Saint Père me
donne des bénédictions. Sa Sainteté a pensé comme vous. C'est
qu'elle n'a point été séduite par des convulsionnaires... Je suis fort
joliment avec sa sainteté. C'est à présent aux dévots à me demander
ma protection pour ce monde-ci et pour l'autre. »

Sans doute Voltaire avait jugé que cette négociation traînait un
peu : en avril il demanda au marquis d'Argenson de faire agir
l'abbé de Canillac, notre chargé d'affaires à Rome. D'Argenson
hésita, refusa d'abord, puis céda à l'insistance de Voltaire, qui lui
faisait part de son premier succès. Grand embarras : voilà deux
abbés qui s'emploient à obtenir des médailles pontificales ! Le qué-
mandeur craignit d'avoir eu trop d'astuce et, pour s'être trop pressé,
de tout faire échouer. Mais Benoît XIV ne fit que s'amuser de la double demande ; il y trouva occasion d'une de ces « pantalonnades »
qu'aimait son esprit « goguenard[1] ». Le 10 août Voltaire avait en
mains les « deux faces de pontife..., le portrait du plus joufflu Saint-
Père que nous ayons depuis longtemps ». Il remerciait aussitôt et se
flattait de l'espoir « bientôt d'un petit bref » (17 août). Le même
jour il s'empressait de dédier « au chef de la véritable religion un
écrit contre le fondateur d'une religion fausse et barbare ». Lettre
et dédicace étaient datées du 17 août : c'était le jour anniversaire
de l'exaltation du pape : bon jour pour se faire accorder des faveurs !

Il ne restait plus qu'à obtenir une réponse pontificale, qui,
publiée, rendrait éclatant le triomphe de Voltaire. Dernières attaques. Toujours le 17 août le *Poëme de Fontenoi*, à peine sorti des
presses de l'Imprimerie royale, est envoyé au cardinal Querini et au
cardinal Passionei ; celui-ci le présente au pape ;... puis c'est Mon-
signor Leprotti avec un distique pour le portrait du pape :... le cardinal Valenti, avec une nouvelle lettre... Le 19 septembre,
Benoît XIV se décide à répondre ; il remercie pour *Mahomet*, il

----

1. Voltaire reçut peu après les deux autres médailles.

remercie pour le *Poëme de Fontenoi*, il remercie pour le distique...
Il donne à son « cher fils » sa bénédiction apostolique[1].

La partie était gagnée, Voltaire s'empressa de mener autour de
cette victoire tout le bruit utile. « Vraiment, écrit-il à M. d'Argental, le 5 octobre, les grâces célestes ne peuvent trop se répandre et
la lettre du Saint Père est faite pour être publique. Il est bon, mon
respectable ami, que les persécuteurs des gens de bien sachent que
je suis couvert contre eux de l'étole du vicaire de Dieu. »

A Paris on jugea, assez généralement, que l'aventure était plai-
sante. Il paraissait bien que Voltaire, comme il s'en vantera plus
tard, avait « bafoué Rome » et l'avait « fait servir à ses petites
volontés[2] ». Ce fut, bien entendu, matière à chanson :

> Air : *Connaissez-vous notre Intendant.*
> Savez-vous le but du présent
> Que le Pape fait à Voltaire?
> Oui, répond un mauvais plaisant,
> J'en crois pénétrer le mystère :
> C'est qu'il jette un os au mâtin,
> Comme on a fait à l'Arétin[3].

Les « jansénistes convulsionnaires » n'avaient ni oublié, ni pardonné ; ils furent suffoqués par l'approbation pontificale donnée à
une pièce dans laquelle ils avaient vu, avec raison, de si méchantes
intentions contre eux et contre la religion. Ce sentiment fusa d'abord
en une chanson :

> Air : *De tous les capucins du monde.*
> Que de contrastes dans la vie!
> Pour avoir médit de Marie,
> Dans Lutèce on brûla Petit[4] ;
> Et celui qu'à bon titre on nomme
> Blasphémateur de Jésus-Christ,
> Voltaire est honoré dans Rome![5]

1. La lettre de remerciment pour les médailles, et la réponse de Voltaire en date du
10 octobre sont conservées aux Archives du Vatican : *Principi*, n° 239.
2. Lettre à d'Argental, du 21 juin 1761, tome 41, p. 331.
3. Cousin d'Avalon, *Voltairiana*. 4e éd., 1829, p. 95.
4. Charles Petit ou Le Petit, poète, brûlé à Paris le 1er septembre 1661.
5. *Voltairiana*, p. 95.

Au début de janvier 1746, les *Nouvelles ecclésiastiques*[1] exprimèrent avec une profonde amertume le ressentiment des milieux jansénistes :

On fait plus : dans le tems même que le Souverain Pontife écrit au Roi, pour exclure de la grâce du Jubilé ceux qui ne se sont pas soumis à la Bulle *Unig.*, sa Sainteté écrit à son *cher fils* le sieur de Voltaire, un Bref de compliment sur sa *belle Tragédie* de Mahomet, que le Ministère public a défendu de représenter sur le Théâtre François. A ce Bref étonnant le Saint Père joint des Medailles d'or, pour témoigner au Poëte l'estime qu'il fait de ses talens. L'auteur des *Lettres Philosophiques* brûlées par la main du Boureau, Lettres dont l'impiété a soulevé tous ceux qui ont encore quelque religion ; cet Auteur en commerce avec le Pape, tandis que des Évêques, des Prêtres, des Religieux, des Religieuses, des Carmélites mêmes et des Calvairiennes sont traitées d'excommuniés ! Y a-t-il encore de la foi sur la terre. Et tout n'annonce-t-il pas que la Vérité se retire, et nous abandonne ?

Ce gémissement profond de catholiques durement persécutés, et qui restaient purs dans leur erreur, fut porté jusqu'au pape ; il semble qu'il l'ait ému. Le 9 février 1746, Benoît XIV écrivit[2] ces mots au cardinal de Tencin :

Pour ce qui concerne le fait de Voltaire dont on parle d'une manière si exagérée, voici l'histoire : le cardinal Acquaviva nous présenta la tragédie avec une lettre de l'auteur, et nous croyons que Voltaire a fait passer ladite lettre par l'abbé de Tolignan son ami intime, auquel nous avons cru, après une première visite, devoir refuser l'accès auprès de nous. La lettre était remplie de sentiments très respectueux envers le Saint-Siège et pour ce qui concerne sa primauté. Comme nous ne trouvons pas évident que l'auteur soit étranger à notre communion, nous avons cru bien faire de lui répondre, et la réponse a été conçue à l'exemple de Saint Jérôme, qui, blâmé d'avoir exalté Origène, écrivit : *Commendavimus philosophum, non dogmatistam.* Ensuite, ayant reçu d'autres exemplaires de la tragédie, traduits en italien, nous avons averti le maître du Palais de ne pas la laisser imprimer. On nous a dit que dans un de nos collèges elle devait être représentée et nous avons fait dire que nous ne le voulions pas. Voilà

---

1. *Nouvelles ecclésiastiques ou Mémoires pour servir à l'histoire de la Constitution Unigenitus*, 1746, p. 3 (2 janv. 1746).

2. *Correspondance de Benoît XIV*, éd. p. E. de Heeckeren, Paris, 1912, t. I, p. 246.

toute la suite de cette affaire qu'on a exagérée. Nous tâchons de ne pas faire ce qui est mal, mais, après tout, nous ne soucions pas des bruits sans fondement.

On croit comprendre que le pape accepta la dédicace de *Mahomet* sans avoir lu la pièce ; d'ailleurs on la lui présenta sous sa forme originale ; et il n'avait point la pratique de la langue française[1]. Quand il eut sur sa table la traduction italienne, quand des ecclésiastiques de son entourage se furent alarmés, quand la plainte janséniste monta jusqu'à lui, il dut penser qu'il s'était conduit moins en pape qu'en homme de lettres. Mais l'affaire était de peu d'importance ; Voltaire reçut de nouveaux témoignages d'amitié de la cour pontificale ; « le pape, disait-il, a envie que j'aille à Rome[2] ».

Pendant ce temps Voltaire continuait à pousser son avantage. L'attaque des *Nouvelles ecclésiastiques* n'avait fait que l'exaspérer : il retrouvait ses vieux adversaires, ceux qui avaient jeté *Mahomet* dans la poussière, et qui empêchaient encore qu'on le jouât. Plus que jamais, il pouvait se dire « victime des jansénistes » et en tirer avantage. Dans le temps même que le pape avouait quelques scrupules tardifs, il écrivit sa fameuse lettre au R. P. de la Tour, jésuite[3], qui fut aussitôt rendue publique ; elle se terminait par un acte de soumission entière à l'Église catholique, apostolique et romaine, et devait achever de le blanchir auprès du pape, s'il était nécessaire ; elle lui permettrait aussi de pousser enfin la porte de l'Académie. Voltaire s'y tait sur *Mahomet*, — le point est litigieux ; il renie les *Lettres philosophiques* ; mais il rappelle humblement et avec satisfaction les grâces pontificales, qui lui sont comme une absolution pleine et entière de ses vieux péchés. Avec violence, par conviction et pour faire sa cour, il redit « le manège infâme », la « farce abominable » des convulsionnaires. Il se souvient qu'il a été l'élève des Jésuites ; il proclame sa reconnaissance, son intention de mettre en pratique les bonnes instructions qu'il a reçues d'eux ; il donne témoignage sur la pureté de leur morale.

1. *La vie du pape Benoît XIV*, 1783, p. 203.
2. Lettre à M. le marquis d'Argenson du 14 janv. 1746.
3. Lettre datée de 1746 (7 février, éd. de Kehl), t. 36, p. 424 Voir *Nouvelles ecclésiastiques*, 1746, p. 61 ; et la réponse du P. Latour, p. 69.

Mahomet n'était point oublié en réalité dans cette éclatante palinodie. On aimait le théâtre chez les jésuites comme à la cour de Rome[1]. On ne s'y était point scandalisé de *Mahomet* ; on avait pris plaisir à y voir si bien railler les faiseurs de faux miracles ; peut-être voudrait-on aider le poète à faire jouer sa pièce. Il fallut intriguer et négocier pendant près de cinq ans encore. Par une coïncidence qui ne nous étonne point, la pièce ne reparut au théâtre (fin septembre 1751) qu'au moment où la bataille entre les jésuites et les jansénistes, qui s'était un peu assoupie, reprenait avec fureur : le Parlement allait s'insurger contre les refus de sacrements, contre le Roi, contre l'Église ; on allait bientôt le disperser ; mais c'était déjà une mesure de rigueur contre lui que de faire jouer, publiquement et avec autorisation royale, ce *Mahomet* qu'il avait interdit autrefois comme une satire de la foi janséniste. Les Jésuites triomphaient et Voltaire avec eux.

1. Le 1er juin 1746, Voltaire écrit au cardinal Querini pour lui demander de faire lever l'excommunication prononcée contre les comédiens.

LA PROFESSION DE FOI (*'aqida*)
ET LES GUIDES SPIRITUELS (*morchida*)
DU MAHDI IBN TOUMART

Par M. Henri Massé.

La personnalité d'Ibn Toumart, mahdi des Almohades, attira puissamment l'attention d'Henri Basset : je n'en veux pour preuve que les pages magistrales dans lesquelles il a caractérisé le rôle de ce réformateur (Tinmal, *in* Hespéris, 1924 ; Ibn Toumert chef d'état, *in* Congrès International d'Hist. des religions, Paris, 1925, t. II, p. 438-39). Il m'a donc semblé qu'une traduction des textes arabes qui constituent par excellence la profession de foi du Mahdi pourrait être considérée à la fois comme un appendice aux travaux d'Henri Basset et comme un modeste hommage à sa mémoire.

'AQIDA [1]

*De l'excellence de la croyance à l'unité divine ; de sa nécessité ;
qu'elle est la première connaissance dont l'acquisition est obligatoire.*

** **

Tradition rapportée d'après Ḥumrān, affranchi de 'Uṯmân b. 'Affân, d'après 'Utman b. 'Affân : « L'Envoyé d'Allah dit : Celui qui

---

1. Le Livre de Mohammed ibn Toumert, mahdi des Almohades, texte arabe (Alger, Fontana, 1903), p. 229 sqq. Cette *'aqïda* a été imprimée isolément au Caire (*Majmou'at-ar-rasāïl,* 1328, p. 46 sqq.).

7*

meurt, sachant qu'il n'y a d'autre divinité qu'Allah, entre au
Paradis[1]. »

Tradition rapportée d'après Ibn 'Umar, d'après le Prophète :
« L'Islâm repose sur cinq [bases] : croire à l'unité divine, faire la
prière, s'acquitter de l'aumône légale, jeûner en ramaḍân, accomplir le pélerinage[2]. »

Tradition rapportée d'après Ibn 'Abbâs : « L'Envoyé d'Allah,
députant Mu'âd au Yémen, lui dit : Tu aborderas des *gens du
Livre* ; tu devras les inviter tout d'abord à adorer Allah ; lorsqu'ils
auront reconnu Allah, annonce-leur qu'Allah leur impose cinq
prières par jour ; lorsqu'ils auront fait cela, annonce-leur qu'Allah
leur impose une aumône légale à percevoir sur leurs biens et à
remettre à leurs pauvres ; lorsqu'ils auront obéi, opère un prélèvement sur eux, mais garde-toi de prendre les plus belles têtes des
troupeaux[3]. »

Ainsi, il se trouve établi que la dévotion ne vaut que par la foi et
la pureté d'âme ; cette foi et cette pureté d'âme, par la connaissance [d'Allah] ; cette connaissance, par la recherche ; cette
recherche, par la volonté ; cette volonté, par le désir et la crainte ;
ce désir et cette crainte, par la promesse et les menaces ; cette promesse et ces menaces, par la loi religieuse ; cette loi religieuse,
par la sincérité de l'Envoyé [d'Allah] ; cette sincérité, par la
manifestation du miracle [fait par un prophète] ; cette manifestation du miracle, par la permission d'Allah très haut.

*
* *

C'est par la nécessité de la raison que l'homme connaît l'existence du Créateur. La nécessité, c'est ce à quoi le doute n'a pas
accès, c'est ce que l'être raisonnable ne peut repousser. Cette nécessité présente trois catégories : l'obligatoire, le possible, l'impossible.

---

1. Moslim, I, p. 31 ; Monawi (*Kanz al-haqâiq*, Le Caire, 1305, p. 123) (avec une
légère variante).

2. Moslim, I, p. 26 ; Nasâï, II, p. 268.

3. Bokhâri, I, p. 159 (fin du chap.) et III, p. 48 ; Moslim, I, p. 28 fin ; Ibn Mâja, I,
p. 279 ; Nasâï, p. 330. Une autre leçon ajoute : « Crains l'invocation de l'opprimé car il
n'est pas de voile entre elle et Allah. »

L'obligatoire, c'est ce qui ne peut pas ne pas être : par exemple, un acte ne saurait avoir lieu sans celui qui l'accomplit. Le possible, c'est ce qui peut être ou ne pas être ; par exemple, la chute de la pluie. L'impossible, c'est ce qui ne peut pas être ; par exemple, l'union entre les deux contraires. Cette nécessité est autonome dans les âmes de tous les êtres doués de raison : il est bien établi dans leurs âmes que l'acte ne peut se passer de celui qui l'accomplit, et qu'il n'y a pas de doute sur l'existence de ce dernier. C'est ce dont Allah avertit en son Livre, par ces paroles : « Y a-t-il doute au sujet d'Allah, créateur des cieux et de la terre? » (Coran, XIV, 11). Le Tout-Puissant fait connaître ainsi qu'il n'y a pas de doute au sujet de l'existence du créateur des cieux et de la terre ; et, de ce dont le doute est écarté, l'existence est nécessairement connue. Il est donc ainsi prouvé que le Créateur est connu par la nécessité de la raison.

Du fait qu'il est créé, l'homme connaît l'existence de son créateur, parce qu'il se sait exister après avoir été inexistant — et c'est la parole divine : « Je t'ai créé antérieurement alors que tu n'étais rien » (Cor. XIX, 10) — et parce qu'il sait qu'il fut créé d'un peu d'eau — et c'est la parole divine : « Que l'homme considère de quoi il a été créé : il a été créé d'une eau répandue » (Cor. LXXXVI, 5). L'homme sait nécessairement que l'eau dont il a été créé possédait une seule qualité, ne comportant ni différence, ni composition, ni forme, ni os, ni chair, ni faculté auditive, ni faculté visuelle, et qu'ensuite toutes ces qualités furent trouvées en elle après qu'elles n'avaient pas existé. Or, lorsqu'on a reconnu qu'elles étaient créées, on a su qu'elles ne pouvaient se passer d'un créateur qui les avait créées — et c'est la parole divine : « Nous avons créé l'homme de la quintessence de l'argile ; ensuite nous en avons fait une goutte de sperme dans un réceptacle solide ; ensuite nous avons fait de la goutte un grumeau de sang ; puis nous avons fait du grumeau un morceau de chair ; puis nous avons changé ce morceau de chair en os ; nous avons vêtu de chair les os ; ensuite nous l'avons produit comme une autre création. Béni soit Allah, le meilleur des créateurs ! » (Cor. XXIII, 12).

* *

Par l'acte premier, l'existence du Créateur est reconnue; de même que par l'acte deuxième et troisième jusqu'à l'infini. Quant aux cieux, à la terre et à l'ensemble des créatures, on reconnaît grâce à eux l'existence du Créateur ; de même, son existence est reconnue grâce à la contingence du mouvement premier, parce que ce mouvement a nécessairement besoin d'un agent et parce qu'il lui est impossible d'exister sans agent. Or l'obligation, pour l'acte premier, d'avoir besoin d'un agent s'applique à tous les actes : tout ce dont on reconnaît qu'il existe après n'avoir pas existé est forcément créé. C'est nécessairement qu'on sait créés la nuit, le jour, les hommes, les bêtes de somme, les bestiaux, les oiseaux, les bêtes sauvages, les fauves et autres espèces qui existent après n'avoir pas existé. Lors donc qu'on reconnaît qu'un corps premier a été créé, on reconnaît que les autres corps sont créés, et cela parce qu'ils sont égaux quant à la place qu'ils occupent dans l'espace, à l'altération, à la contingence, à la particularisation, à l'adventicité et au besoin d'agent. Allah, dans son Livre, avertit qu'ils sont créés, lorsqu'il dit : « Certes, dans la création des cieux et de la terre, dans l'alternance de la nuit et du jour, dans les nefs qui courent sur la mer avec ce qui est utile aux hommes, dans l'eau qu'Allah a fait descendre du ciel — eau par laquelle il vivifie la terre après qu'elle était morte, eau dans laquelle il a disséminé toutes sortes d'animaux —, dans la variation des vents et des nuages astreints à servir entre ciel et terre, certes il y a des signes pour les gens qui comprennent » (Cor. II, 159).

* *

Du moment qu'on a reconnu que tout cela existe après n'avoir pas existé, on reconnaît qu'il est impossible que l'être créé soit créateur, étant donné que les créatures forment trois catégories : être vivants doués de raison, êtres vivants privés de raison, êtres inanimés privés de perceptions. Que si les êtres vivants doués de raison s'accordaient pour remettre en place un seul doigt après sa disparition, ils ne le pourraient pas. Lors donc que l'être vivant doué de raison est impuissant, l'être vivant privé de raison l'est davantage encore ; l'être vivant doué de raison et l'être vivant privé de raison étant impuissants, les êtres inanimés sont encore plus bas. Il est donc ainsi reconnu qu'Allah est le créateur de toutes choses, selon sa parole divine : « Allah est le créateur de toutes choses, il a soin de toutes choses » (Cor. XXXIX, 63).

Du moment qu'on a reconnu qu'Allah est le créateur de toutes choses, on reconnaît qu'il ne ressemble à rien, étant donné qu'une chose n'est semblable qu'à ce qui est de même espèce qu'elle. Il est impossible que le Créateur soit du même genre que les créatures, étant donné que, s'il était du même genre qu'elles, il serait impuissant comme elles, et que, s'il était impuissant comme elles, l'existence des actes en deviendrait impossible. Or nous avons nécessairement considéré que les actes existent : les nier, alors qu'ils existent, est absurde. Par suite on reconnaît que le Créateur n'est pas semblable à la créature, ainsi qu'Allah tout-puissant l'a dit : « Celui qui crée serait-il comme celui qui ne crée pas ? Ne réfléchirez-vous donc pas ? » (Cor. XVI, 17).

Lors donc qu'il a été reconnu qu'on rejette la comparaison du créateur à la créature, on reconnaît l'existence du Créateur, et d'une manière absolue, étant donné que de quiconque le commencement, la fin, la délimitation et la particularisation sont nécessaires, la place qu'il occupe dans l'espace, l'altération, la contingence, la particularisation, l'adventicité et le besoin de créateur sont nécessaires. Le Créateur n'a pas de commencement ; or quiconque a nécessairement un commencement a quelque chose avant soi, quiconque a quelque chose avant soi a quelque chose après soi, quiconque a quelque chose après soi a une limite, quiconque a une limite est créé, quiconque est créé a besoin d'un créateur. Et le Créateur est l'*alpha* et l'*omega*, l'évident et le caché ; il sait tout ; il est le

premier sans commencement et le dernier sans fin, l'évident sans délimitation et le caché sans particularisation, celui qui existe d'une
manière absolue, sans comparaison ni modalité. Si les êtres doués de
raison se mettaient tous d'accord pour donner forme à la vue, à l'ouïe
et à la raison de la créature, ils n'y parviendraient pas, bien
qu'il s'agisse d'un être créé. Si donc ils sont impuissants à donner
forme à ce qui est créé, ils sont plus incapables encore de donner
forme à ce qui n'est pas du même genre que la créature et qui n'offre pas d'analogie avec ce qui est concevable. Il n'est rien qu'on
puisse déclarer analogue à Allah, ainsi qu'il l'a dit en ces termes :
« Rien ne lui ressemble ; il entend et voit tout » (Cor. XLII, 9) ;
la conjecture ne l'atteint pas, la raison ne lui donne pas forme ;
c'est pourquoi l'Élu d'Allah dit : « Je ne dénombre pas les louanges
que je t'adresse à Toi, comme tu t'es loué toi-même », et cela pour
avertir de rejeter comparaison et modalité et de reconnaître en
Celui qui par excellence est indépendant et glorieux la majesté et la
grandeur. C'est là le terme extrême de la connaissance.

*
* *

Il y a pour la raison humaine une limite à laquelle elle s'arrête
sans la dépasser : elle est impuissante à atteindre la modalité au delà
de laquelle elle ne pourrait aspirer qu'à l'anthropomorphisme et à
l'athéïsme. Cela a été reconnu par ceux qui connaissent les actes
divins : ils ont écarté de la majesté divine la modalité parce qu'elle
mènerait à l'anthropomorphisme et à l'athéïsme ; ce qui serait
absurde — et tout ce qui amène à l'absurde est absurde —, étant
donné le témoignage des faits en faveur de l'existence d'un créateur
qui seul est puissant. Quant aux textes sacrés prêtant à équivoque[1],
et faisant croire à une comparaison d'Allah aux hommes et à une
modalité — par exemple le verset de l'installation (Cor., XX, 4),
le ḥadîṭ de la descente et autres passages équivoques qui se trouvent dans la Loi —, il faut les croire comme ils sont venus, mais
en rejetant comparaison et modalité. Seul, suit les passages équivoques qui se trouvent dans la Loi celui qui a dans le cœur une

1. Cf. Sacy, *Anthol. grammat.*, p. 49, n. 63.

déviation. Ainsi parle Allah tout-puissant : « Mais ceux qui ont dans le cœur une déviation, ils suivent ce qui est équivoque du Livre, par désir de désordre et par désir d'interpréter le Livre ; or son interprétation n'est connue que d'Allah et de ceux qui sont fermes dans la science et qui disent : Nous croyons en ce Livre, et tout de ce Livre vient de notre Seigneur » (Cor. III, 5). Le Très-haut annonce ainsi que ceux qui doutent suivent ce qui est équivoque dans le Coran, et cela par désir de désordre et par désir d'interpréter [à leur guise] ; aussi les en blâme-t-il : il annonce [d'autre part] que ceux qui sont fermes dans la science disent : « Nous croyons en ce Livre et tout en vient de notre Seigneur » ; aussi les en loue-t-il et met-il l'Envoyé d'Allah en garde contre ceux qui suivent ce qui est équivoque dans le Livre. On a rapporté les paroles suivantes d'après 'Aïcha : « L'envoyé d'Allah fut interrogé au sujet de ce verset : C'est Allah qui t'a révélé le Livre contenant des versets évidents qui sont [comme] la mère du Livre, et d'autres versets qui sont équivoques ; quant à ceux qui ont dans le cœur une déviation, ils suivent ce qui est équivoque du Livre, par désir de désordre et par désir d'interpréter le Livre ; or son interprétation n'est connue que d'Allah et de ceux qui sont fermes dans la science et qui disent: Nous croyons en ce Livre et tout de ce Livre vient de notre Seigneur (Cor. *ibid.*). Or l'Envoyé d'Allah répondit : Quand vous voyez ceux qui suivent ce qui est équivoque du Livre, ce sont ceux qu'Allah a nommés ; aussi gardez-vous d'eux. »

Que rien ne se forme dans l'esprit, à moins de se restreindre aux dix termes suivants : avant et après, dessus et dessous, droite et gauche, devant et derrière, tout et partie ; et cela, étant donné que, pour quiconque s'astreint à ces termes, il est nécessaire d'être créé et d'avoir besoin d'un créateur, créateur qui est l'Indépendant, le Glorieux.

Lors donc qu'on a reconnu l'existence d'Allah, de façon absolue, on reconnaît que personne ne lui est associé dans son empire, étant donné que, si quelqu'un coexistait avec lui, il devrait se limiter aux termes des contingences, car il est nécessaire que l'autre être

indépendant existe séparément. Or le Créateur n'est ni joint à rien
ni séparé de rien. Que s'il était qualifié par [les attributs] de jonction et de séparation, son existence serait nécessairement créée ;
or, que l'existence du Créateur soit créée, c'est invraisemblable,
parce qu'il est absurde de bouleverser les vérités établies. De ce
fait, on reconnaît qu'Allah est la divinité unique, sans seconde
dans son empire, selon la parole du Très-haut : « N'adoptez pas deux
divinités, car Allah est un dieu unique ; redoutez-moi donc ! »
(Cor. XVI, 53).

Lors donc qu'on a reconnu qu'Allah est seul à être unique, en
raison de ce qu'il possède nécessairement de puissance et de
majesté, on reconnaît que l'imperfection est impossible en lui ; en
en effet, le Créateur est nécessairement vivant, savant, puissant,
doué de volonté, d'ouïe, de vue, de parole, et tout cela sans que
l'on conçoive modalité. Si on lui attribuait des imperfections,
l'existence des actes divins deviendrait impossible de sa part, parce
qu'il est impossible que celui qui ignore, est impuissant, dort et
meurt devienne créateur. L'univers entier confesse la divinité indé-
pendante et glorieuse, en raison de ce qu'elle comporte de particularisation, de figuration, de conformité, d'opposition, de prédestination, de direction, d'affermissement et de perfection. C'est
qu'Allah peut ce qui lui plaît, « il fait ce qu'il veut » (Cor. XI,
109) ; « il est vivant, immuable ; ni assoupissement ni sommeil
n'ont prise sur lui » (Cor. II, 256) ; « il connaît ce qui est invisible
et ce qui est visible » (Cor. VI, 73) : « rien ne lui est caché de ce
qui existe sur la terre et dans le ciel » (Cor. XIV, 41) ; « il sait ce
qui existe sur la terre et dans la mer ; une feuille ne tombe pas sans
qu'il le sache » (Cor. VI, 59) ; « le poids d'un atome ne lui échappe
pas, ni dans les cieux ni sur la terre, non plus que ce qui est plus
petit ou plus grand » (Cor. XXXIV, 3) ; « il embrasse tout par sa
science » (Cor. LXV, 12) ; « il dénombre toutes choses » (Cor.
LXXII, 28) ; « celui qui créa ne saurait-il pas ? lui, le bienveillant,
l'instruit » (Cor. LXVII, 14)[1].

---

[1]. Les citations ne sont pas toujours textuelles.

*
* *

Lors donc qu'on a reconnu qu'il est nécessaire qu'Allah existe de toute éternité, on reconnaît qu'un changement est impossible en lui, changement portant sur ce qui lui est nécessaire de puissance et de majesté ; et cela parce qu'il est impossible de bouleverser les vérités établies : si en effet le nécessaire était transformé en possible, et le possible en impossible, ce qui est universellement admis serait aboli. Ainsi l'on reconnaît qu'Allah doit nécessairement durer, qu'il n'a pas cessé et qu'il ne cessera pas de connaître toutes les contingences selon ce qu'elles représentent par leurs qualités, les détails de leurs genres, l'ordre de leurs moments et la limite de leurs nombres ; avant que leur être n'existât, le Tout-savant le détermina de toute éternité ; aussi se sont-elles manifestées par sa sagesse, conformément à ce qu'il a déterminé ; aussi ont-elles eu lieu, de par ce qu'il a déterminé, suivant un calcul imperturbable et une organisation indéfectible.

*
* *

Donc, tout ce qui a été précédé par la prédestination et la prescience d'Allah [1] doit nécessairement se manifester. Toutes les choses créées émanent de sa prédestination et de sa prescience. Le Créateur les a fait apparaître comme il les a déterminées de toute éternité, sans y ajouter ni en retrancher, sans modifier ce qui a été déterminé, sans changer ce qui a été fixé. Il les a créées sans intermédiaire ni cause. Il n'a ni associé pour les créer, ni auxiliaire pour les produire. Il ne les a pas créées de quelque chose qui existait éternellement avec lui ; il les a disposées avec art, sans modèle servant de terme de comparaison et existant. Il les a produites comme preuve de sa puissance et de son libre-arbitre ; il les a soumises afin de prouver sa sagesse et sa puissance d'organisation. Il a créé les cieux et la terre, et ne s'est pas fatigué en les créant. « Son arrêt, lorsqu'il veut une chose, consiste à lui dire simplement : Sois ; et elle est » (Cor. XXXVI, 82).

1. Cf. Luciani, *La Djaouhara* d'Ibrahim Laqani, note 32.

Tout ce dont l'existence s'est manifestée après le non-être, parmi les catégories des choses créées, dans l'empire du Créateur, a été précédé par la prédestination et la prescience d'Allah : les dons divins ont été distribués, les monuments inscrits, les souffles vitaux dénombrés, les termes fixés. Rien ne reste en arrière de son terme ni ne le devance ; nul ne meurt avant d'avoir consommé la subsistance qui lui fut attribuée par Allah, ni n'outrepasse ce qui lui a été assigné. Chacun est secondé en ce pour quoi il fut créé ; chacun attend ce qui lui a été assigné. Quiconque a été créé pour les délices du Paradis, Allah lui facilitera le bonheur ; quiconque a été créé pour le feu infernal, Allah lui facilitera l'angoisse. Celui qui est heureux l'est déjà dans le sein de sa mère ; celui qui est malheureux l'est déjà dans le sein de sa mère. Et tout cela de par la prédestination et la prescience d'Allah : rien n'échappe à son arrêt immuable : pas un atome, ni davantage encore, ne se meut dans les ténèbres de la terre sans qu'il l'ait prédestiné et su d'avance ; « toute chose, chez lui, a sa mesure ; il connaît ce qui est caché et ce qui est manifeste ; il est le Grand, le Très-haut » (Cor. XIII, 9-10).

Le Créateur est unique en équité et en bienfaisance ; il guide et il égare ; il élève et il abaisse ; lui seul dirige les choses ; nul autre que lui ne possède. On ne taxe de tyrannie et d'hostilité que celui qui est frappé d'une interdiction et d'un arrêt : lorsqu'il passe les bornes du possesseur et dispose de ce qu'il ne possède pas, on le taxe de tyrannie et d'hostilité, étant donné qu'il est interdit quant à ce qu'il possède et soumis à un arrêt quant à ses actes. Mais pour le Créateur, il n'y a ni interdit quant à ses commandements ni arrêt quant à ses actes. Il est unique en son empire et son unicité, en son empire et sa divinité ; il fait dans son empire ce qu'il veut ; il commande dans sa création ce qui lui plaît ; il châtie ou pardonne à qui bon lui semble ; il n'attend aucune récompense ; il ne redoute aucune punition ; il n'est soumis à nul droit ni à nul commandement : tout bienfait qui vient de lui est grâce ; toute vengeance qui vient de lui est équité ; « il ne sera pas interrogé au sujet de ce qu'il fait, mais eux seront interrogés » (Cor. XXI, 23).

*
    * *

Les noms d'Allah très-haut [1]. « Les plus beaux noms lui appartiennent » (Cor. VII, 179). Il est le Premier, le Dernier, l'Apparent, le Caché, Celui qui sait toutes choses, Allah hors qui il n'est pas de divinité, le Très-saint, le Dieu de paix, le Fidèle, le Protecteur, le Puissant, le Dominateur, le Fort, le Très-haut, l'Auguste, le Grand, le Sublime, l'Indépendant, le Digne de louanges, le Vivant, l'Immuable, Celui qui entend tout, Celui qui voit tout, Celui qui sait tout, l'Instruit, le Formateur, le Créateur, le Façonneur. « Les plus beaux noms lui appartiennent » ; « ce qui est dans les cieux et sur la terre chante ses louanges » (Cor. XXIV, 41) ; « il est le Puissant, le Sage » (*ibid.*, passim) [2]. Les noms du Créateur sont subordonnés à son autorisation ; on ne le nomme qu'au moyen de ce par quoi il s'est nommé soi-même en son Livre ou par la langue de son prophète. L'analogie, l'étymologie et la convention sont illicites au sujet de ses noms. L'homme est appelé savant, généreux, en raison de sa science et de sa générosité ; mais on n'établit pas d'analogie entre lui et le Créateur. L'homme est appelé lanceur [de flèches] et tueur, en raison de son action de lancer et de son action de tuer ; mais on n'établit pas d'analogie entre lui et le Créateur. L'homme est appelé Zayd et 'Amr ; il naît sans avoir de nom, et l'on se met d'accord au sujet du nom qu'il portera ; mais il n'appartient pas à l'homme d'exercer pouvoir sur son créateur et, par suite, de lui donner un nom qu'il ne s'est pas donné à lui-même dans son Livre : ce que le Créateur a écarté de sa personne dans son Livre, il l'a écarté de l'homme ; et ce qu'il a

<hr>

1. Comparer le texte d'Ibn Ḥazm cité Goldziher, *Zahiriten*, p. 148-150.
2. Le texte de la fin de cette section est cité *in* Goldziher, *Z. D. M. G.*, XLI, p. 83.

établi pour lui-même, il l'a établi pour l'homme ; et cela sans changement ni comparaison ni modalité. L'homme appelle donc Allah et l'invoque par ses plus beaux noms, et cela suivant les paroles divines : « Les plus beaux noms appartiennent à Allah ; invoquez-le donc par ces noms, et quittez ceux qui se fourvoient au sujet de ses noms : ils seront rétribués de ce qu'ils auront fait » (Cor. VII, 179).

.*.

A ce qui est rapporté dans la Loi divine au sujet de la vision [d'Allah au jour du Jugement], il faut ajouter foi : Allah sera vu sans comparaison ni modalité ; « les yeux ne l'atteindront pas » (Cor. VI, 103) ; et cela — au sens de limitation, d'englobement, de jonction et de disjonction — parce qu'il est impossible de lui appliquer les définitions propres aux choses créées. Toute propriété contenant défaut, toute définition renfermant contingence doivent être écartées de la majesté d'Allah. Il est unique, sans analogue, « il n'a pas enfanté, n'a pas été enfanté et n'a point d'égal » (Cor. CXII, 3) ; « créateur des cieux et de la terre, comment aurait-il des enfants alors qu'il n'a point eu de compagne, lui, créateur de toutes choses et qui sait tout? Celui-là est Allah, votre seigneur : il n'est point d'autre dieu que lui, créateur de toutes choses. Aussi adorez-le : il prend soin de toutes choses. Les regards ne l'atteignent pas, mais lui atteint les regards : il est le bienveillant, l'instruit » (Cor. VI, 101-103).

.*.

Confirmation de la mission prophétique par les miracles [opérés par les prophètes]. On reconnaît nécessairement la véracité de l'Envoyé d'Allah à l'apparition des signes extraordinaires qui concordent avec ce qu'il avance. La preuve en est que celui qui prétend avoir reçu une mission d'Allah n'est pas exempt d'une de ces trois dispositions. Ou bien, s'il présente des actes habituels -— manger, boire, se vêtir — et s'il prétend que ce sont là miracles à lui attribuer, sa prétention est vaine, parce qu'il n'y a pas d'indice de sa véracité, du moment que personne n'est incapable de ces actes qu'il prétend être l'indice de sa véracité. Ou bien, s'il présente des actes auxquels il parvient par des artifices ou par l'instruction — écrire, construire, coudre et autres métiers — et s'il prétend que ce sont là miracles à lui attribuer, sa prétention est vaine, du moment que tout ce à quoi il parvient par artifices et instruction n'a pas d'existence valable en tant que miracle attribuable à un envoyé d'Allah. Ou bien il présente des actes extraordinaires — la mer qui se sépare, la verge qui se transforme en serpent, les morts qui ressuscitent, la lune qui se fend — comme des miracles à lui attribuer : en ce cas, sa véracité est établie, parce que le Créateur est seul à produire et à manifester ces actes, conformément à ce que prétend son envoyé ; la conformité du miracle avec la prétention émise se trouve perçue par les sens ; or il n'y a pas moyen de rejeter ce que perçoivent les sens et d'annuler les choses connues. Parmi les miracles du Prophète, il y a le Coran, révélé par l'ange Gabriel « en langue arabe claire » (Cor. XXVI, 195) et établi par Allah comme signe de sa véracité. Et Allah a dit: « Si vous êtes dans le doute au sujet de ce que nous avons révélé à notre serviteur, produisez donc une *soura* semblable et appelez vos témoins, [ceux que vous invoquez] à l'exclusion d'Allah, si vous êtes sincères » (Cor. II, 21). Or, lorsqu'ils ont été impuissants à produire quelque chose de semblable à ce que produisit le Prophète, il a été reconnu nécessairement qu'il était sincère. « Allah l'envoya à tous les humains, porteur d'une bonne nouvelle, avertisseur » (Cor. XXXIV, 27), « invitant à reconnaître Allah par sa permission : lampe lumineuse » (Cor. XXXIII, 45) qu'Allah envoya avec douceur et clémence, qu'il gratifia particulièrement de science et de crainte, qu'il anoblit de mansuétude et de sagesse, qu'il guida vers les bonnes mœurs ; c'est pourquoi le Prophète fit parvenir le message divin, exposa la Loi et s'acquitta de sa mission ; aussi la certitude lui vint-elle de la part de son Seigneur, après la foi parfaite et la grâce intégrale. Qu'Allah le bénisse, ainsi que sa famille, ses compagnons qui l'ont suivi à Médine, ses Défenseurs (*Ançârs*) et ceux qui les imitent dans la pratique du bien, jusqu'à la Résurrection ! Louange à Allah, seigneur des mondes !

1re MORCHIDA [1]

Il n'est pas de dieu hors Celui que montrent les choses qui existent et qu'attestent les choses créées, étant donné que l'existence est absolument nécessaire à Allah,. et cela sans restriction ni particularisation de temps, de lieu, d'orientation, de terme, de genre, de forme, de figure, de mesure, d'aspect, d'état. Il est le premier, sans être limité par ce qui serait antérieur à lui ; le dernier, sans être limité par ce qui serait postérieur à lui ; unique, sans être limité par le lieu ; invoqué, sans être limité par la qualité ; glorieux, sans être limité par la similitude. Il n'est ni déterminé par l'intelligence, ni représenté par l'imagination, ni atteint par la pensée, ni conçu par la raison. On ne l'exprime ni par la localisation et le déplacement, ni par la transformation et la disparition, ni par l'ignorance et la contrainte, ni par l'impuissance et l'état de besoin. Il possède la grandeur et la majesté, la puissance et la perfection, la science et le libre-arbitre, la souveraineté et le pouvoir, la vie et la durée, ainsi que les beaux noms. Il est unique de toute éternité ; rien ne coexiste, rien n'existe en dehors de lui, ni terre, ni ciel, ni eau ni air, ni monde inhabité ou habité [2], ni lumière ni ténèbres, ni nuit ni jour, ni réalité ni bruit, ni son ni murmure ; il n'y a que l'Unique, l'Irrésistible. Il est de toute éternité le seul à posséder l'unicité, la domination et la divinité. Nul ne dirige avec lui les créatures ; nul ne partage avec lui le pouvoir. A lui la sentence et la décision ; à lui l'éloge et la louange. Nul ne repousse ce qu'il a décidé ; nul n'empêche ce qu'il a accordé. Il fait en son empire ce qu'il veut ; il décide à l'égard de ses créatures ce qui lui plaît. Il n'attend nulle récompense ; il ne redoute nul châtiment. Au-dessus de lui, nul ne le commande par force, nul ne l'arrête en le réprimant. Nul droit, nulle sentence ne prévalent contre lui. Tout bienfait de sa part est grâce, tout châtiment de sa part est équité. « On

---

1. Goldziher, *Z. D. M. G.*, XLIV, 170 : « La *morchida* fait l'impression d'une transcription populaire de la ʿaqîda dont les termes abstraits sont évités mais dont mainte phrase a été reprise sans changement. » Cette 1re *morchida* est traduite en allemand par Goldziher (*ibid.*, XLI, 72-73).

2. Cf. Guyard (*J. A.*, 1877, I, p. 332).

ne l'interrogera pas sur ce qu'il a fait, mais les hommes seront interrogés » (Cor., XXI. 23).

2ᵉ MORCHIDA [1]

Au nom d'Allah, le Clément, le Miséricordieux !

Sachez ceci — et qu'Allah nous dirige [2] avec vous ! — : tout [musulman] juridiquement capable doit savoir qu'Allah est unique en sa puissance ; il a créé l'univers entier, supérieur et inférieur, le Trône et le Siège, les cieux et la terre, et ce qui se trouve en eux deux et entre eux deux. Toutes les créatures sont soumises à sa toute-puissance. Un atome ne se déplace que par sa permission. Il existe avant la création. Il n'est pour lui ni avant ni après, ni dessus ni dessous, ni droite ni gauche, ni devant ni derrière, ni tout ni partie. Il n'est ni particularisé dans l'intelligence, ni figuré dans l'œil, ni représenté dans l'imagination, ni conçu dans la raison, ni atteint par les conjectures et les pensées. « Rien ne lui ressemble. Il est celui qui entend et voit » (Cor., XLII, 9). Il n'a personne avec lui pour guider les créatures ; nul ne partage avec lui le pouvoir. « Il est vivant, immuable ; ni assoupissement ni sommeil n'ont prise sur lui » (Cor., II, 256) ; « il connaît l'invisible et le visible » (VI, 73) ; « rien ne lui est caché de ce qui existe sur la terre et dans le ciel » (XIV, 41) ; « il sait ce qui existe sur la terre et dans la mer ; une feuille ne tombe pas sans qu'il le sache ; par un grain dans les ténèbres de la terre, rien de frais ou desséché qui ne soit dans le Livre évident » (VI, 59) ; « il embrasse tout par sa science » (LXV, 12) ; « il dénombre toutes choses » (LXXII, 28) ; « il fait ce qu'il veut » (LXXXV, 16) ; il a pouvoir sur ce qui lui plaît. A lui l'empire et l'indépendance ; à lui la puissance et la durée ; à lui l'auto-

---

1. Une rédaction de cette 2ᵉ *morchida*, quelque peu différente quant à l'ordre des phrases, a été éditée par Goldziher (*Z. D. M. G.*, XLIV, p. 168-170) ; cette rédaction, plus courte, se retrouve dans le *Holal al-mawchiya* (texte donné par De Goeje, *Z. D. M. G.*, LVIII, p. 482-483) et dans le manuscrit de Paris (B. N., fds. ar., 5296, p. 63 rᵒ sqq. et p. 93 rᵒ sqq.) avec commentaire de Abou 'Abd-Allah Mohammad ibn Yahya ech-Chaybâni at-Tarabolsi. J'ai suivi le texte de l'édition d'Alger. Cf. d'autre part l'invocation d'Ibn Toumart éd. et trad. par E. Lévi-Provençal (*Mél. René Basset*, p. 355 et 385).

2. D'où le titre *morchida*.

rité et la décision ; à lui les plus beaux noms. Nul ne repousse ce qu'il a décidé ; nul n'arrête ce qu'il a accordé ; il n'attend aucune récompense ; il ne redoute aucun châtiment ; ni droit ni autorité ne pèsent sur lui ; tout bienfait de sa part est grâce ; tout châtiment de sa part est équité ; « il ne sera pas interrogé sur ce qu'il fait, mais les hommes seront interrogés » (XXI, 23). On ne peut dire ni quand ni où ni comment il a été. Il a été alors qu'il n'y avait pas de lieu. Il a donné l'existence au lieu [dans l'espace] et organisé le temps ; mais il n'est ni limité par le temps, ni particularisé par le lieu, ni atteint par la conjecture, ni conçu par la raison.

[*Le texte publié par Goldziher ajoute ce qui suit.*] « Rien ne lui ressemble ; il est celui qui entend et voit » (XLII, 9). « Quel excellent seigneur ! quel excellent défenseur ! » (VIII, 41). Ceux qui savent le reconnaissent à ses actes et écartent de sa majesté la modalité. Car tout ce qui se présente d'imagination et de pensées forme un contraire par rapport à Allah tout-puissant.

C'est lui qui nous ressuscitera après nous avoir anéantis ; c'est lui qui nous enverra deux anges pour nous interroger dans la tombe au sujet de ce que nous croyons et de ce que nous disons sur les choses les plus importantes ; c'est lui qui fera de notre tombeau l'un des jardins du Paradis ou l'une des fosses du feu infernal ; c'est lui qui nous rappellera ensuite à la vie, pour que nous nous établissions dans le séjour de l'immortalité ; c'est lui qui nous rassemblera, un jour équivalant à cinquante mille années ; c'est lui qui nous amènera devant les péchés que nous aurons commis (et qui nous pardonnera, s'il lui plaît) ou devant le bien que nous aurons fait ; et tout cela par équité, et grâce à une balance munie de deux plateaux et d'une languette ; c'est lui qui nous fera passer sur le pont infernal, nous donnant le pas sur tous les peuples selon la valeur des actes : l'un passera comme un clin d'œil, l'autre comme la lueur du regard, un autre périlleusement ; c'est lui qui nous fera parvenir à un bassin plus blanc que le lait, plus frais que la neige, plus doux que le miel [1] ; c'est lui qui nous installera dans son Paradis, par degrés fondés sur le mérite des actes ; c'est lui qui nous montrera sa face, en raison de notre rang dans les sciences et

1. Cf. un *hadith* analogue *in* Ibn Mâja, II, 307, l. 4.

la sagesse. Qu'Allah bénisse notre seigneur Mahomet, sa famille et tous ses compagnons ! [1]

1. Cf. l'art. important de Carra de Vaux (*Enc. Islam*, s. v. : *'akīda* ; la bibliog. signale des textes qu'on rapprochera de ceux d'Ibn Toumart) ; les *aqā'īd* traduites par Duncan Macdonald (*Muslim Theology*, p. 293 sqq.) ; l'*aqīda* des Abadhites (publ. et trad. par Motylinski, *Rec. mem. et textes*, Alger. 1905, p. 505-545 ; les textes traduits dans la *Passion d'al-Hallâj* (p. 636-639) de Louis Massignon à qui je dois en outre l'indication de ce passage d'Ahmad ibn Mohammad al-Ghazâlî (ms. ar. 1248, B. N. Paris, fol. 228 r° et v°): « Il est unique en son essence ; sa science, qui est unique, embrasse toutes les choses connues ; sa puissance est unique ;..... c'est lui qui compose, et il n'est pas composé ;..... rien n'est semblable à lui ; c'est lui qui entend et voit ;..... il existait avant toute chose ;..... il n'est pour lui ni devant ni derrière, ni droite ni gauche, ni dessus ni dessous ; il n'est ni végétal ni minéral ;..... il n'est pour lui ni forme, ni figuration, ni pareil, ni semblable ;..... rien ne lui ressemble, c'est lui qui entend et voit ;..... il n'est ni contenu dans les dimensions ni modifié par les états différents ;..... si tu dis : « *Quantum ?* », il a existé avant les parties ; si tu dis : « *Quomodo ?* », il a été antérieur à l'existence des contingences et des accidents ; si tu dis : « *Quando ?* », il a existé avant le temps ; si tu dis : « *Ubi ?* », il a existé avant le lieu ; il a précédé toutes choses dans l'existence, en les faisant sortir du voile du non-être qui les dissimulait, et cela par grâce et par générosité ; il il est le premier et le dernier, l'apparent et le caché, le premier sans rien avant soi, le dernier sans rien après soi ; il est apparent, c'est-à-dire sans aucun voile ; il est caché, c'est-à-dire sans aucune spécification ; il est unique, c'est-à dire sans pareil. »

IBN SAB'ÎN ET LA CRITIQUE PSYCHOLOGIQUE DANS L'HISTOIRE DE LA PHILOSOPHIE MUSULMANE

Par M. L. Massignon.

Il est rare de voir des écrivains musulmans exposer l'histoire de la philosophie d'un point de vue critique ; et encore plus rare de les voir recourir à la critique interne et psychologique. Car je laisse bien entendu de côté cette critique littéraire purement formelle dont les exemples abondent chez eux, et dont, après Garcin de Tassy, Aḥmed Deïf a résumé récemment l'évolution en terre arabe.

Les fragments traduits ci-dessous, dont on pourra lire le texte dans un « Recueil de textes inédits concernant la mystique musulmane », actuellement sous presse, — m'apparaissent comme de véritables ébauches de critique interne et psychologique, donc, par cela seul, fort dignes d'intérêt.

Étudiant il y a quelques années le *Dîwân* d'un mystique andalou, Shushtarî († 1268)[1], dont les *Muwashshaḥât* en langue vulgaire servent encore en Syrie pour les *Dhikr* des Shādhilīya, j'avais remarqué qu'une de ses *qaṣida* classiques (conservée par Ibn al Khaṭîb) contenait un curieux rudiment de classification historique des chefs d'écoles philosophiques : Hermès et Socrate s'y trouvaient assez étrangement rattachés à Ḥallāj et à Ibn Rushd, conformément, disait-il, à l'*isnād* doctrinal de son maître Ibn Sab'în Ghāfiqî[2].

1. Textes ap. *Recueil*, fasc. 2 ; trad. ap. Revue *Commerce*. VI, 1925, p. 157-158.
2. *Qaṣida* « Arā ṭālibā minna'l ziyādata » ; cf. Ibn Sab'în, ms. Oxf., f. 317[a-b] (même

Je fus amené à réunir méthodiquement les textes dus à Ibn Sab'in [1] ainsi que ceux concernant sa doctrine ; afin de dégager l'originalité véritable de ce philosophe mystique andalou dont Amari, puis Mehren avaient examiné la biographie à propos de ces « Questions siciliennes » [2] adressées sous forme de réponse plus ou moins authentique à l'Empereur Frédéric II ; au moment où ces deux auteurs firent paraître leurs travaux, il n'était guère possible de situer exactement l'œuvre d'Ibn Sab'in parmi celles de ses contemporains, comme Ibn 'Arabī et 'Afīf Tilimsānī, qui n'avaient pas encore été étudiés [3].

Ibn Sab'in n'est pas seulement l'aristotélicien averti qu'ont étudié Amari et Mehren, — c'est avant tout un *critique* hellénisant et mystique des philosophes, — et c'est là ce qui donne à son œuvre toute son originalité. Sa forte préparation hellénistique l'a amené à insister, mieux qu'Ibn 'Arabī, sur l'immatérialité et la personnalité des âmes ; et sa théorie de Dieu « suprême principe d'individuation » n'était pas, quoi qu'en ait pensé Ibn Taymīya, une concession, mais bien une réaction contre la tendance moniste des mystiques musulmans de son temps. Son esprit critique se marque à la manière dont il cite ses sources, les titres exacts des ouvrages, dont il compare les deux traductions arabes de la métaphysique d'Aristote ; pour chaque question philosophique qu'il expose, il donne un résumé chronologique des opinions de ses devanciers. Reprenant l'essai de Ghazālī [4] et d'Ibn Rushd [5] il a essayé de donner un exposé systématique de l'histoire de la philosophie suivant cinq catégories [6]. Son ton souvent hautain et agressif, qui nous paraît si déplaisant, provient de l'inacclimatation du milieu lettré de son temps à l'esprit critique ; Ibn Sab'in sait d'ailleurs rendre justice à

---

liste) ; cf. critique d'Ibn Taymiya (*Rasāīl Kubrā*, t. II, p. 99). — Ibn Sab'in acquit assez d'ascendant sur Shushtari pour lui faire quitter la ṭariqa d'Abū Madyan de Tlemcen.

1. Extraits ap. *Recueil* précité. M. G. S. Colin me communique les bonnes feuilles de sa traduction du *Maqṣad* de Bādisi : voir sur Ibn Sab'in pp. 47-49 et les notes pp. 180-182.

2. Le titre exact est à rétablir « Ajwiba yamaniya 'an masāīl ṣaqalliya ».

3. Il reste encore à trouver quel rôle joua Al Shūzi, qui fut en mystique le maître d'Ibn Sab'in.

4. Ap. *Jawāhir*, p. 28 et *Fayṣal*, p. 46.

5. Ap. *Manāhij*, p. 19, 72-73.

6. Ap. ms. Berl., f. 36b-40b.

ceux qu'il a réfutés[1]. Comme Ibn Rushd, Ibn Sab'īn était condamné, par son hellénisme même, à demeurer sans disciples dans
l'histoire de l'Islam.

I

PORTRAITS

(Ibn Sab'īn, *Budd al-'ārif*, ms. Berlin, f. 38 *b* sq.)[2] :

(d'Ibn Rushd) :

« Cet homme (Ibn Rushd) était fou d'Aristote, qu'il exaltait au
point de se rapporter à lui, même pour le témoignage des sens et
pour les premiers principes ; eût-il appris que le Philosophe (Aristote) énonçait qu'on peut simultanément se trouver debout et assis,
— qu'il l'aurait répété et cru. La plupart de ses œuvres sont cal-
quées d'Aristote, qu'il le résume ou qu'il le transpose. Auteur de
mince envergure, de petite compréhension, d'imagination puérile
et sans intuition, — on doit reconnaître aussi qu'il fut un homme
sans amour-propre, plein d'équité, et conscient de ses lacunes. Il
n'y a pas à tenir compte de ses thèses personnelles : c'est simplement un disciple d'Aristote. »

(de Fārābī) :

« Quant à Fārābī, il s'est contredit, il a erré, et finalement
abouti à l'incertitude relativement à l'âme animale, soutenant que
c'était là une illusion et un radotage ; puis il douta si l'âme intelli-
gente était « imprégnée d'humidité » (dès la naissance) ou si elle
n'était produite qu'après. Il varia d'opinion sur l'immortalité des
âmes, ainsi qu'il appert de son *Kitāb al-akhlāq*[3], de sa *Milla
Fādila*[4] et de sa *Siyāsa Madanīya*[5]. La plupart de ses œuvres concer-

---

1. Voir ici (portrait d'Ibn Rushd).
2. La première esquisse de cette galerie de portraits se trouve dans Ibn Ṭufayl (préf.
Ḥayy, pp. 6-8, sur Ibn al-Ṣāïgh, Fārābī, Ibn Sinā et Ghazāli).
3. La vraie béatitude se trouve en cette vie.
4. Les damnés subsisteront.
5. Les damnés seront anéantis.

nent la logique ; sur ses 75 ouvrages, 9 seulement traitent de la métaphysique. Cet homme, le plus compréhensif d'entre les philosophes musulmans, fut le mieux informé de tous sur la science antique (grecque) ; là, il est « le Philosophe », tout court. Il mourut, ayant trouvé et réalisé (son but), — ayant renoncé aux fausses opinions que je viens de citer[1] ; la vérité théorique et pratique lui était apparue, ainsi que je le raconterais en détail si je ne craignais d'être diffus. »

(d'Ibn Sīnā) :

« Quant à Ibn Sīnā, c'est un illusionné et un sophiste, aussi bourdonnant qu'inutilisable. A quoi peuvent servir ses ouvrages? Il y déclare avoir découvert la « philosophie orientale »[2], mais, s'il l'avait découverte, son parfum l'en aurait embaumé, tandis qu'il est resté dans un puits suffocant. La plupart de ses écrits, livres et théories, proviennent des livres de Platon ; ce qu'il y a ajouté de son crû est oiseux et ne mérite aucune considération ; le *shifā*, son plus célèbre ouvrage, abonde en incohérences[3] ; il y contredit aussi le Philosophe (Aristote), mais, en cela, il est à louer car il y exprime ouvertement ce que l'autre avait célé. Ce qu'il a fait de mieux en métaphysique ce sont les *Tanbīhāt wa-ishārāt* et l'allégorie de *Ḥayy-Ibn-Yaqẓān* ; étant bien entendu que tout leur contenu provient des « lois » de Platon et de sources soufies, qu'il y a amalgamées. Il les a combinées par esprit d'acculturation[4] et d'investigation philosophique, — mais il n'y saurait servir de guide ni pour l'une de ces sources ni pour l'autre. »

(de Ghazālī) :

« Quant à Ghazālī? Langage sans méthode, sonorité sans élocution, pot-pourri mélangeant les contraires, divagation à couper le souffle. Il est tantôt soufi, tantôt philosophe, en 3° ash'arite, en

---

1. Dans un résumé donné plus loin (f. 103 b = Oxf. f. 335 b) il précise : « Il se rétracta, devint un ascète, professa la vraie doctrine, et inclina vers la voie du soufisme. »

2. *mashriqīya* (vocalisation établie par Goldziher dès 1909, et par Nallino en 1925, *R. S. O.*, vol. X, pp. 433-467).

3. Liste de ses contradictions ap. les *asfār* de Ṣadr Shīrāzi.

4. *tamaddun* : première apparition de ce terme qui signifie aujourd'hui « civilisation ».

4° jurisconsulte et enfin en 5° il divague. Son lien d'initiation avec les disciplines antiques (grecques) était plus ténu qu'un fil d'araignée [1], et de même son lien avec le soufisme. Il n'y entra qu'entraîné par contrainte, simple désir d'apprendre : il considéra alors en soi-même certaines visions imaginaires telles qu'il en survient à celui qui s'exerce à vivre dans la solitude, et il se persuada qu'elles étaient réelles et que telle était la réalité même de l'Accès (à Dieu). Alors que tout cela se passait en son moi, en tant que personnel, et que la Réalité demeure bien au delà, ainsi que la connaissance (réelle). Il semble que Ghazālī n'ait pas dépassé le plan mental de ces visions imaginaires [2], émanées de l'intellect passif, et qu'il ne se soit pas élevé au-dessus. Mais il faut l'excuser, le remercier même, car il a été, selon l'opinion commune, un des docteurs de l'Islam, qui fit grand cas du soufisme, s'y rallia, qui mourut soufi, selon le témoignage de ses écrits et la tendance de ses intentions. Malheureusement il croyait comme les pythagoriciens que l'intellect (‘aql) est synonyme d'âme personnelle, laquelle n'aurait pas à être étudiée séparément, contrairement à ce que d'autres avaient fait : voilà ce qui ressort de ses *ma‘ārij ‘aqlīya*, de son commentaire des « illusions du cœur » [3] (« tout cela, y dit-il, c'est un corps subtil », en parlant des termes *‘aql, rūḥ*, et *nafs*), de sa classification des *arwāḥ* en ses *mishkāt*, des allusions contenues dans sa *kīmīyā* et dans d'autres écrits. Son livre de chevet paraît avoir été les *rasāïl Ikhwān al-ṣafā* [4], car il se montre, en philosophie, aussi imprécis que son modèle, pensant que les philosophes grecs identifient *nafs* et *‘aql*, que les substances spirituelles ne se différencient pas en espèces ; il affiche, comme cette encyclopédie, une concision extrême vis-à-vis des degrés de *‘aql*, des *‘uqūl* matériels, et de leur description. Aussi le but que Ghazālī s'était assigné ne pouvait-il être atteint, puisqu'il voulait prouver l'identité de *‘aql* et de *nafs* dont parlent les soufis, en recourant aux philosophes grecs et à leur terminologie ; il n'arriva ni à justifier le soufisme ni à

---

1. Mot célèbre (Alūsī, *jalā*, 1298 H., p. 51).
2. Il précise ailleurs (f° 90 *a*) : Ghazālī n'a pas su discerner les visions intellectuelles en : sincères et menteuses, inventées et inspirées, ou mues par l'intellect animal.
3. Chapitre connu de l'*Iḥyā*.
4. La fameuse Encyclopédie Qarmaṭe.

l'exposer correctement, se trouvant entravé et paralysé par les visions qu'il avait eues lors de sa retraite volontaire ; ainsi advient à qui se laisse entraîner et s'illusionne ; la vérité est chose subtile, elle s'est dérobée à lui comme à ses prédécesseurs[1]. »

II

Sans instituer ici un jugement d'ensemble sur la personnalité philosophique d'Ibn Sab'ïn, il nous a paru pittoresque et même piquant d'annexer aux appréciations si sévères qu'on vient de lire de lui sur ses devanciers, — une critique non moins vive de son style, due à l'un de ses successeurs, Ibn'Abbād Rundī, mystique andalou, mort à Fès en 790/1388, après avoir formé une école d'introspection mystique (grâce à ses lettres de direction) dans son pays natal ; Asin Palacios en a retrouvé des traces chez des morisques d'Ubeda au milieu du xviᵉ siècle, et l'on peut se demander si S. Jean de la Croix n'en a pas entendu parler. Les lignes traduites ci-dessus figurent dans le recueil des lettres de direction spirituelle d'Ibn 'Abbād Rundī[2], lithographié à Fès et maintenant peu accessible[3].

PORTRAIT D'IBN SAB'ÏN :

« Je n'occuperais pas mon cœur pendant soixante-dix (jours) à méditer sur le cas d'Ibn Sab'ïn ; non que je le condamne, ni que j'ajoute foi aux accusations lancées contre lui par d'ignorants profanes. Mais j'estime que son style est trop souvent pénible, fatigue le —

---

1. Un peu plus loin, f. 41 a, dans un remarquable historique des définitions du terme *rūḥ* (esprit) en métaphysique ash'arite, Ibn Sab'in stigmatise le maître de Ghazāli, Juweïni; « cet Abū Jahl, cet Aman », qui osa enseigner dans son *irshād* que le *rūḥ* est chose matérielle ; il loue au contraire les rares tenants ash'arites de l'immatérialité de l'âme, comme Ibn Fūrak, Bāqilāni et Ghazāli. Il conclut en remarquant judicieusement que l'obstination du commun des ash'arites à nier l'immatérialité des âmes et la substantialité des *'uqūl*, les réduisait à voir dans toute activité spirituelle un fait direct de Dieu. — C'est là le panthéisme « dynamique » signalé et décrit par Gauthier (*R. H. R.*, 1925, p. 87).

2. Leur compilateur a supprimé les noms des destinataires.

3. P. 197 ; le texte est reproduit dans notre *Recueil*.

cœur et le lasse, si bien que je n'en retire rien qui étanche mon désir, ou rafraîchisse de sa neige ma pensée intime et secrète. Et comment? N'est-ce pas lui-même qui l'avait dit, en termes définitifs : « tout ce qui est autre (nous) isole (de l'Un), et tout ce qui « isole est chose pénible et imparfaite », — parole répondant certes à la nôtre « tout ce qui est pénible est imparfait et isole, tout ce qui « isole est autre, n'ayons donc pas cure d'autres choses, vu leurs « résultats ».

« Et puis on a dit d'Ibn Sab'īn qu'il entendait rendre ses symboles intelligibles, ses cachettes et trésors accessibles (pour les chercheurs). Or, il appert que tel ne fut pas son but, puisque son style ne se maintient pas à un seul et même niveau, mais, tantôt, s'abaisse au point que le lecteur se dit : « Ah! je le tiens, il est « pris », et tantôt, s'élève dans l'air qui tourbillonne ; or, ce sont bien là les tours de ceux qui se jouent de l'entendement des gens, les acculant à la perplexité et à l'équivoque, à la manière des alchimistes. Ainsi donc, je me trouvais le lire, remontant, redescendant, butant, perdant l'équilibre, escaladant tous les pièges pour cueillir les significations de son style, en me servant de mon imaginative ; — à manipuler son volume, ma fatigue et mon désenchantement s'aggravaient, mais je stimulais mon cœur et ma vigueur pour poursuivre cet examen ; soudain je laissai le livre derrière moi, et m'en allai les mains vides, ne retenant plus, en guise de « sandales « de Huneïn »[1] que le verset « Dieu n'impose à aucune âme de loi « qui ne la mette au large ». Ah, les vrais cheikh, ceux-là amollissaient le fer, rendaient les lointains proches, mais le siècle et le monde n'en possèdent plus aujourd'hui : on dit seulement qu' « ils « furent ».

« Quant au style de Shushtarī, je le trouve plus aisément intelligible que celui d'Ibn Sab'īn ; quoique ses *zajal* (d'Ibn Sab'īn)[2] aient de la douceur et de l'onction. Voilà mon opinion là-dessus, elle te fera comprendre ce que je pense des ouvrages de ce cheikh (Ibn Sab'īn) que tu m'as énumérés. Si je me trouvais en mesure de mettre la main dessus, je me remuerais certes pour les consulter,

1. Proverbe arabe classique (*Khuffay Ḥunayn*).
2. On trouvera un de ces *zajal* inédits dans le *Recueil*.

sans aller toutefois jusqu'à me ruiner la santé ni à dépenser, pour les faire copier ou acheter, une somme importante ; et cela pour les raisons que je t'ai dites. Quant aux petites pièces et aux *zajal* de Shushtarī, je ressens envers elles de l'inclination et du désir : pour leur enjolivement en musique[1], chantées avec une belle voix, ne m'en parle pas ; mais si tu peux réunir une collection de celles que tu auras trouvées, réunis-la. »

Pordic, septembre 1926.

---

[1]. On voit que dès le XIVᵉ siècle les poèmes dialectaux de Shushtari étaient chantés en Maghreb, probablement comme aujourd'hui encore, en Syrie, pour provoquer l'extase, dans les cercles mystiques. Nous aurions donc là des thèmes musicaux remontant au moins au XIIIᵉ siècle ; il serait intéressant qu'un musicologue averti les recueillît.

LA FEMME EN KABYLIE

Par M. René Maunier.

On a fait un tableau fort sombre de l'état des femmes kabyles.
Des littérateurs ont parcouru récemment la Kabylie, et ils ont
répandu dans le public l'impression pénible qu'ils avaient eue à voir
la femme kabyle chargée de travaux et dénuée, semble-t-il, de droits.
Je veux dire ce qu'il en est, après un examen approfondi[1].

A notre jugement d'Occidentaux, la femme kabyle paraît à coup
sûr maltraitée. Mais des distinctions sont à faire : selon les lieux
d'abord, et aussi selon les degrés d'aisance. Le Kabyle, s'il est aisé,
épargne à sa femme les tâches pénibles. Il ne lui laisse que la cui-
sine et le tissage, tâches toujours pareilles et à quoi beaucoup de
nos femmes souhaiteraient de borner leur effort. Il ne compte pas
les bijoux, et il veut que sa femme soit mieux parée que ses voisines.
Car intervient ici un fait fondamental de l'existence kabyle, je veux
dire un très fort esprit d'*émulation*, qui fait qu'on traite bien sa
femme par orgueil. Orgueil vis-à-vis des voisins et amis ; orgueil
vis-à-vis des parents de l'épouse. Ce sont là des sentiments essentiels, qui jouent dès que l'aisance le permet, et dont les femmes pro-
fitent souvent. L'honneur du Kabyle, « nif ou horma », à quoi il
tient plus qu'à toute autre chose, l'intéresse à vouloir que l'on envie
sa femme ; car sa femme et sa maison font son prestige. On ne
comprend rien à la vie kabyle si l'on omet ce rôle de l'orgueil. Or,
l'on sait bien que les Kabyles s'enrichissent à vue d'œil ; l'émigra-

---

1. Le but de ce tableau cursif est de définir à grands traits le statut des femmes kabyles,
et de marquer les changements récents qui ont affecté ce statut.

tion accroît sans cesse leurs ressources. Ils rachètent partout maisons et terres. C'est là un changement qui agit en faveur de la femme. Chez des Kabyles enrichis, j'ai vu des femmes fort parées et fort reposées. L'épouse d'un garde champêtre, proche du Fort National, est tout à fait une « bourgeoise » férue de son rang. Et c'est ainsi d'ailleurs dans tout l'Islam. Chez le musulman fortuné, la femme ne fait rien, par point d'honneur; et elle en est, jusqu'à présent, assez contente. L'enrichissement des Kabyles profite donc aux femmes comme aux hommes.

Restent pourtant des pauvres en grand nombre. Et chez ceux-ci les choses sont tout autres. Encore faut-il distinguer le *fait* et le *droit*. En Kabylie, la coutume déborde la loi écrite. Beaucoup d'usages essentiels ne sont point inscrits dans les *Qanouns*. C'est là ce qu'on ne doit point oublier, et qui rendrait, très malaisée une réforme qui serait de pur droit écrit. En Kabylie plus que partout ailleurs, il faut changer les mœurs avant que de changer les lois. Une action morale doit s'exercer à laquelle les règlements ne sauraient suppléer.

Examinons donc les *faits* avant que d'observer les *lois*. Ce qui rend pénible avant tout l'état de la femme kabyle, tout au moins de la femme pauvre, c'est la part de travail dont elle est surchargée. Elle travaille à coup sûr plus que l'homme. Le tissage et la poterie lui appartiennent, comme la mouture des grains à la main; surtout, deux fois le jour, la corvée d'eau à la fontaine souvent fort éloignée. Elle fait souvent aussi la teinture. Et son rôle est très grand dans la culture: transport des engrais, cultures potagères, arrachage et coupe des récoltes lui sont laissés volontiers. Les femmes aident les hommes à bâtir les maisons et apportent souvent les matériaux. On les voit soutenir sur leur dos de lourdes pierres. Et l'on voit aussi parfois des groupes de femmes courbées vers le sol, arrachant herbes et racines tandis qu'un homme, debout non loin de là, leur jette avec adresse des cailloux, pour ranimer leur zèle fléchissant. Elles ont, enfin, le soin des enfants jusqu'à la puberté, et l'on sait que l'allaitement dure plus longtemps que chez nous.

Dans la vie de travail, la femme est surchargée, mais dans la vie de société elle est, à notre sens, humiliée. C'est la règle en pays d'Islam ; les deux sexes vivent à part. Les hommes sont, le plus souvent, à la maison commune ou « djemaa », et s'ils mangent chez eux, c'est toujours à part de leurs femmes. Le culte et la mosquée sont aussi choses des hommes. Beaucoup de fêtes, mais non toutes, sont interdites aux femmes. Les hommes seuls, enfin, vont au marché. Les femmes sont donc séparées. C'est là un préjugé fondamental, qui est d'ordre religieux, et à quoi nous ne pouvons rien. Et, d'autre part, les femmes sont subordonnées dans la famille comme dans la cité. Elles sont sous l'autorité du père et du mari. Leur rôle politique est nul, et leur prestige inexistant. Si on les craint, parfois, pour les pouvoirs magiques qu'on leur prête, en général, on les méprise et on les tient à part. En Kabylie, comme en pays arabe, l'homme va à mulet, la femme à pied, sauf toutefois si elle est maraboute ; alors que dans l'Aurès c'est souvent le contraire, la femme est à mulet et l'homme à pied. Pour qui connaît les indigènes, c'est là le signe du rapport moral des sexes.

Et sans doute, c'est dans les *lois* que se marque le mieux l'infériorité des femmes. Elles sont en état de minorité perpétuelle ; elles tombent de la puissance du père sous celle du mari, pour revenir sous la tutelle des parents, en cas de veuvage ou divorce. Leur mariage est comme une vente, quoi qu'on l'ait, à tort, contesté. Et l'épouse adultère peut être tuée par son père et ses frères après avoir été maintes fois torturée, car l'honneur familial est en jeu. Il y a de cela des exemples récents, et c'est presque toujours en vain que nos autorités voudraient sévir. Nul Kabyle ne dénoncerait l'auteur d'un pareil meurtre, qu'on tient, au Djurjura, pour droit et pour devoir. L'enquête de justice ne peut aboutir, et c'est un conflit souvent insoluble de notre loi avec la loi cruelle des Kabyles.

Cependant, au cours du mariage, la femme garde quelque autonomie à l'endroit du mari. Le régime matrimonial est la séparation de biens. La femme a ses propriétés dont la disposition lui appartient ; elle en peut faire don à qui lui plaît. Elle possède ainsi souvent du bétail, et parfois même des immeubles. Il est, surtout, une propriété qui lui est toujours réservée. En Kabylie, la poterie est toujours faite par des femmes, et c'est à elles seules qu'on peut l'acheter. Les voyageurs le savent bien : jamais l'homme ne peut disposer des objets fabriqués par sa femme. Si celle-ci est absente, on doit toujours l'aller quérir. On l'a dit bien souvent : la femme musulmane et la femme kabyle ont, en mariage, plus de liberté, au moins quant à leurs intérêts, que n'en a la femme chez nous.

Mais il est deux dispositions du droit kabyle qu'on a parfois jugées choquantes. L'une interdit le divorce du chef de la femme, et l'autre exclut la femme de l'hérédité.

La femme arabe peut demander le divorce en justice pour des motifs prévus par la loi musulmane. Notamment si le mari ne remplit pas les devoirs de l'état conjugal. Et, en particulier, si le mari énonce quelque injure grave à l'endroit de la femme. S'il lui dit : « Ton dos m'est comme le dos d'un mulet », elle obtiendra jugement du Qadi qui contraindra l'époux à divorcer. La femme kabyle n'a point ce droit. Victime de violences ou d'injures, elle ne peut que s' « insurger » contre l'époux en fuyant la maison conjugale, pour demander refuge à ses parents. Elle est alors à l'abri du mari, elle lui est même interdite et il ne peut plus l'approcher. C'est là l'état d'*insurrection* qui réalise un divorce de fait, mais qui ne la libère nullement en droit. Car le mari, alors, peut déclarer sa femme *thamaouk'l* ; c'est-à-dire qu'il fixe à son gré une somme d'argent que doit lui payer celui qui voudrait libérer la femme en l'épou-sant. S'il peut faire ce versement, l'épouse est répudiée de plein droit. Sinon, elle est à charge à ses parents, et elle peut rester ainsi longtemps, car le mari met aussi haut qu'il veut le prix d'achat. Situation des plus fâcheuses, et qui n'est point du tout un règlement. Mariée en droit et séparée en fait, parfois pour de longues années, telle est la seule issue offerte à l'épouse qui veut s'émanciper. Rien sur ce point ne manifeste en Kabylie un changement quelconque des esprits. Aucune évolution n'est apparue dans la coutume, et les femmes ne songent pas à protester beaucoup jusqu'à présent[1].

1. Il y a néanmoins des symptômes récents d'un changement d'état d'esprit. Ainsi, en 1924, une femme kabyle a osé protester contre la prétention de ses parents, de la marier d'autorité à l'époux de leur choix, après répudiation par un premier mari. C'était là l'usage kabyle Le Tribunal de Paix de Michelet a donné gain de cause à la femme en déclarant

Il en est autrement pour l'exclusion des femmes de la succession.
Autrefois, la femme kabyle avait le droit successoral restreint que
reconnaît aux femmes la loi musulmane. Mais, en 1748 eut lieu
une assemblée de tribus dont on voit aujourd'hui à Djema Saha-
ridj, non loin du village français de Mekla, la pierre commémora-
tive. La femme y fut déclarée inapte à succéder. Et c'était bien
dans la logique du droit familial kabyle. La parenté est agnatique.
La famille se perpétue par les mâles. La vieille organisation domestique est donc mieux conservée chez les Kabyles qu'elle ne l'est chez
les Arabes. L'héritage de la femme transmettrait à des non-parents
les biens qu'on veut voir demeurer dans la famille. Plusieurs
Qanouns kabyles mentionnent ce motif expressément. Cette idée
d'un droit éminent familial sur les biens des parents en ligne masculine est celle qui explique aussi la séparation de biens entre époux,
et la fréquence des unions entre cousins. C'est un principe cardinal
du droit kabyle. Et c'est sur quoi, de propos bien délibéré, les
Kabyles se sont séparés des Musulmans. Il y a environ cent ans
qu'un marabout voulut tenter de rétablir en Kabylie la loi succes-
sorale du Coran, plus favorable aux femmes que la loi berbère. Mais
il fut menacé de mort comme traître à la loi kabyle, et il dut quitter
le pays. Dans une poésie du Djurjura, le mari appelle sa femme
« l'Étrangère ». Elle n'est pas du même sang et c'est pourquoi elle
n'hérite pas de son mari. Non plus qu'elle ne peut succéder à ses
propres parents. C'est l'idée même de la famille qu'il faudrait changer chez les Kabyles, si l'on voulait réformer brusquement cette loi.
Un sentiment domestique très fort, analogue à celui des Romains
des anciens temps, met la femme à l'écart de toute hérédité ; et c'est
ainsi chez maints autres Berbères, tels que les Beni M'Tir, les Zem-
mour, les Zaian, les Ain Intift du Maroc, et les Chaouia de l'Aurès.
Pareillement chez les Bédouins du désert de Syrie.

Chez les anciens Arabes, avant la loi de Mahomet, les femmes
ne succédaient point, ni non plus les parents par les femmes. Et le
droit du Coran, plus favorable aux femmes, prit son origine à la

que le consentement de celle-ci était requis, pour la validité du mariage nouveau. Dès
1901, des délégués financiers kabyles avaient, on doit le dire, demandé l'abrogation de
cet usage, apparenté au *lévirat* des temps anciens. Un arrêté du 13 juillet 1903 prescrivit
aux administrateurs de « s'attacher » à abolir cette coutume.

Mecque, ville de commerce et de richesse, où l'ancienne loi de la famille avait perdu de sa rigueur. Chez les agriculteurs kabyles, il n'en est pas du tout ainsi. Et c'est pourquoi aussi, dans l'ancien droit français rustique, l'exclusion des filles fut longtemps de règle. Il n'y a pas longtemps qu'en Provence et en Corse, la fille mariée et dotée renonçait à sa part de succession, comme on le voit maintenant en Syrie. Le père qui n'avait pas de fils préférait laisser son bien à des étrangers ou à des couvents, plutôt que de le transmettre à sa fille.

En Kabylie, la femme a pour seul droit celui à l'entretien, ainsi que de rester jusqu'à sa mort dans la maison de son mari. Tempérament qu'on peut juger insuffisant, mais qui indique la nature vraie de l'exclusion des femmes dans les successions. Elle tient moins à leur mépris qu'au sentiment très accusé de la famille et de la parenté. Au pays de Moab, le fils qui quitte la maison, est lui-même déshérité. C'est là qu'est le motif réel de l'exhérédation des filles.

D autres tempéraments, d'ailleurs, existent à cette rigueur du droit successoral. Et sur ce point, un changement paraît se dessiner.

D'abord, plusieurs *Qanouns* confèrent à la femme un *droit de jouissance* sur une part des biens de son parent défunt, même en l'absence de tout testament. Car la variété des usages locaux est fort grande en Kabylie. A Agouni-n-Tesellent, les filles du défunt qui sont veuves, et ses sœurs non mariées, ont l'usufruit du tiers des biens, en vertu, semble-t-il, de leur droit à l'entretien. A Taourirt Amran, non loin de Michelet, ce droit à l'usufruit du tiers des biens leur est ouvert si elles n'ont point d'enfants mâles. A Azeffoun, dans la région maritime, il porte sur la moitié des biens. C'est la coutume la plus favorable.

D'autre part, l'usage kabyle reconnaît parfois un *droit de tester*. A Tablabalt, on peut laisser aux filles la jouisssance, mais non la propriété qui doit rester toujours le droit exclusif des parents. En l'absence d'héritiers mâles, l'usufruit peut porter sur la totalité des biens; sinon, sur une part non précisée de l'héritage. Mais l'on m'a assuré que cette faculté est quasi lettre-morte. On répugne beaucoup à en user comme étant contraire aux règles des *Qanouns*.

Pourtant, on ne saurait nier que des idées nouvelles se font jour.

Depuis tantôt quarante ans on a vu se répandre, en Kabylie, la pratique des fondations pieuses, dites *ouakf* ou *habous*, à l'effet de donner aux femmes un droit de succession. L'influence des cadis-notaires musulmans n'est à coup sûr point étrangère à cette transformation. C'est une forme d'islamisation qui a lieu aussi dans l'Aurès. On réalise ainsi une *donation d'usufruit*, qui peut porter sur la totalité des biens, et qui frappe ceux-ci d'inaliénabilité. Les biens reviennent aux héritiers mâles à la mort de la femme usufruitière. Cette pratique devient, paraît-il, plus fréquente, sans que, d'ailleurs, on en ait fait de statistique. Les tribunaux français, non sans hésitations et variations, ont reconnu ces fondations valables à titre de *ouakf* ou *habous*, et donc pour la totalité des biens si les conditions de validité sont remplies, et notamment si la destination pieuse est indiquée; sinon, à titre de donation ou testament et dès lors seulement, pour une part des biens. Le Tribunal de Tizi Ouzou juge en ce sens. Mais on voit qu'il s'agit toujours d'un droit de *jouissance*, et non du tout d'un droit de *propriété*. Par l'usage du « ouakf », on étend l'usufruit à tous les biens; mais on ne fait ni ne veut faire que la femme ait un droit d'hérédité proprement dit, portant sur la propriété et la disposition des biens du père ou du mari. Cela serait absolument contraire à l'esprit familial des Kabyles. S'il y a donc un changement, c'est en un sens bien limité, et avec un effet très borné.

LE TOUAT ET LES CHORFA D'OUAZZAN

Par M. Ed. Michaux-Bellaire.

En 1889, un diplomate français en ambassade à Fès demandait à Moulay El-Hasan à qui appartenait le Touat : « à moi » répondit le Sultan.

Cependant, se basant sur les termes du traité de Lalla Maghnia, conclu en 1845[1] et jugeant l'occupation du Touat nécessaire aux besoins de sa politique indigène, la France s'en emparait en 1900.

Les conséquences de cette occupation furent infiniment plus graves pour la politique intérieure du Maroc que l'on ne pouvait le supposer ; elle constitua en effet aux yeux des tribus marocaines, la première atteinte évidente à la souveraineté du Sultan. La défaite de l'Isly en 1844, la guerre de Tétouan en 1859-1860, avaient été, grâce à l'influence anglaise, suivies de paix un peu précipitées et n'entraînant aucun annexion de territoires. L'occupation du Touat et du Gourara en 1900, contre laquelle le Sultan Abdelaziz ne put que protester inutilement et à laquelle il lui fut impossible de s'opposer, prenait au contraire la forme d'une véritable conquête, d'une violation du territoire de l'Islam que l'Imam du Maroc s'avouait impuissant à défendre.

A ces considérations d'ordre religieux et sentimental s'en

---

1. Traité du 18 mars 1845 ou Traité de Lalla Maghnia :

Art. IV. — Dans le Sahara, il n'y a pas de limites territoriales à établir entre les deux pays, puisque la terre ne se laboure pas et qu'elle sert de pacage aux arabes des deux Empires qui viennent y camper pour y trouver les pâturages et les eaux qui leur sont nécessaires. Les deux souverains exerceront de la manière qu'ils l'entendent toute la plénitude de leurs droits, etc...

Art. V. — Partage des Ksour.

Art. VI. — Quant au pays qui est au Sud des Ksour des deux Gouvernements, comme il n'y a pas d'eau, qu'il est inhabitable et que c'est le désert proprement dit, la délimitation en serait superflue.

joignaient d'autres plus pratiques. Déjà la prise de Tombouctou en 1894 avait apporté un grand trouble dans les relations commerciales du Soudan avec le Maroc et gênait particulièrement le commerce des esclaves qui était un des plus importants. Le Touat et le Gourara étaient les principales étapes des caravanes de négriers et leur occupation par la France risquait de compromettre définitivement ce fructueux négoce auquel s'intéressaient non seulement tous les fonctionnaires de la Cour et du Makhzen, tous les notables des villes et des tribus, mais les nombreux marchands d'esclaves de Fès, de Marrakech, de Qçabi Ech-Chorfa et du Tafilet. Le Pharisianisme marocain était donc atteint dans ses intérêts, dans son orgueil et dans ses plaisirs. Il en résulta à l'égard d'Abdelaziz une véritable désaffection qui ne fit qu'augmenter devant les événements qui suivirent : les agissements de son frère Abdelhafid et son avènement en furent très facilités.

En prétendant à la souveraineté sur le Touat, le Sultan Moulay El-Hasan cherchait surtout à maintenir le *statu quo* nécessaire à sa souveraineté sur le Maroc lui-même. Il se rendait compte que cette atteinte lointaine ébranlerait l'équilibre instable de son Empire qu'il s'efforçait de maintenir et qu'elle dissiperait les illusions sur sa puissance, qu'il entretenait avec tant de soins. De plus, l'occupation du Touat devait couper le Maroc de ses communications avec la plupart des territoires musulmans du Sud et devenir un obstacle, non seulement au commerce des esclaves, mais aux mystérieuses relations que par le désert et les oasis il pouvait entretenir avec tout l'Islam africain. Sa réponse était d'ailleurs conforme à ses prétentions d'être le chef de l'Islam d'Occident : si on lui avait fait la même question relativement à Tombouctou, il aurait répondu de la même façon ; ses prétentions étant basées sur des droits historiques il aurait pu faire la même réponse à propos de l'Algérie et de la Tunisie. L'empire des Almohades s'étendait en effet de Gabès à l'Oued Noun et Abdelmoumen ben Ali avait fait mesurer tout ce territoire pour y percevoir le Kharadj. Les droits historiques, sans possibilité de réalisation, ne sont que les souvenirs touchants d'une grandeur qui n'est plus : ceux du Maroc sur le Touat ne seraient d'ailleurs pas très aisés à préciser, pas plus que les droits religieux du Sultan d'Occident.

Islamisés dit-on pour la première fois lors de la deuxième expédition d'Oqba ibn Nafi' en 63 de l'hégire (682 J.-C.) les habitants de l'oasis du Touat qui étaient en grande partie juifs, ne tardèrent pas à revenir à leur religion primitive après le départ d'Oqba. Ils furent convertis une deuxième fois en 91 de l'hégire (709 J.-C.) par Mousa ibn Noceir, le conquérant de l'Andalousie ; mais un grand nombre restèrent juifs, puisque ce n'est qu'en 884 h. (1479 J.-C.) près de huit cents ans plus tard que les Juifs du Touat furent exterminés par le chaikh çoufi Mohammed ben Abdelkerim El-Maghili.

Au iie siècle de l'hégire les oasis du Touat étaient soumis à l'Émir de Sidjilmassa qui à cette époque faisait prononcer la *khotba* au nom des Califes Abbassides ; mais au ive siècle, cet Émir, Mohammed ben El-Foutouh, battu par Djouhar, général des Fatimites, fut obligé de reconnaître le Calife de Kairouan. A la fin du ive siècle, le Touat, comme les oasis de Sidjilmassa, dont il dépendait toujours, reconnaissait l'autorité du Calife de Cordoue qui d'ailleurs était fréquemment contestée par les Fatimites de Kairouan et du Caire.

On peut voir que jusqu'à ce moment la souveraineté du Maroc ne s'était pas encore exercée sur le Touat qui continuait à suivre la fortune de Sidjilmassa. Ce n'est qu'au ve siècle de l'hégire, vers 456 (1063 J.-C.) que le Sultan Almoravide Yousouf ben Tachfin soumit Sidjilmassa ainsi que le Touat et le Gourara ; les Almohades y exercèrent leur autorité au viie siècle de l'hégire (xiiie J.-C.). Au viiie siècle (xive J.-C.) l'Émir Mérinide abou Ali ben Abou Saïd, qui s'était révolté contre son père, s'enfuit au Sahara, fit la conquête du Touat et du Gourara et les gouverna en paix après s'être réconcilié avec son père. A la mort de celui-ci, il fit sa soummission à son frère Aboul'-Hasan qui avait succédé à leur père : plus tard il se révolta contre lui, mais Aboul'-Hasan vint l'assiéger dans Sidjilmassa et le tua en 734 h. (1333 J.-C.).

En résumé, le Touat après avoir reconnu les Abbassides, puis placé entre les prétentions des Fatimites d'Égypte et des Omeïades d'Espagne, revendiqué ensuite par les Hafcides d'Ifriqiya, les Ziyanites Oulad-Abdelouad de Tlemcen, les Émirs de Sidjilmassa, les Souverains du Maroc et les Sultans du Soudan eux-mêmes, n'a

jamais été rattaché définitivement à aucun de ses États et il semble
que ses habitants aient surtout cherché à conserver leur indépendance au milieu de toutes les revendications dont ils étaient l'objet.
En 989 h. (1581 J.-C.) trois ans après la bataille de l'Oued El-
Makhazen, le sultan Saadien Ahmed El-Mançour fit la conquête du
Touat : « A son retour de Fès, El-Mançour demeura quelques jours
à Marrakech, puis, n'ayant plus à redouter la guerre avec les Turcs,
il forma le projet de s'emparer des pays du Touat et du Tigourarin
ainsi que des bourgs et des villages qui en dépendent. Comme
depuis un certain temps les habitants de ces contrées avaient secoué
le joug de l'autorité royale et n'étaient plus soumis à aucun pouvoir
régulier et fort, El-Mançour se décida à les placer sous sa dépendance et à les ramener à l'obéissance à la loi divine. A cet effet, il
dirigea contre eux une armée considérable sous les ordres des caïds
Ahmed ben Barka et Ahmed ben Haddad El-Ghamri El-Ma'qili.
Les troupes parties de Maroc n'atteignirent le territoire des deux
pays qu'après soixante-dix jours de marche. Les habitants furent
soumis par la force[1]. »

Il semble bien que ce soit la première fois que le Touat et le
Gourara furent effectivement rattachés au Maroc dont la souveraineté elle-même venait d'ailleurs d'être définitivement établie par la
victoire de l'Oued El-Makhazen sur les Portugais, ainsi que son
indépendance vis-à-vis des Turcs installés depuis peu de temps
dans le pays d'Alger. Ahmed El-Mançour qui venait de fixer les
limites de son empire et des possessions turques du côté de l'Est,
avait certainement compris le danger qu'il y avait pour lui à laisser
ces possessions s'étendre vers le Sud en enveloppant le Maroc et
en l'isolant du reste de l'Afrique ; il se rappelait sans doute que le
Hadj Mohammed Sokia, le grand-père d'Ishaq qui régnait alors au
Soudan, avait reçu l'investiture d'un des derniers Califes Abbassides
du Caire environ un siècle auparavant : les Turcs successeurs des
Abbassides en vertu d'une délégation plus ou moins authentique,
pouvaient donc prétendre que les rois du Soudan relevaient du
Califat turc de Constantinople. Pour éviter cet encerclement, Ahmed
El-Mançour, après avoir fait la conquête du Touat, envoya en

---

1. *Nozhat El-Hadi*, trad. Houdas, p. 154.

999 (1591) une expédition au Soudan qu'il soumit à son autorité.

Aux raisons de politique extérieure et d'ordre économique qui conseillaient à Ahmed El-Mançour de conquérir le Touat et de soumettre le Soudan, s'ajoutaient des raisons de politique intérieure et la nécessité d'occuper les tribus sous peine de les voir se révolter : le chemin de l'Andalousie leur était fermé depuis la conquête chrétienne ; la guerre contre les Turcs d'Alger présentait de graves dangers ; la guerre sainte au Maroc contre les quelques présidios portugais et espagnols qui y restaient risquait de provoquer de la part des Turcs des offres d'alliance qu'il semblait plus prudent d'éviter. Une seule route, celle du Sud, existait encore pour y diriger l'activité des tribus turbulentes et pour les affaiblir en donnant un but à leurs instincts pillards et en les utilisant au profit de la dynastie.

Il suffit de parcourir l'histoire du Maroc pour se rendre compte que si les tribus restent inoccupées, elles se battent ou se mettent d'accord pour essayer de renverser la dynastie régnante au profit d'un prétendant quelconque ; on en a la preuve encore aujourd'hui.

La dynastie alaouite s'est également préoccupée de la situation du Touat. Les Sultans de cette dynastie devaient d'autant plus considérèr que cette région relevait de leur autorité qu'ils étaient originaires eux-mêmes de Sidjilmassa et que les Émirs de ce pays avaient longtemps été suzerains du Touat.

On sait que la dynastie alaouite et la Zaouïa d'Ouazzan ont fait leur apparition au Maroc à peu près à la même époque, c'est-à-dire au commencement du xviie siècle : Moulay Abdallah Chérif était contemporain de Moulay Rechid et les deux maisons s'élevèrent pour ainsi dire parallèlement en se prêtant un mutuel appui conformément à leurs intérêts respectifs. Les circonstances politiques qui ont accompagné l'avènement des Filala, le désir des Sultans de cette dynastie de réduire l'influence des Zaouïas en général et de celles de la région des Djebala en particulier, telles que les Zaouïas de Tazerout dans les Beni Arous, d'El-Haraïaq dans les Ghezaoua sans parler de celles du Rif, ont certainement contribué au développement de la Zaouïa d'Ouazzan.

Par sa situation à l'extrémité Est des Meçmouda, tout près de la limite du Gharb, l'endroit choisi par Moulay Abdallah Chérif tenait à la fois au bled El-Makhzen et aux tribus semi indépendantes de la montagne. Les Chorfa d'Ouazzan ont commencé à devenir des personnages politiques à partir du deuxième Chérif baraka, Mohammed ben Abdallah qui est contemporain de Moûlay Ismaïl avec lequel il s'est rencontré à Meknès. C'est sans doute de cette époque que date la coutume que le chef de la Zaouïa d'Ouazzan vienne apporter la *beia* des tribus des Djebala au Sultan nouvellement proclamé, lors de son passage au marabout de Sidi Qasem Moul' Héri dans la tribu des Cherarda. Le Chérif tient alors l'étrier du Sultan lorsqu'il remonte à cheval après avoir fait une prière dans le sanctuaire, Le geste du Chérif est interprété par les uns comme un acte de vassalité vis-à-vis du souverain, par les autres, au contraire comme une sorte de consécration qu'il lui donne en le mettant à cheval. Cette coutume a donné lieu à la croyance répandue chez certains européens que le Sultan du Maroc n'est reconnu par son peuple que s'il est consacré par le Chérif d'Ouazzan. Ce sont surtout les deux petits-fils du fondateur de la Zaouïa, Moulay Tahami et Moulay Taïeb qui ont donné à la confrérie le prestige dont elle jouit encore dans tout le monde musulman. D'après la tradition, les deux frères se seraient partagés l'organisation de l'Ordre. Moulay Tahami était plus particulièrement chargé de la création de Zaouïas au Maroc et Moulay Taïeb de la propagande dans les pays éloignés : c'est ainsi que la confrérie est connue au Maroc sous le nom de *Taïfa Touhamiya* et qu'elle s'appelle *Taïfa Taïbiya* dans les autres pays musulmans. Moulay Taïeb serait allé lui-même jusqu'au Touat où les Sultans avaient intérêt à lutter contre l'influence des confréries du Sud algérien et du Soudan, particulièrement la confrérie Qadiriya des Bekkaya, qui pouvait chercher à entraîner les oasis dans la dépendance politico-religieuse des Bekkaya de Tombouctou. Les Bekkaya sont eux-mêmes originaires du Touat et proviennent au point de vue des doctrines mystiques de l'école de Mohammed ben Abdelkerim El-Maghili, disciple d'Abderrahman Et-Thalibi. Ces mouvements de retour des influences religieuses à leur point de départ se sont produits à plusieurs reprises : un des plus fameux est celui des Cenhadja Lemtouna qui parti de *Dar El-Mourabitin* dans le Sous, avec Abdallah ben Yacin, a eu comme conséquence la poussée vers le Nord des tribus Cenhadja et la fondation de la dynastie Almoravide. On retrouve plus récemment un mouvement analogue, mais qui n'a pas réussi, avec les tentatives de Ma El-Aïnin, dont la confrérie est issue elle-même de l'enseignement de Mokhtar El-Kebir El-Kounti qui appartient aux Bekkaya. Mohammed El-Moustafa Ma El-Aïnin Ech-Chenguiti était le fils du Chaikh Mohammed El-Fadil ben Mamin. D'après *El-Wasit*[1], après avoir fait le pèlerinage de la Mekke sous le règne du sultan Moulay Alberrahman, Ma El-Aïnin commença à venir au Maroc sous le règne du sultan Sidi Mohammed : il reçut encore un meilleur accueil de Moulay El-Hasan, mais c'est surtout sous le règne de Moulay Abdelaziz que l'influence de ce personnage devint considérable.

Sans refaire l'historique des intrigues de Ma El-Aïnin pour obtenir l'appui du Maroc contre les Français qui pénétraient en Mauritanie, on peut rappeler que Moulay Abdelaziz envoya dans le Sahara un de ses cousins, Moulay Idris, comme son Khalifa, c'est-à-dire qu'il voulait considérer cette région comme appartenant au Maroc. Il envoya de plus à Ma El-Aïnin des approvisionnements en vivres, en armes et en munitions.

Vers 1903, le Khalifa de Ma El-Aïnin à Fès, Sidi Ahmed Chems, a même fait une tentative pour répandre les doctrines de son Chaikh dans le Nord du Maroc, en même temps que son influence politique. Plusieurs personnages de la Cour étaient affiliés à sa confrérie, entre autres le Caïd El-Mechouar Idris ben Iaïch, et composaient le parti xénophobe et plus particulièrement anti-français, en opposition à celui d'Abdelkerim ben Sliman, ministre des Affaires étrangères. La création d'une Zaouïa dans le Gharb fut décidée au douar des Ouled En-Noual, clients du Caïd El-Mechouar, entre le Had Kourt et l'Oued Redat. Il s'agissait par l'influence de cette Zaouïa et les privilèges accordés à ceux qui en feraient partie de combattre la protection européenne en lui substituant pour ainsi dire celle de la Zaouïa de Ma El-Aïnin. Le parti de la cour opposé à ce personnage a provoqué un soulèvement des populations du Gharb contre la nouvelle Zaouïa qui fut détruite et le projet d'extension

---

[1]. *El-Wasit*, recueil de biographies des lettrés du Chenguit par Ahmed ibn El-Amin ech-Chenguiti, pp. 360-362, Le Caire, 1329 = 1911.

vers le Nord du prestige du Chinguiti et de ses hommes bleus fut
abandonné. Depuis, Ahmed Chems est mort à Medine où il s'était
retiré ; mais son idée a été en partie reprise par un de ses moqqa-
dems, le Hadj Mohammed El-Bedoui ou El-Badaoui qui appartenait dit-on aux Bedaoua du Souq El-Arba de Lalla Zahra, sur
l'Oued Aïcha, entre le Khlot, la Gharbia et les Azibs des Beni Arous.

Sans bruit et très habilement il a répandu sous le nom de Ouerd
du Chaikh El-Bedoui, l'Ouèrd de Ma El-Aïnin dans le Gharb et
dans le Khlot, jusqu'à El-Qçar El-Kebir où il a réuni un grand
nombre de foqara qui ont constitué en sa faveur de nombreux
habous et lui ont construit une Zaouïa. Son prestige dans cette
région était considérable. Établi d'abord au dchar d'El-Guiça au
Djebel Çarçar, sur la rive gauche du Lekkous et sur la limite des
Ahl Sérif, le chaikh El-Bedoui s'est transporté ensuite au Djebel
Dal, dans le Gharb, où il est mort il n'y a pas longtemps. Il a été
remplacé par son fils Sidi Allal qui habite aux Ouled Er-Riahi des
Fouarat près de l'Oued Mda et de la Qaria de Ben Aouda. Le
chaikh El-Bedoui et les membres de sa confrérie paraissent s'abs-
tenir complètement de toute action politique.

Après avoir continué ses agissements sous le règne de Moulay
Abdelhafid, Ma El-Aïnin est mort à Tiznit en 1910. Il a été remplacé
par son fils El-Hiba, dont on connaît les aventures à Marrakech et
qui est mort également depuis ; c'est le frère de celui-ci, Merebbi
Rebbo qui actuellement encore continue à entretenir l'agitation
dans le Sous.

De ce qui précède on peut tirer cette conclusion que depuis plusieurs siècles, les dynasties qui se sont succédé au Maroc avaient
non seulement une politique européenne et une politique indigène,
mais également ce que l'on pourrait appeler une « politique saharienne ». Nous avons été amenés à avoir une politique analogue
après une occupation de plusieurs années de l'Algérie. Par la force
des choses nous serons très probablement obligés de faire de même
au Maroc.

La politique saharienne des Sultans du Maroc avait été rendue
nécessaire d'abord pour se défendre contre les empiétements venant
du Sud et également par le désir d'étendre leur souveraineté sur la
Mauritanie et sur le Soudan et d'attirer dans leur pays le commerce

de ces régions. La pénétration française en Mauritanie avait poussé le Chaikh Ma El-Aïnin à demander l'appui du Maroc et Moulay Abdelaziz avait cherché à profiter de cette circonstance pour étendre sa souveraineté sur le Sahara en y envoyant un Khalifa. L'arrivée des Français au Maroc avait permis à Ma El-Aïnin de proclamer la guerre sainte ; l'établissement du Protectorat avait encore augmenté les mouvements de fanatisme dans le Sous et avait ainsi facilité les agissements des fils de Ma El-Aïnin, El-Hiba d'abord, Merebbi Rebbo après lui. Pour ceux-ci il ne s'agissait plus d'obtenir l'appui du Maroc pour défendre la Mauritanie, mais de développer le mouvement de guerre sainte contre la France et contre le Sultan son protégé et de renverser la dynastie régnante à leur profit.

On peut par cet exposé très succinct se rendre compte que la politique saharienne avait pour les dynasties marocaines une importance considérable. Il est donc tout naturel que les Sultans alaouites aient cherché à profiter de la popularité des Chorfa d'Ouazzan dans le pays d'Alger et dans le Touat.

Dès les premiers temps de la conquête française en 1246, fin 1830, plusieurs tribus de l'Ouest algérien devant le départ des Turcs, avaient adressé un acte de *beïa* au Sultan Moulay Abderrahman. Celui-ci leur envoya son cousin Moulay Ali ben Sliman et le chérif baraka Sidi El-Hadj El-Arbi El-Ouazzani « qui jouissait auprès d'elles, comme ses ancêtres, d'une entière confiance »[1].

Il ne semble pas d'ailleurs que les négociations de ces deux personnages aient eu les résultats que Moulay Abderrahman pouvait en espérer et les tribus préférèrent les unes se soumettre aux troupes françaises, les autres se joindre à l'Émir Abdelqader, ou chercher à profiter de la confusion inévitable causée par la conquête pour échapper à toute autorité. Dans cette dernière catégorie se plaçaient tout naturellement les tribus les plus rapprochées du désert, qui se trouvaient en dehors de toute action militaire et à plus forte raison les oasis du Touat habités en majorité par des serviteurs de la Zaouïa d'Ouazzan.

Afin de maintenir sur cette région sa souveraineté au moins théorique, le Sultan Moulay Abderrahman a délégué pour ainsi dire une

---

1. *Istiqsa*, trad. Fumey, t. II, p. 140.

partie de cette souveraineté vers 1840, au Chérif d'Ouazzan Sid El-Hadj El-Arbi, en l'autorisant par un dahir à se substituer au Makhzen dans l'administration des successions vacantes des gens du Touat qui habitaient le Maroc. En cédant une partie de ses droits sur les habitants de cette région, le sultan voulait d'une part établir l'existence de la totalité de ces droits non seulement sur les habitants, mais sur le territoire lui-même ; d'autre part il donnait ainsi à la Zaouïa d'Ouazzan une sorte de fief qui pouvait encourager les Chorfa à défendre ses intérêts et à employer leur influence à empêcher le Touat de se séparer du Maroc.

Le dahir de Moulay Abderrahman est ainsi rédigé :

« Louange à Dieu unique. — Que Dieu glorifie notre Seigneur et notre Maître Mohammed. »

(Grand sceau de Moulay Abderrahman ben Hicham) :

« Sachent tous ceux qui liront cet écrit, que Dieu l'élève et lui donne la puissance et qu'il soit profitable dans le bien, que, par la grâce et la puissance de Dieu et par sa générosité entière et bienfaisante, nous donnons à notre cousin le plus agréé et rempli de bénédictions, Sidi El-Hadj El-Arbi ben Ali El-Ouazzani, l'administration des successions vacantes des gens du Touat qui habitent Fès, Meknès Ez-Zaïtoun et tous autres lieux et que nous l'autorisons à en prendre possession et à en jouir sans que personne ne puisse s'y opposer : nos gouverneurs et tous ceux qui sont investis de notre autorité devront veiller à l'exécution des instructions de ce dahir sans les restreindre ni les dépasser. Tel est notre ordre souverain protégé par Dieu.

« Le 22 Chaoual El-Abrak de l'année 1256 (1840). »

Ce dahir a été renouvelé avec quelques modifications par le Sultan Sidi Mohammed en faveur du Chérif Sid El-Hadj Abdessalam :

« Louange à Dieu unique. — Que Dieu glorifie notre Seigneur et notre Maître Mohammed. »

(Grand sceau de Sidi Mohammed ben Abderrahman) :

« Sachant tous ceux qui liront cet écrit, que Dieu en élève la teneur et lui donne la puissance, que nous accordons à notre cousin le meilleur et le plus agréé, qui apporte la bénédiction, Sidi El-Hadj Abdessalam fils de Sidi El-Hadj El-Arbi El-Ouazzani le droit de prélever la Zakat et l'Achour des gens qui sont depuis longtemps à son service ; nous lui accordons également le droit de recueillir leurs successions vacantes : cela eu égard à son affection et à celle de son père pour Notre Majesté élevée par Dieu et les liens de parenté qui nous unissent. Nos gouverneurs et tous ceux qui sont investis de notre autorité, devront veiller à l'application de ce dahir et ne pas s'écarter de ce qu'il prescrit. Tel est notre ordre souverain protégé par Dieu. Le 22 Chaoual El-Abrak de l'année 1281 (1864). »

On peut remarquer que les gens du Touat ne sont pas spécialement désignés dans ce dahir de Sidi Mohammed ; ils le sont dans celui de Moulay El-Hasan qui renouvelle les deux autres en ces termes :

« Louange à Dieu unique. — Que Dieu glorifie notre Seigneur et notre maître Mohammed. »

(Grand sceau de Moulay El-Hasan ben Mohammed ben Abderrahman.)

« Notre présente lettre, que Dieu en élève la teneur et le but et la rende favorable, restera entre les mains de notre cousin le Chérif le plus agréé Sidi Abdessalam fils de l'ami de Dieu rempli de bénédictions, Sidi El-Hadj El-Arbi El-Ouazzani ; elle fait savoir que, par la grâce de Dieu, nous avons renouvelé la décision édictée par les dahirs de notre Seigneur notre grand père et de notre Seigneur notre père autorisant ces chorfa à administrer les successions vacantes des gens du Touat et particulièrement des gens à leur service, de prendre pour eux la part de ces successions qui revient au Bit-El-Mal et d'en faire l'usage que bon leur semble, *pour les aider au but qu'ils se proposent.* Ce renouvellement est absolu et nous ordonnons à nos gouverneurs et à tous ceux qui sont investis de notre autorité d'exécuter les instructions de ces dahirs et de s'y conformer sans les enfreindre en aucune façon. Tel est notre ordre souverain protégé par Dieu. Le 24 Djoumada I de l'année 1293 (1876). »

En 1883, le Chérif d'Ouazzan Sid El-Hadj Abdessalam, à la suite de quelques difficultés avec Moulay El-Hasan, se mettait sous la protection de la France ; il en résulta forcément un refroidissement dans leurs relations : on en voit la preuve dans une lettre adressée en 1887 par le Sultan au pacha de Meknès et où la per-

sonne du Chérif n'est pas mentionnée, mais d'une façon générale
la « Maison d'Ouazzan ».

Voici le texte de cette lettre :

« Nous ordonnons à notre esclave très obéissant le Pacha Ham-
mou ben El-Djilani, d'avoir des égards pour les porteurs, gens du
Touat, appartenant à la *Maison de Moulay Abdallah Ech-Chérif*, que
Dieu nous le rende favorable, et cela eu égard à ce qu'ils sont et à
nos dahirs chérifiens qu'ils ont entre les mains et à ceux de nos
ancêtres généreux les recommandant à la bienveillance. Rien ne
doit être changé à l'usage établi en ce qui les concerne. Après avoir
lu cette lettre il la rendra aux porteurs afin qu'ils puissent en faire
usage et le salut. Le 2 Rebi I de l'année 1305 (1887). »

Au moment où la France commençait à manifester son intention
d'annexer le Touat à l'Algérie, Moulay El-Hasan ne voulait pas
rompre complètement le seul lien qui le rattachât encore à cette
oasis et qui lui permit de s'en prétendre le Souverain ; d'autre part,
il pouvait craindre que Sidi El-Hadj Abdessalam, protégé français,
n'usât de son influence en faveur de la France et il se réservait, en
généralisant, la possibilité de faire intervenir en sens contraire un
autre Chérif d'Ouazzan dévoué à ses intérêts.

Sidi El-Hadj Abdessalam est mort en 1892, Moulay El-Hasan en
1894. Leurs désaccords personnels disparaissaient avec eux et d'autre part la situation politique conseillait au Makhzen la prudence et
la modération : aussi sur la demande formulée par eux, le Sultan
Moulay Abdelaziz, ou plus exactement le Grand Vizir Ba Ahmed,
renouvelait en faveur des fils de Sidi El-Hadj Abdessalam, Moulay
El-Arbi, Sidi Mohammed, Moulay Ali et Moulay Ahmed les dahirs
de Moulay Abderrahman et de ses successeurs, autorisant leur
grand'père Sid El-Hadj El-Arbi et plus tard leur père, « à administrer les successions vacantes des gens du Touat et à s'attribuer la
part de ces successions revenant au Bit El-Mal ». Le dahir de Moulay Abdelaziz est daté du 22 Hodja 1311 (juin 1894), c'est-à-dire
moins de deux mois après la mort de Moulay El-Hasan survenue le
3 Dhou El-Qada 1311 (8 mai 1894)[1].

---

1. Ces dahirs ont été communiqués par S. A. Moulay Ali ben Abdessalam, chéri
d'Ouazzan.

Depuis l'occupation du Touat, l'efficacité des dahirs accordés aux Chorfa d'Ouazzan avait beaucoup diminué, elle a cessé complètement avec l'établissement du Protectorat. Le seul intérêt que peut encore présenter la publication de ces documents est de permettre de jeter un coup d'œil rétrospectif sur la politique saharienne du Maroc et de percevoir l'intensité de vie musulmane de toute la région qui sépare nos possessions d'Afrique du Nord et de l'Ouest et qui s'étend jusqu'au Soudan égyptien.

LE QÂNOÙN DES AÏT HICHEM [1]

Par M. Louis MILLIOT.

Le document dont nous donnons, ci-contre, la reproduction photographique est une ancienne rédaction [2] de la coutume des Aït Hichem.

Le contexte montre que cette rédaction est au moins antérieure à la conquête française de la Kabylie. Les renseignements que nous avons pu nous procurer sur la personnalité du rédacteur, membre d'une famille maraboutique connue, nous permettent d'en fixer approximativement la date, non indiquée à l'acte, entre les années 1830 et 1840.

Le texte se présente extérieurement en la forme d'un titre consigné sur papier à gros grain de grand format (in-folio 0,44 × 0,28). La feuille est jaunie par le temps et l'usage, et tachée d'humidité ; mais l'écriture en est généralement bien conservée. Le style est fort incorrect. La langue, pauvre en termes technologiques, ne parvient qu'avec peine à exprimer la règle juridique, ce qui en rend parfois l'intelligence difficile et la traduction

1. Tribu des Aït Yahia, groupement des Igawâwen, ancien cercle de Fort-National (Hanoteau et Letourneux, *La Kabylie*, I, 24) aujourd'hui commune mixte et canton judiciaire de Michelet. L'agglomération d'Aït Hichem est formée de la réunion des villages d'Aït Hichem proprement dit et d'Aït Mendil, groupés en une seule communauté politique (*toufiq*).

2. Le titre a été trouvé au cours de l'inventaire des papiers de famille du Bachagha 'Abdesselam, décédé au début de l'année 1927. Nous en devons la communication à l'amabilité de ses fils MM. Mehanna et 'Ali 'Abdesselam, avocats à la Cour d'appel d'Alger et au barreau de Tizi-Ouzou. Il est inédit. Hanoteau et Letourneux n'en ont pas eu connaissance et n'ont fourni aucun renseignement particulier sur la coutume des Aït-Hichem.

peu sûre. L'exposé n'obéit à aucun ordre méthodique. Le rédacteur
a reproduit de mémoire les différentes dispositions, dans l'ordre où
il les avait apprises, qui est vraisemblablement celui dans lequel
elles ont été édictées successivement.

Le Qânoûn des Aït Hichem est visiblement apparenté au Qânoûn
du village de Koûkoû[1], qui fait partie de la tribu des Aït Yahia et
à ceux des villages de Taourirt En-Tidits[2] et d'Agoûni n' Tsellent[3],
qui appartiennent à des tribus voisines (Aït Menguellat et Aqbîl).
Ses cinquante articles complètent très heureusement la documentation déjà recueillie par Hanoteau et Letourneux sur le droit coutumier de la région.

Nous montrerons ailleurs l'importance qu'il revêt pour l'étude
des coutumes kabyles. Nous nous proposons seulement ici de
présenter le texte du Qânoûn et d'en donner la traduction avec le
minimum d'explications nécessaires à sa compréhension.

I. — TEXTE DU QÂNOÛN

وصلى الله على سيّدنا محمد   بسم الله الرحمن الرحيم

زمام الحفّ لبنى هشيم و ما كان جاريا بينهم لقوله تعلى و امر بالعرب و اعرض

عن الجاهلين * و ذلك فمن كسر عناية اهل القرية فعليه عشر ريالة مطلقا سواء

كان بالعصى او بالحديد او بالحجر من كسر مرّة واحد فى النهار * و من كسر

اليوم الاخر فعليه ايضا عشر ريالة و من لحن باليد فعليه اربعة ريالة و من لحن

بالحديد او بالحجر او بالعصى فعليه ثمانية ريالة و من داج[4] مع خصميه و تضاربا

بينهم اي مع خصميه باليد فعلى كل واحد منهما ريالة و ان كان فى يوم اجتماع

---

1. Cf. Hanoteau et Letourneux, *op. cit.*, III, 386 (47 articles).
2. Cf. Hanoteau et Letourneux, *op. cit.*, III, 358 (94 articles).
3. Cf. Hanoteau et Letourneux, *op. cit.*, III, 362 (249 articles).

4. Nous lisons : دَفّ.

REPRODUCTION DE L'ORIGINAL DU QÂNOÛN DES AÏT HICHEM (recto)

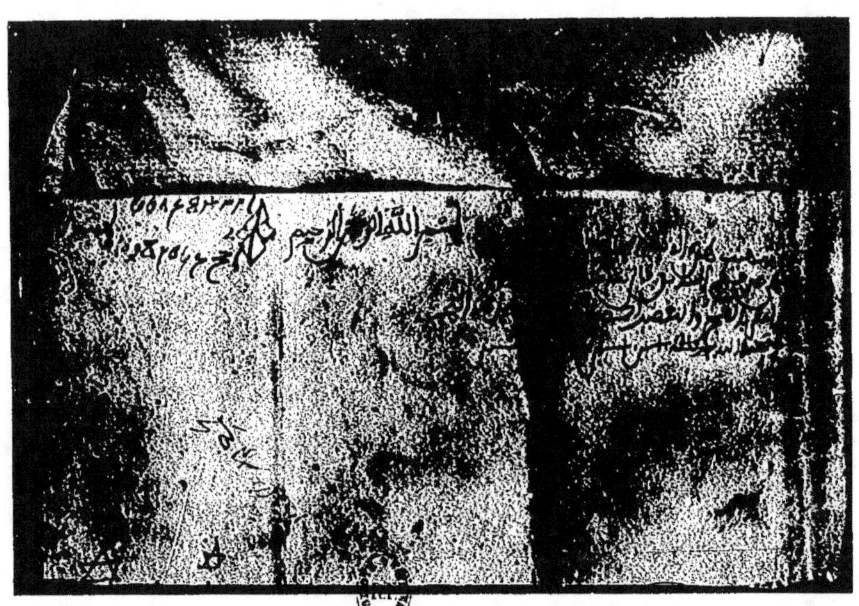

REPRODUCTION DE L'ORIGINAL DU QÂNOÛN DES AÏT HICHEM (verso)

اهل الدشرة او يوم الهزع للعد' وعلى كل واحد منهما ريالتين و من ترتب عليه
الحلف بى يوم اصلاح التقيف و يوم بساد هم فيترتب على كل واحد منهما ثالت
بوف ريالة' فيا خدونه يوم اصلاحهم ان شاء الله و من سرف بى الليل بيتًا او
طرحة اي الموضع الدى ينشرون بيه الكرموس بعليه اي كل من سرّافين
خمسين ريالة ويزيدون خمسين غرمًا لاهل البيت و من سرف بجيرة بى الليل
بعليه عشرين ريالاً و اما بى النهار عشر ريالة و من زاد بى المشبل و لو شبر
بعليه خمس ريالة و من باع بغير مشورة فرباّيه بعليه خمسة ريالة و من شاور
فرباّيه و امتنعوا من الشراء ثمّ بعد البيع للبعيد و شبع بعليه خمس ريالة و اما
اذ كان بعض من فرباّيه غايب اي بى السمر بيشبع على خمسة عشر يومًا او
على شهر او على شهرين اذا كان غايب و اما الحاضر ليس له شبعة بعد شهر و
من حرف بيت التبن بعليه خمس و عشرون ريالة خطية و خمسة و عشرون
غرمًا و من حرف بيت التبن الّدي يقول له الناس اثموا بعليه عشر ريالة خطية
و عشر ريالة غرمًا و هذا الحرف التبن مطلقًا سواء بى النهاز و بى الليل و من
عليه دينًا فقال لصاحب الدين بعد ان يطلبه منعتك بعليه نصف ريالة و من دل
لاحد براثيا لا على احد من اهل الفرية اي بالبيع بعليه خمس ريالة ان ثبت
ببينة احد من اهل الفرية و اما الشهادة البرّاني اي الخارج غير ساكن بى
الفرية بلا تجوز شهادته بى النرقة و بهذا البيع و من عليه الدين للغير باكل
احد من اهل الفرية بيقومه الى المنصب لاجل الشريعة و من تضارب مع

1. Lire : العدو.

2. Lire : الريالتين.

خصيمه و ضرب احد منهم اخ خصيمه وعلى البادى اربعة ريالة و اما هو ان ردّ
الضربة وعليه حكم الحن * وبد فدمنا و من سرف نعجة او كبشا او معزا وعليه
خمس ريالة خطيه بى ذوات الاربع و من سرف دجاجة وعليه نصب ريالة و
نصب ريالة غرمًا ومن ضرب خصيمه بالبرود وعلية عشر ريالة ومن فتل اخاه
لاجل اكل ماله بمال الفاتل و المفتول لاهل الفرية جميعًا و من طلف زوجته
طلاقًا بيانًا[1] وعليه عشر ريالة و من دبع بنته واخته و زوج هو او ابنه و اخده بالعدّة
وعليه عشر ريالة و من اكل بى الصيام او شرب منه وعليه خمسة ريالة الا ان
يضطر بياكل بمشورة الشيخ او كبير الفرية * و الحد الاكل الصيام تمدالبلاط و
بني يجر الى هنا و اما من سهر مسابة الفصر وله الاكل و من سكر احد برّانيا
وان بعل شيا وعلى الساكر سواء كان فليلا او كثيرا * و ان كان مات احد بى
الفرية و له اخ ساكن خارج بى الفرية ولا يخدون اي لا تدبع الورث للبرّانى
و من سرف شجرة العنب بى الليل وعليه خمسة ريالة و اما بى النهار اي سارف
العنب بى النهار وعليه ريالة و من سرف الدردار اي حشش الدردار بى الليل
وعليه خمسة ريالة بى الليل و اما بى النهار وعلى سارفه ريالة و من سرف جبجة
النحل وعليه عشرة ريالة[2] خطية و عشر ريالة غرمًا و من سفيت من النساء من عين
السبت و اميزاب و ثال يذكوا و ثال امتاع ثلوا من غروب الشمس الى طلوعه
ومن اكل احد بى حفه بى يوم السبت وعليه خمس ريالة و يزيد الردّ اي يردّ
ما اكل و من اكل بى غير حفه بان كان اكل جورا او ظلما وعليه عشر ريالة ويردّ

---

1. Lire : بائنا.

2. Trois mots rayés : فعلى سارفه ريالة.

ما اكل و من دخل بمحيرة الغير بعليه ريالة و من مات و خلب بنّا بلا يخدون[1] الورثة ماله بان كانت معه امّه الا ان يكون بالرضا ومن مات و خلب بابنة فيتركون الورثة لها الموضع الواحد و البيت و من بعل عليهم الباطل على الايتام بان امتنع من الخروج من ماله بعليه عشر ريال ان صلحت اهل الفرية و ان كان حين بساد التبيف من اكل مال اليتيم بعليه خمسين ريالة و ما[2] من كان عنده اجيرا بعل شيًا بى ذمّة ربّ البيت اي الّذى اخد اجيرا و من دبع موضع الواحد و البينت ٭ لاجل السبيل بله زربه و حشيشه و اما من حمل الحشيش من ملك الغير بعليه نصب ريالة الى وفت التسريح و من راع البحيرة بجميع الدبّون الذين يدبّون على الاربع بعليه اربع بمحيرة الفرنين و سرف رمّاعة الخطب او الحشب بعليه ريالة و من فطع الكروم اي دبنه الدردار و العنب بعليه خمسة و عشرون ريالة و اذا اجتمع اهل الفرية بمن تخلّف لم يحضر احد للحساب بعليه ريالة فياخدون بى ذلك اليوم و من سرف البلّوط بعليه نصب ريالة و من خرج امتنع من التبيف بعليه خمس ريالة و من فام بالغيظ و خرج من الجماعة الى بيت رابح بن سليمان بعليه ريالة و من حمل الضيب من اهل و سبع الى الدشرة البفانية و من الدشرة البفانية الى اهل و سبع بعلى من حمله خمسة ريالة و من ابتدا الصيام و لم يدخل بى حكم الجماعة بحكمه حكم الكبير بى المحانة و اما كسر العناية بحكم الصغير كالكبير بى كسر العناية ابتدا الصيام ام لا و اما من دبع الحديد او العكاز و لم يضرب به بعليه ريالتين و اما

---

1. Un mot rayé.

2. Lire : اما.

من ضرب به فعليه اربعة ريالة وقد قدمنا و من ابتدا الصيام او صام عامين او

ثلاث فلا بدّ ان يعيّنه اي يدخل حكم الجماعة و العام الثالت ان لم يعيّنه

فعليه خمس ريالة و اما من كان صغير و لم يبد الصيام و لحن بالعكاز

او بالحجر او بالحديد و ضرب به فعليه ريالتين و اذا ضربت امراة رجل

فعليها ريالتين بى اللحن ام غير اللحن و اما من كان كبير فكسر احدا من ما

وضعناه و استهز بالكاغط و ضيع و قال لم ناخد بهده الوثيقة فعليه خمسين ريالة و

اما من كان كبير و رخص الموضع فان اخذ فليلا بما وضعناه فتكون بى ذمّته

اي بى ذمّة الكبير الفرية و اما من[1] عب غسل الميتين او التى فطعت السرة

الصبيان فعليه ريالة و اذا داجت[3] امرة مع الاخرة بالسان[2] فعلى كل واحدة

ريالة و اذا تضاربت المراة مع الاخرى باليد فعلى كل واحدة ريالة و اذا تلاحنت

الامرة مع الاخرة فعلى الالحنة[4] ريالتين و اذا ضرب الامرة الاخرة بالحديد او

بالعكاز او بالحجر فعليها ريالتين و اذا كسرت المراة للاخرة انية التى يسفون فيها

الماء فعليها نصب ريالة خطية و ربع غرما * فان كان بعض من بلاد البرّاني فطلبنا

بالجور و العدوان فياكل احد من فريتنا او يحمل احد منا فاذا دفعنا بى تلك

الامر بينّا على البيوت ان كان من ترابنا اما الحد ترابنا * ثفا * و اكون ازم

* و ثورريت بنى منفلات و ثورريت عمران و هدا الحد بلادنا و اذا داج[5]

---

1. Lire : عاب ou عيّب.

2. Lire : باللسان.

3. Lire : دفّت.

4. Lire : اللاحنة.

5. Lire : دفّ.

بعض مع خصميه وكان الجرح لاحد منهم فقال خصميه انا لم ضربته فيحاسب

صاحب الجرح و يدفع خصميه ريالتين ان كان لم يدخل حكم الجماعة و اما اذا

دخل حكم الجماعة فعليه اربعة ريالة اما اذا كان النزاع بين خصميين ثم عرض

عليها الكبير او الضامن على دلك الامر فرجع بعض منهم الى تلك الامر

الدى عرضوه فعليه ريالتين و نصب ريالة. و اذا دج' احد مع الاخر فقام الاخ

احد منهم فقال اطلفوه فعليه اربع اذا كان سمع اليه الضامن او الكبير و الافلا

اذا عقد احد على بنت اخيه الدين كانوا بى واحد البيت اي بى دكس واحد

لم يوكل اهل الدشرة و لم يجعل الوليمة فيدفع خمس ريالة بسط و اما اذا حمل

امراة اجنبية فيدفع عشر ريالة اذا كان لم يوكل اهل الدشرة ٭ و اما اذا عقد

على الهجالة اي امراة اخيه المرحوم لم يدفع شيا فل او جل

بسم الله الرحمن الرحيم

انتهيت هذه الوثيقة المباركة الميصلة على عريهم السابف فال بذا كاتبه عبد

الفبير المفرّ بالعجز و التفصير احمد بن الربيع نجل سيّدى مجبر اليحيوي امنه

الله امين امين امين امين

II. — TRADUCTION.

Au nom d'Allah, le clément, le miséricordieux !
Et qu'Allah bénisse notre Seigneur Mohammad !

1. Lire : دجّ.

Ce qui suit est la série des pénalités et des articles de la coutume
en vigueur chez les Beni Hachim, en raison de la parole d'Allah.
— Qu'Il soit exalté ! — : « Applique la coutume et détourne-toi
des ignorants[1]. »

1. — Quiconque, dans une dispute, viole l''anâyâ[2] interjetée
par des gens du village doit payer, quelle que soit l'arme employée : bâton, instrument de fer ou pierre, une amende
de. . . . . 10 réaux[3].

Si l''anâyâ, violée une fois, est violée un autre jour (par le même
individu) la peine est également de. . . . . . . 10 réaux.

2. — Quiconque intervient (dans une rixe) à coups de poing
doit payer une amende de. . . . . 4 réaux.

(S'il intervient) avec une arme de fer, une pierre ou un
bâton l'amende est de. . . . . 8 réaux.

3. — Si deux adversaires se battent à coups de poing, chacun
doit payer une amende de. . . . . 1 réal.

Si la dispute a eu lieu un jour de réunion du village ou
d'appel aux armes contre l'ennemi, l'amende est, pour chacun,
de. . . . . 2 réaux.

L'amende prononcée un jour de réunion du *toufiq*, en
temps normal aussi bien qu'en période de trouble, sera majorée
d'un troisième réal et perçue quand le calme règnera — s'il plaît à
Allah.

4. — Si un vol a été commis dans une maison ou dans un

1. Citation du Coran, sourate VII (Al-A'râf) verset 198. Le texte complet en est :

خُذِ العفو و امُرْ بالعرف و اعرض عن الجاهلين

Cf. la traduction de Kasimirski : « Sois indulgent, *ordonne le bien* et évite les ignorants. »

2. Il s'agit ici de l''anâyâ de paix, simple appel à la concorde et à la modération, que
toute personne du village a le droit et le devoir d'interjeter dans une querelle ou une
rixe, non de l''anâyâ de sauvegarde ou de protection, qui est un véritable droit d'asile
et une institution de caractère politique ('anâyâ de la djemâ'â ou assemblée du village,
ou d'un personnage influent), religieux ou magique ('anâyâ du marabout et de la
femme).

3. C'est le réal ordinaire, qui vaut 2 fr. 5o. V. *infra* le réal *basith*. En Kabylie les
femmes comptent encore en réaux.

séchoir de figues, chacun des délinquants paye 50 réaux d'amende et 50 de dommages-intérêts au propriétaire.

5. — Vol dans un jardin potager, la nuit, amende :   20 réaux.

le jour. . . .   10 —

6. — Celui qui empiète, même d'un seul empan, sur le terrain communal, paye une amende de. . . . . . .   5 réaux.

7. — Quiconque vend (son immeuble) sans en avertir, tout d'abord, ses parents doit payer une amende de. .   5 réaux.

Au cas où les parents, dûment avertis, se seraient désintéressés de la vente et où l'un d'eux exercerait ensuite la *chouf'a*[1] contre l'étranger acquéreur, il payera une amende de. .   5 réaux.

Le parent absent par suite de voyage peut exercer le droit de préemption dans la quinzaine, le mois ou les deux mois.

Les parents présents ont seulement un mois.

8. — L'incendie d'un magasin de paille est puni de :

Amende. . . . .   25 réaux.

Dommages-intérêts. . . . .   25 —

L'incendie de l'abri à paille dénommé *athemou*[2] est puni de :

Amende. . . . .   10 réaux.

Dommages-intérêts. . . . .   10 —

9. — Le débiteur qui, invité par son créancier à le rembourser, lui aura répondu *mna'tek*[3] payera une amende de. .   1/2 réal.

10. — Celui qui a offert de vendre (des objets mobiliers) à un étranger, au lieu de les vendre aux gens de son village, doit payer une amende de. . . . .   5 réaux.

Le fait doit être établi par le témoignage d'un membre du village.

Le témoignage d'un étranger au village n'est admis, ni pour cette vente, ni pour le vol.

1. Droit de préemption.

2. Hutte cylindrique formée d'un cercle de piquets de bois et surmontée d'un cône de branchages servant de toiture. Quand le cylindre est construit en pierres et le toit recouvert de mortier ou de chaux, l'abri est appelé *taberguent*.

3. Expression injurieuse de moquerie et de mépris. C'est, à la fois, un aveu implicite de la dette et un refus de paiement non motivé.

11. — Le débiteur (étranger) qui refuse de payer sa dette à quelqu'un du village sera cité devant un juge-arbitre pour qu'il soit fait application de la loi.

12. — Si deux adversaires en viennent aux coups et si l'un d'eux frappe un parent de l'autre, il est puni d'une amende de. . . . . 4 réaux.

Le parent qui a rendu le coup est considéré comme ayant pris parti dans la rixe et puni de la peine plus haut portée contre l'intervention[1].

13. — Vol d'une brebis, d'un mouton, d'une chèvre ou autre quadrupède, amende[2]. . . . . 5 réaux.

      Vol d'une poule, amende. . . . . 1/2 réal.

              dommages-intérêts. . . . 1/2 —

14. — Celui qui (dans une rixe) se sert d'une arme à feu contre son adversaire paie une amende de. . . . . . . 10 réaux.

15. — Si quelqu'un tue son parent pour s'emparer de ses biens, la fortune de l'assassin et celle de la victime iront au village (s'il n'y a pas d'autre héritier que le meurtrier).

16. — Quiconque prononce contre son épouse une répudiation irrévocable est puni d'une amende de.. . . . . . 10 réaux.

17. — Quiconque marie sa fille ou sa sœur en état d'*'iddâ*[3], se marie lui-même ou marie son fils[4] avec une femme qui se trouve dans cette situation, est puni d'une amende de. . 10 réaux.

18. — Quiconque mange ou boit pendant le ramadhan est puni d'une amende de. . . . . 5 réaux.

A moins qu'il n'y soit obligé (par un déplacement) auquel cas il peut rompre le jeûne avec l'autorisation du *chikh*[5] ou d'un notable du village.

---

1. Cf. *supra*, article 2.

2. Le rédacteur a probablement oublié de mentionner les dommages-intérêts.

3. Retraite légale imposée à la femme pour s'assurer de son état de viduité. La durée en est, en principe, de trois périodes intermenstruelles.

4. ou l'enfant mâle en sa tutelle.

5. *imâm* ou *thâleb*, c.-à-d. le lettré du village où il remplit les fonctions d'instituteur, de médecin, de secrétaire de la djamâ'à... etc...

La distance-limite du déplacement qui dispense d'observer le jeûne s'étend d'ici à Tamdalblat et aux Beni Idjer.

Quiconque s'éloigne assez pour être dispensé des prières est également dispensé du jeûne.

19. — Celui qui enivre un étranger (au village) est responsable de tout dommage commis par celui-ci, quelle qu'en soit l'importance.

20. — Si quelqu'un décède, laissant un parent domicilié hors du village, les héritiers appelés n'auront à remettre à celui-ci aucune part de la succession.

21. — Quiconque vole du raisin dans une vigne pendant la nuit est puni d'une amende de. . . . .   5 réaux.

Pendant le jour. . . . .   1 réal.

Le vol de feuillage de frêne (pendant la nuit) est puni d'une amende de. . . . .   5 réaux.

Pendant le jour. . . . .   1 réal.

Quiconque vole une ruche d'abeilles est puni d'une amende de. . . . .   5 réaux.

Les dommages-intérêts sont de. . . . .   5 réaux.

22. — Toute femme qui, entre le coucher et le lever du soleil, va chercher de l'eau aux sources Es-Sebt, Amizâb, Thalayidkou et Thâlthâloû[1]. . . . . .

23. — Quiconque, sans le vouloir, a fait tort à autrui, un samedi[2], doit payer une amende de. . . . . .   5 réaux et restituer ce qu'il a pris.

Si c'est intentionnellement et malicieusement que le tort a était fait, il est dû une amende de. . . . . .   10 réaux plus la restitution des biens pris.

24. — Quiconque pénètre dans le jardin potager d'autrui est puni d'une amende de. . . . .   1 réal.

25. — Si quelqu'un décède à la survivance d'un fils, les héri-

---

1. Le rédacteur a oublié d'indiquer le chiffre de l'amende. Cf. *supra*, art. 13 un oubli du même genre.

2. Jour de marché des Aït Yahia (Hanoteau et Letourneux, *op. cit.*, II, 78).

tiers (éventuels) ne peuvent rien prendre sans autorisation si l'enfant est en bas âge.

Si l'enfant survivant est une fille, les héritiers lui abandonnent un champ et une maison.

26. — Quiconque a fait du tort à des orphelins et se refuse à le réparer est puni :

En temps de calme dans le village, d'une amende de. . . . . 10 réaux.

En période de trouble dans le *toufiq,* d'une amende de. . . . . 50 réaux.

27. — Le maître est responsable de l'acte dommageable commis par son domestique.

28. — Celui qui, dans un but de générosité, a abandonné (à la fille du *de cujus*) un champ et une maison, a droit au produit de la coupe des haies et à l'herbe du champ.

29. — Celui qui emporte l'herbe du champ d'autrui avant l'ouverture de la vaine pâture est puni d'une amende de.   1/2 réal.

30. — Celui qui fait paître un quadrupède quelconque dans le jardin potager d'autrui est puni d'une amende . . 4 réaux.

Dans le jardin d'artichauts[1]. . . . .

31. — Quiconque vole un faix de bois ou une poutre est puni d'une amende de. . . . . 1 réal.

32. — Quiconque coupe un figuier ou mutile un frêne ou un pied de vigne doit payer : amende de. . . . . 25 réaux.

dommages-intérêts. . . 25 —

33. — Quiconque, le jour de l'assemblée du village, arrive en retard à la réunion et ne répond pas à l'appel est puni d'une amende de. . . . . 1 réal

qui est immédiatement recouvrée.

34. — Quiconque vole des glands doux est puni d'une amende de. . . . . 1/2 réal.

35. — Quiconque quitte l'assemblée et refuse d'exécuter la décision du *toufiq* est puni d'une amende de. . . 5 réaux.

---

1. Nouvelle négligence du rédacteur, comme *supra,* articles 13 et 22.

36. — Quiconque se met en colère et, quittant la réunion, se dirige vers la maison de Râbah ben Slîmân, est puni d'une amende de. . . . .   1 réal.

37. — Quiconque amènera au village supérieur un invité des gens d'Ou Seba' ou aux gens d'Ou Seba' un invité du village supérieur, sera puni d'une amende de. . . . .   5 réaux.

38. — L'individu qui a commencé à jeûner mais n'a pas encore pris rang à l'assemblée du village est puni comme un majeur s'il intervient dans une dispute.

Les peines qui sanctionnent la violation de l''anâyâ s'appliquent au mineur comme au majeur, que l'enfant ait ou non commencé à jeûner.

39. — Quiconque brandit une arme de fer ou un bâton, sans en frapper, est puni d'une amende de. . . . . .   2 réaux.

S'il en frappe quelqu'un, l'amende, comme il a été plus haut indiqué[1], est de. . . . .   4 réaux.

40. — Le jeune homme qui a commencé à jeûner et qui a effectivement jeûné pendant deux ou trois ans doit être officiellement reconnu comme apte à faire partie de la djemâ'â[2]. Faute d'avoir provoqué cette reconnaissance, il est puni, à l'expiration de la troisième année, d'une amende de. . . . .   5 réaux.

41. — Le mineur qui n'a pas commencé à jeûner et qui intervient dans une dispute, armé d'un gourdin, d'une pierre ou d'une arme en fer, et qui en frappe quelqu'un est puni d'une amende de. . . . .   2 réaux.

42. — La femme qui frappe un homme avec lequel elle se dispute ou en intervenant dans une dispute, est punie d'une amende de. . . . .   2 réaux.

43. — L'individu majeur qui a enfreint une des règles que nous venons de poser, transgressé le texte du présent titre et refusé de s'y conformer est puni d'une amende de. . . .   50 réaux.

---

1. Ce renvoi ne se réfère à aucun des textes qui précèdent.

2. Ce jour-là on dit de l'enfant : *yibgues* (il boucle sa ceinture, il ceint ses reins, il est apte au combat) et il est fêté dans toutes les maisons du village. L'amin actuel d'Aït Hichem nous a déclaré avec fierté avoir, à cette occasion, mangé quarante œufs.

Si, méprisant le règlement, il ne l'a suivi qu'en partie, c'est à l'amin, sous sa responsabilité, de la faire s'exécuter.

44. — Celui qui fait honte à quelqu'un de laver les morts ou de couper le cordon ombilical du nouveau-né est puni d'une amende de. 2 réaux.

45. — Dispute entre femmes par paroles, chacune.   1 réal.

Si elles en viennent aux mains. . . . . .   1 réal.

Si une femme intervient dans la dispute elle est punie d'une amende de. . . . . 2 réaux.

Si elle frappe avec une arme de fer, un bâton ou une pierre. . . . . 2 réaux.

Si elle casse une cruche servant à transporter de l'eau elle paie une amende de. . . . . 1/2 réal et doit au titre des dommages-intérêts. . . . . . 1/4 —

46. — Si un étranger a injustement et oppressivement réclamé quelque chose à quelqu'un des nôtres et si nous allouons à ce dernier un secours, chaque famille est appelée à y contribuer.

Les limites de notre territoire sont : Thâqâ, Aguemmoûn Azem, Thaourîrt des Benî Menguellât et Thaourîrt 'Amrân.

47. — Si quelqu'un prétend avoir été frappé et si son adversaire nie avoir porté le coup, le serment est déféré au blessé et (celui-ci ayant juré) l'accusé paie :

S'il n'a pas encore pris rang à la djemâ'à.   .   2 réaux.

S'il en fait partie, ...   4 —

48. — Une dispute ayant éclaté et un ancien ou un thâman[1] en ayant détourné les adversaires, celle des parties qui recommence est punie d'une amende de. . . . . 2 réaux 1/2.

49. — Une dispute s'élève. Le frère d'un des adversaire dit : « Laissez-le faire ! » S'il est entendu par un notable, ou un thâman, mais non par quelqu'un d'autre, il est puni d'une amende de. . . . . 4 réaux.

5o. — Celui qui marie la fille d'un frère qui vivait avec lui, en

---

1. Chef responsable du groupe familial appelé *kharoûbâ*.

communauté de famille[1], et ne donne pas un repas aux gens du village, paie. . . . .   5 réaux *basilh*.

S'il se marie avec une femme étrangère à sa famille, il doit, faute d'avoir donné un repas aux gens du village, payer. . . . .   10 réaux.

S'il se marie avec la veuve de son frère il ne doit absolument rien[2].

Au nom d'Allah, le clément, le miséricordieux !

Fin du titre béni, ci-dessus, exposant le détail de la vieille coutume des Aït Hachim, d'après la déclaration du rédacteur, — lequel confesse sa faiblesse et son insuffisance, — Ahmad ben Ar-Rabi', descendant de Sidi Madjber Al-Yahyawi, adorateur de Celui qui pardonne — qu'Il l'ait en sa garde ! Amen ! Amen ! Amen ! Amen !

1. دكس

2. Au premier cas, il y a prélèvement au profit du village d'une partie de la dot touchée par l'oncle. Au deuxième cas, il y a don de joyeux événement (farh). Dans le troisième cas rien n'est dû parce que l'événement est tout à fait normal.

LE DÉVELOPPEMENT DU POUVOIR DES CAIDS
DE TAGONTAFT (GRAND-ATLAS)

Par M. Robert Montagne.

Le développement du pouvoir des Aït Lahsen de Tagontaft, chikhs obscurs d'un petit groupe de hameaux en 1850 et maîtres en 1900 de trois ou quatre confédérations du Grand-Atlas, se présente comme une suite de conquêtes dans l'enchaînement n'apparaît pas au premier abord. Mais dès qu'on rattache leur politique à l'état ancien de ces régions, peuplées de petites fractions opposées en deux lefs ennemis, tout s'éclaire et s'explique aisément : l'histoire des Gontafa n'est en réalité qu'une application sous une forme nouvelle de la politique des lefs berbères du Grand-Atlas.

En 1850, les deux grands commandements de l'Atlas dans cette région étaient celui des Aït Touzzalt d'Amismis et les Id Mansour d'Agergour. Habitant au bord de la plaine de Marrakech, les deux caïds de ces familles exerçaient leur autorité sur la montagne. Le Makhzen n'aurait pas accepté l'existence de chefs puissants dans les hautes vallées, de crainte de les voir se rendre indépendants et renouveler les exploits éphémères mais dangereux qui avaient illustré plusieurs fois au cours de l'histoire les seigneurs du Grand-Atlas. Dans la même situation nous trouvons à cette époque la famille des Aït L'asri, fixée au pied du Dir, qui donnait des chefs à la région des Mzouda et des Douiran ; le caïd Azeroual des Zemran commandait à la région des Glaoua et au versant Sud du Grand-Atlas jusqu'à Tazenakht et aux Sektana.

Le commandement du caïd Omar Touzzalti d'Amismis comprenait toute la confédération des Gedmioua, c'est-à-dire l'ensemble des fractions comprises entre l'Assif el-Mal, l'Aghbar, l'Adrar n

Gourza et la bordure Nord de l'Atlas. En fait, les hautes vallées de l'Assif el-Mal et de l'Aghbar étaient restées indépendantes, sous le régime démocratique des *moqaddemin*, ou sous l'autorité de petits *imgharn* héréditaires ; le reste de la confédération était confié à un grand nombre de petits chikhs, dont les limites de commandements coïncidaient le plus souvent avec celles des anciennes divisions politiques du pays.

Les Id Mansour d'Agergour : el-Ḥajj ʿAbd er-Raḥman (mort vers 1847) puis el-Ḥajj Aḥmed ben Mohammed avaient sous leur autorité les Ouzgita du Jebel Kik et l'Assif Nefis et ses affluents de droite jusqu'à l'entrée de l'Aghbar. A l'Est du Nefis, par l'Oncin et le Tifnout, on atteignait la grande confédération des Aït Waouzgit du Siroua, mais aucune relation d'autorité n'existait entre Agergour et ce groupe important, seulement le vague sentiment d'une commune origine, semblable peut-être à celui qui unit autrefois entre eux les Masmouda.

La région de l'Assif Nefis et de ses affluents connaissait alors deux sortes de divisions : l'une purement arbitraire, faite pour la répartition des impôts du Makhzen était « l'*aserdoun* » — le mulet[1] — et comprenait souvent une dizaine de hameaux ou toute une vallée ; l'autre, profondément liée à l'état social et politique du pays, fractionnait le pays en petits cantons administrés par une même assemblée ou commandés par un même amghar. Ces petites unités se groupaient ou s'opposaient de manière à former deux systèmes d'alliance.

Nous avons déjà décrit dans notre étude sur « l'Aghbar et les hautes vallées du Grand-Atlas »[2] cette division du pays en deux leffs opposés, très stables et très anciens. Sous les noms variables d'Imsifern, Aït Iraten, Aït Tzeggout, ils s'entraident pour lutter contre leurs ennemis respectifs : Indghertit, Aït Atman, Aït Fademt. Le plus souvent dans une même vallée, tous les hameaux appartiennent au même leff, formant ainsi deux ou trois unités politiques alliées et voisines ; parfois aussi, assez rarement, nous constatons l'existence de hameaux isolés dans une masse ennemie, et rattachés

---

1. Ainsi nommée parce que les villages de ces fractions offraient jadis au lieu d'impôt une « hedia » d'un mulet au Sultan chaque année.

2. *Hespéris*, 1927, fasc. I.

à leurs « frères » des vallées voisines par les chemins difficiles de
la montagne (Id 'Isa de l'Assif n Ouazzaden, Aït Zitoun de l'Assif
Amezghouni).

Il est bien difficile de croire que ces groupes de hameaux de même
lef n'aient pas eu autrefois un gouvernement démocratique à la
manière de celui que nous avons étudié chez les montagnards des Gedmioua. Il existe encore ici, comme dans les hautes vallées en quelques endroits, des ruines d'agadirs (Toug el-Khir, Assif Amezghouni,
Tasaft près de Talat n Yaqoub) ; les vallées les plus reculées, l'Assif
n Wazzaden par exemple, l'Assif n Tikent, s'administraient encore
elles-mêmes en 1875 avec les mêmes institutions démocratiques
que l'Aghbar.

Vers 1860, toute la vallée du Nefis était commandée par des
imgharn en relation avec le caïd d'Agergour, indépendants les uns
des autres et liés seulement entre eux par les lefs de tribu. Les
principaux de ces imgharn étaient Moḥammed n Aït 'Ali de
Tagemout (lef des Aït 'Atman) dont le commandement s'étendait
entre Oukoun et Taferghoust ; Wahman n'Aït Naṣer d'Aghren (fel
des Aït 'Atman) qui avait en outre Tinmel et l'entrée de l'Agoundis ;
'Abd El Ouaḥed de Targa n'Aït Iraten (lef des Aït Iraten), chef
de l'Amezghouni (Aït Zitoun excepté) et d'une partie de l'Agoundis ;
Ahmed n'Id 'Ali, de Toug el-Khir (lef des Aït Atman) ; Laḥsen ou
Hoummo de Tagadirt el-Bour dont l'influence s'étendait en même
temps sur l'Assif n Tikent et les Aït Zitoun (lef des Aït 'Atman).
D'autres imgharn moins importants étaient ceux de Tagontaft, les
Aït Laḥsen (Aït Iraten), les Aït Z'aim de Tagadirt n Oumious près
de Tasaft (Aït 'Atman), les Id 'Abdelqader d' 'Alla, alliés aux Aït
Lḥassen de Tagontaft et de même lef.

Quelle était la forme du pouvoir de ces petits chefs et quelles
étaient leurs relations avec le Makhzen et avec les populations ?

Sans distinction de lef, ils étaient en relation avec le caïd d'Agergour, du lef des Aït Fademt ou Aït 'Atman. Ils lui versaient un tri-
but peu important ainsi qu'une partie des amendes perçues dans les
hameaux conformément aux habitudes du gouvernement démocratique.

A l'égard des populations, ils étaient dans une situation analogue
aux petits imgharn des Gedmioua. Acceptés par la tribu, ils s'ap-

puyaient surtout sur les notables, avec lesquels ils partageaient les
profits du pouvoir, en suivant des conventions bien établies ; selon
leur puissance ils pesaient plus ou moins lourdement sur leurs administrés. Avant tout, ils étaient des chefs de guerre et l'extension de
leur pouvoir se faisait tout naturellement en tenant compte de la
division du pays en deux lefs. C'est ainsi que nous voyons les commandements des imgharn de l'assif Nefis chevaucher les vallées
pour réunir des villages du même parti. La transmission du pouvoir était héréditaire, mais comme dans tous les pays berbères, il
était exceptionnel de voir une famille résister plus d'un siècle aux
guerres et aux renversements périodiques de la fortune qu'entraîne
le régime des lefs ou l'abus du pouvoir despotique.

Au milieu du xixᵉ siècle, l'avantage appartenait nettement aux Aït
'Atman, frères du lef du caïd Makhzen d'Agergour. Le développement de la puissance des Aït Laḥsen, Aït Iraten de Tagontaft, allait
amener la disparition des imgharn du parti opposé ainsi qu'une profonde transformation du régime politique et social de tout le pays.

Telles sont les conditions politiques dans lesquelles allaient
apparaître les chefs de Tagontaft. Elles ont beaucoup plus d'importance qu'un prétendu déterminisme géographique qui aurait pré-
formé dans ces régions un régime féodal appelé en quelque sorte
par la nature des choses. Certes il est tentant de chercher à expliquer la naissance de ces grands chefs de l'Atlas par le voisinage des
cols, la disposition des voies de passage, la richesse relative de
leur fief de départ, l'aspect inaccessible des lieux, mais il faut bien
constater que ces causes n'interviennent pas d'une manière prépondérante dans le cours des événements ; elles apparaissent tout au
plus comme de simples possibilités qu'utilisent à leur gré les forces
individuelles ou sociales.

*

Vers 1850, une lutte violente mit aux prises l'amghar Aḥmed n
Id 'Ali de Toug el-Khir et son ennemi 'Abd el-Ouaḥed de Targa n
Aït Iraten. Elle se termina par la défaite complète de « l'Iriti »[1].

1. Du lef des Aït Iraten.

C'est alors que l'Amghar Aḥmed n'Aït Laḥsen de Tagontaft, Iriti lui aussi, commença d'exercer son influence sur l'Assif Amezghouni privé de son chef. Il apportait à ses frères de lef vaincus l'appui de ses armes, avec le concours des imgharn alliés d'ʿAlla, et des Aït Meḥend, imgharn de Mouldiert. Avec Aḥmed n'Aït Lḥassen se trouvait un jeune homme, Ali Alghom, originaire de Touloua (Aït Semmeg — lef des Ida ou Zeddagh) qui devait par la suite jouer un rôle important à Tagontaft.

L'Amghar Aḥmed n'Aït Laḥsen de Tagontaft était le petit-fils d'un Sousi des Aït Wadrim, Si Laḥsen, venu dans ces montagnes à la fin du xviiiᵉ siècle en qualité de fqih de village. Les Aït Lḥasen, appartenaient à une modeste famille de l'Anti-Atlas que Si Tayeb Gontafi s'attacha plus tard à élever, en faisant donner à l'un de ses parents des Chtouka le commandement de sa fraction, avec le titre de caïd, lors des expéditions de Moulay el-Ḥasan dans le Sud marocain.

Sous le règne de Moulay ʿAbd er-Raḥman, el-Ḥajj Aḥmed, fils d'el-Ḥajj Waḥman commença à devenir chikh du petit groupe de hameaux de Gokten, Wiigit, Isqaln et Artatein, connu sous le nom de Tagontaft ; il était instruit dans les sciences religieuses et avait autour de lui de nombreux élèves. C'était un homme simple et craignant Dieu, étranger aux pensées d'ambition qui agitaient son fils Moḥammed.

Moḥammed, qui avait alors une trentaine d'années, était doué d'un grand courage. A la fois cupide et généreux, noble et rusé, c'était aussi un adversaire redoutable dans les combats où il se précipitait sur l'ennemi, reconnaissable à sa haute taille et à sa barbe noire. Sa force physique était peu commune et il faisait naître dans l'esprit de ses adversaires une terreur inexprimable qu'on attribuait parfois à une sorte de puissance magique.

Vers 1855, à la suite d'une discussion avec son père, Moḥammed se rendit auprès de son caïd el-Ḥajj Aḥmed Gergouri et parvint à obtenir pour lui-même le commandement des quatre petits hameaux de Tagontaft. Il commença aussitôt à construire sa maison à Wiigit, en taillant largement dans les champs et l'oliveraie. A son père, qui lui reprochait alors de détruire les cultures et les arbres dans un pays où la terre productive est rare et précieuse, Moḥammed répondit que « des cultures et des arbres, il en existait d'autres dans l'Oued Nefis, chez les Aït 'Atman ». Par la suite, les rapides conquêtes de l'amghar Mohammed ont paru si étonnantes que les indigènes ont parfois répandu le bruit que les Aït Lahsen, Mohammed ou son père le fqih, avait découvert une mine d'argent par des procédés magiques, qu'ils tenaient de leurs ancêtres du Sous. Mais les témoins qui subsistent encore des événements de cette époque contredisent ces insinuations. L'amghar Mohammed, disent-ils, « n'avait d'autre mine que la tribu » : *our dars lma'den ghir teqbilt.*

On a souvent dit aussi et parfois écrit que l'origine de la puissance des Gontafa s'expliquait surtout par leur présence sur le chemin du Tizi n Test et qu'ils auraient vécu longtemps des profits de la « zettata », ou droit de passage perçu sur les voyageurs et les bêtes de somme qui ne cessent de traverser la région pour se rendre du Sous à Marrakech. Cette affirmation, outre qu'elle est contredite par les descendants de l'amghar Mohammed et tous les gens du pays, ne tient pas compte de la nature de cette institution de tribu qu'est dans cette partie du Maroc la zettata. Nous avons vu là, le plus souvent, une sorte de droit de passage arbitraire, perçu par la violence, alors qu'il s'agit essentiellement d'une institution collective destinée à faire assurer la sécurité du passage des cols par la totalité des habitants responsables. Au Tizi n Test, le droit de zettata n'était, à l'origine du moins, que le salaire d'une garde assurée à tour de rôle par les tribus du voisinage : Aït Sous n'Oughbar, Ifesdaden, Aït Tiyouga, Aït Ouaggouar avaient chacun cinq jours de service, pendant lesquels ils étaient responsables des meurtres et des vols commis sur les voyageurs. Plus tard, l'idée de droit de passage l'a emporté sur celle du devoir d'assurer la garde, au point que les jours de service au col ont fait dans le pays l'objet de transactions sous la même forme que des biens immobiliers, mais il est certain que le sentiment de responsabilité collective ne s'est jamais effacé, aussi bien dans l'esprit des voyageurs que dans celui des tribus. Nous trouvons d'ailleurs un régime analogue aux cols de l'Oncin, de l'Agoundis et de l'Ouichedan et nulle part nous ne voyons les imgharn se substituer pour cette garde aux habitants responsables. Ajoutons enfin, que même parvenus à leur plus grande puissance, les chefs de Tagontaft n'ont jamais perçu de droits de nzala pour leur propre compte.

Aussitôt en possession du pouvoir, l'amghar Mohammed commença par s'emparer du village voisin de Tamerwout qui était lié à celui d'Ighir n Ouahachi, de l'Assif n Aït 'Atman, et appartenait au lef adverse. Il l'incorpora à Tagontaft et s'unit à une famille de Tamerwout, les Aït 'Abdallah. Désormais Tamerwout comptera dans le lef des Aït Iraten. En même temps l'amghar Mohammed s'attachait à réunir autour de lui une bande d'aventuriers venus de tous les coins du pays, les uns des Chtouka, les autres des Inda ouzal ou de la plaine de Marrakech, et qui devaient former son makhzen personnel. Ce n'est sans doute pas par hasard que nous voyons au même moment l'amghar Ou Ben 'Ali, de Tisgin, dans le Dir des Gedmioua, se constituer, lui aussi, de la même manière, une troupe de soldats mercenaires pour s'emparer du pouvoir et soumettre les fractions voisines. Mais Ou Ben 'Ali était trop vulnérable à Tisgin au bord de la plaine de Marrakech ; il devait être mis en déroute par les cavaliers du Makhzen et plus tard périr assassiné par trahison près d'Ouedaker.

Aussitôt sa puissance fondée l'amghar Mohammed se met en campagne pour faire disparaître ses ennemis du voisinage ; les imgharn de Tagemout, ceux de Tagadirt n Oumious, de Timlilt et d'Aghren. Il s'appuie sur ses mercenaires, sur les notables et les membres de la jemâa de Tagontaft, appelés à recueillir les plus grands profits si l'entreprise réussit, et enfin sur tous ses frères de lef, à qui il promet le pillage général des Aït 'Atman.

Tenant toute la montagne, il communique avec ses alliés d''Alla par un sentier de chèvres de l'Adrar n'Ousarag afin de n'être pas aperçu des Aït 'Atman de Tasaft. Des hauteurs d''Alla, de Tagontaft ou de Mouldiert, d'incessantes expéditions descendent contre les villages du Nefis ; bientôt les imgharn des Aït 'Atman en appellent à leur caïd d'Agergour contre les entreprises de l'amghar Iriti.

El-Ḥajj Aḥmed Gergouri était mort au pèlerinage vers 1857. Son frère Brahim lui avait succédé, mais l'amghar Mohammed prétendit avoir été autorisé par el-Ḥajj Aḥmed à ne plus venir se présenter à Agergour. Le nouveau caïd des Ouzgita demanda alors à son voisin, le vieux caïd 'Omar Touzzalti d'Amismis, de lui fournir des contingents pour aller réduire le rebelle. Vers 1858, une forte harka formée de Gedmioua, d'Ouzgita et des Aït 'Atman de l'assif Nefis (Tagadirt n Bour) remonta jusqu'à Imegdal, puis entra dans la cuvette de Tinmel, où il semble que l'amghar Mohammed avait déjà réussi à prendre pied. La harka commença le pillage général de la vallée, les hameaux des Iraten furent mangés, mais ceux des Aït 'Atman ne furent pas non plus épargnés. Arrivés à Taferghoust, les caïds s'arrêtèrent un moment : Mohammed sut alors habilement traiter en secret avec 'Omar Touzzalti. Pour satisfaire aux ordres du Makhzen qui étaient d'avancer jusqu'à détruire la maison du rebelle, l'amghar fit le simulacre de s'enfuir chez les Aït Semmeg et l'on fit semblant de démolir sa demeure ; puis les contingents d''Omar Touzzalti reçurent l'ordre de se retirer. Une grande discussion surgit alors entre les alliés ; les Aït 'Atman se plaignaient qu'on eût détruit les villages de leurs frères de lef, sans avoir « mangé » ceux des Aït Iraten, puisqu'on épargnait Tagontaft et Mouldiert. Les deux lefs des Gedmioua prirent l'un et l'autre parti pour leurs alliés naturels Indghertit et Imsifern et bientôt la mêlée devint générale. A ce spectacle, le caïd d'Amismis qui était descendu dans une maison d'Anebdour, à l'entrée de l'Ogdemt, sauta sur sa mule et rentra au plus vite chez lui par le Tizi n'Imiri en abandonnant ses administrés à leurs discordes. Bientôt toute la harka se dispersa en désordre. C'était la vistoire du Gontafi.

Après cet échec du Makhzen, l'amghar Mohammed va s'attacher à poursuivre sa politique de conquête. Il remplace aussitôt l'amghar Bou Naṣer, en fuite chez les Aït Tadrart, par des chikhs à sa dévotion, Abdallah n'Aït Bou Laḥsen à Tinmel, et el-Ḥajj Mbarck N' Aït Iider à Dar Ouaghren. A Taferghoust, il nomme Mohammed n'Aït Ḥassein. Son ennemi personnel, Mohammed n'Aït Achefar de Tagemout, s'est enfui aussi dans l'Aghbar ; pour quelques années c'est la paix assurée à l'intérieur de ce petit royaume conquis par les armes, l'argent et les alliances. L'amghar utilise ces circonstances favorables pour se renforcer et construire des kasbahs. Sur le sommet pointu d'une colline de Tagontaft, la tribu élève en *touiza* pour son chef, le grand *agadir* d'aspect moyenâgeux qui commence à présent de tomber en ruine. A Tinmel le frère aîné de Mohammed, el-Ḥajj Mḥammed devient khalifa et s'empare des biens des Aït 'Atman qu'il met en fuite ; il fait construire pour ses provisions l'agadir n'Waddar, que des m'aallemin du Tifnout disposent à la manière d'un *ighrem* ou magasin collectif de leur pays. Enfin sur les terres enlevées aux Aït 'Atman de Talat n'Yaqoub, commence à s'élever une autre kasba moins guerrière qui sera plus tard la résidence de Si Tayeb.

Arrêté vers le Nord par la crainte du Makhzen l'amghar Mohammed cherche à préparer des conquêtes vers le Sud, vers les Aït Semmeg et l'Ouein. Il y rencontre une difficulté sérieuse : le lef des Ida ou Zeddagh qui correspond à celui des Aït Iraten est déjà au service des Aït Bazzi du Talkjount et en relations avec les chefs intrigants des Mtougga. Aussi va-t-il s'efforcer d'acheter et de mettre à son service le lef opposé des Aït Zollit. Ceux-ci sont venus jusqu'ici dans l'assif Nefis soutenir son ennemi Achefar de Tagemout, mais peu à peu, il va se créer chez eux des amitiés. Il soutiendra contre les Bazzi l'amghar Hijjo, cette femme guerrière qui commande les Aït Oumzal ; il se conciliera les services d'el-Ḥajj Mbarek, amghar de l'Ouein : bientôt le renversement des alliances se réalisera d'une manière définitive ; nous trouverons désormais dans le Sud les Aït Zollit associés à la fortune des Gontafa. Cela n'ira pas cependant sans difficultés intérieures ; Si 'Ali Alghom ami et allié de l'amghar Mohammed, originaire de Touloua des Aït Semmeg (lef des Ida ou Zeddagh) aura avec lui de fréquentes discussions et lui reprochera souvent d'avoir abandonné, avec son lef, tous ses amis, et parents des Aït Semmeg.

L'amghar Mohammed continue à suivre cette politique de consolidation et de préparation jusqu'en 1874.

A ce moment, la mort de Brahim el-Graoui, pacha de la Kasbah de Marrakech, chargé du commandement des tribus de l'Azaghar et de la surveillance de la montagne, puis la mort du sultan Sidi Mohammed, amènent de grands changements dans la situation. On représente au nouveau souverain l'amghar Mohammed comme un rebelle qui aspire à se créer un état indépendant dans cette région hantée par les souvenirs funestes des Almohades. En-Naṣiri rapporte ainsi les événements : « Abou 'Abdallah Mohammed el Gountafi, chef du Djebel Tinmel, à l'origine un des chikhs de sa tribu qui était commandée par le caïd du Guich des Ahl Sous, Abou

Isḥaq Brahim ben Sa'id el-Jeraoui, payait au caïd el-Jeraoui tout
ce que celui-ci lui ordonnait de verser mais ne consentait jamais à
descendre vers lui. Le Gountafi était « plus circonspect qu'un cor-
beau et plus difficile à surprendre qu'un vautour ». Ce caïd étant
venu à mourir, le Sultan donna le commandement du guich sousi
et de tout ce qui rentrait dans ses attributions à son esclave le caïd
Aḥmed ben Malek. Ce caïd ayant voulu changer d'attitude à l'égard
du Gountafi, ce dernier refusa de reconnaître son autorité, tout en
proclamant sa fidélité au Sultan. Des agitateurs répandirent le bruit
qu'il voulait se rendre indépendant comme l'avaient été les habitants de cette montagne pendant sept cents ans. Deux expéditions
contre lui faites avec l'autorisation du Sultan échouèrent. El-Goun-
tafi envoya au Sultan son fils pour lui expliquer son attitude et le
sultan ne décida rien. Quelques mois après, Moulay el-Ḥasan,
venant à Marrakech, le Gountafi se rendit auprès de lui couvert de
la protection du marabout Abou 'Ali el-Ḥasan de Timgilcht (Ben
Naṣer). Le Sultan le reçut, lui pardonna et le nomma gouverneur
de ses contribules [1]. »

En réalité, ce fut seulement la deuxième expédition qui eut lieu
en 1875 ; nous avons parlé plus haut de la première. Des contingents considérables avaient été réunis cette fois contre Tagontaft.
Le hhalifa d'Aḥmed ou Malek, caïd 'Abdallah Tamachot, représen-
tait le Makhzen ; il remonta par le Nefis avec les Ouzgita commandés par 'Ali Gergouri, ainsi que les Oulad Dlim, les Ida ou Blal,
les Gheghaïa et les Sektana. Par l'Oucin arrivèrent les Aït Ouaouzgit et les Glaoua, sous l'autorité de Mohammed Ibibaṭ, père de Si
el-Madani Glaoui ; enfin le caïd Cherradi d'Amismis amena les
Gedmioua par l'Ogdemt.

Avant l'arrivée de cette formidable harka, l'amghar Mohammed
avait incendié de sa main ses approvisionnements de Talat n
Yaqoub et s'était réfugié dans son agadir imprenable de Tagontaft.
Les contingents alliés approchaient en désordre et ne s'étaient pas
encore rassemblés lorsqu'apparut au Tizi n Tagontaft la harka du
Glaoui. Que se passa-t-il exactement? Les richesses du Gontafi,
déjà célèbres, surent-elles jouer leur rôle habituel ?... Si Mohammed

---

1. El Istiqça (Traduction Fumey), *Archives marocaines*, t. X, p. 302-305.

Ibibaṭ comprit-il qu'il risquait plus tard d'être victime du même sort dans ses montagnes et qu'il lui valait mieux se ménager pour cette circonstance un allié? On dit aussi que l'amghar Moḥammed invoqua auprès du Glaoui la fraternité des Aït Ouaouzgit et des tribus du Néfis. Quoi qu'il en soit, après un simulacre de combat à Aman n'Iniris, tous les Glaoua se mirent en fuite et déterminèrent la panique dans la harka du Makhzen. Soixante-quinze hommes enfermés dans la maison de Tayeb n'Ouchefar à Tagemout furent cernés et contraints à se rendre. Tous les chefs des Ouzgita du Kik et tous les Aït 'Atman qui s'y trouvaient furent égorgés.

La déroute de la grande harka makhzen établit définitivement dans tout le Sud la réputation des Aït Laḥsen. On ne savait trop comment expliquer, si ce n'est par l'effet d'une baraka magique « que deux d'entre eux puissent mettre en fuite mille hommes de la plaine ». Mais il restait à faire reconnaître cette nouvelle puissance par Moulay el-Ḥasan. Ce fut le caïd 'Abd er-Raḥman Mesfioui qui servit d'intermédiaire, Si Tayeb, troisième fils de l'amghar, se rendit à Marrakech où il fut chargé de chaînes par Aḥmed ou Malek. Envoyé ensuite à Fez, il réussit à se concilier les bonnes grâces de Moulay el-Ḥasan et à obtenir pour lui-même et pour son père le titre de caïd.

Après quelques années de tranquillité, le caïd Moḥammed reprit sa progression vers le Nord. Il avait réussi à se concilier le chikh Si Hammadi, fils de Laḥsen ou Hommo de Tagadirt el Bour, mais ce chef craignait que ses administrés, en particulier ceux de l'Assif n Tikent, passionnément attachés à leur lef, ne prissent les armes contre le Gontafi et ne lui fermassent le chemin. Le caïd Moḥammed réunit alors secrètement une petite harka qu'il fit passer par le Tizi n Imiri, l'Anougal et Dnassa et vint occuper Tagadirt n Bour par le Nord. Les Aït 'Atman du Tikent firent alors leur soumission. Ce fut la dernière expédition de l'amghar Moḥammed.

Si Tayeb succéda à son père, et pendant la fin du règne de Moulay el-Ḥasan, il vécut en paix avec ses voisins el Ḥajj 'Ali Gergouri et avec Moḥammed Bel 'Abbas, successeur d''Abd er-Raḥman Cherradi à Amismis.

Après la mort du Sultan, la *siba* qui mit en fuite les caïds du Dir permit au Mtouggi de mettre la main sur Amismis, tandis que Si

Tayeb s'emparait des Ouzgita. Deux ans plus tard, le Gontafi faisait la conquête de l'Ogdemt et de l'Aghbar, puis continuait par les Aït Semmeg et l'Onein. Pendant quelques années, il allait essayer de conquérir les régions riches du Sous, de s'emparer des Ihouzioun, des Sektana et des Inda ou Zal. Blessé grièvement au cours de ces opérations, aux prises avec ses voisins Glaoua qui lui disputent les Aït Semmeg et l'Onein, Si Tayeb regagne ses montagnes. Pendant quelques années, jusqu'en 1912, il vivra dans une guerre perpétuelle entre ses deux puissants voisins, le Mtouggi et le Glaoui. Période confuse où les commandements s'étendent démesurément et se rétrécissent à l'extrême, au gré des intrigues du Makhzen, des trahisons, des succès, et des renversements d'alliance.

Après le combat de Sidi Bou 'Otman et la soumission définitive du Sud, Si Tayeb obtient du général Mangin la reconnaissance de son commandement sur les Ouzgita, l'Oued Nefis, les Aït Semmeg, l'Aghbar et l'Ogdemt, une partie de l'Onein, et il reçoit en outre tout le reste des Gedmioua que le Mtouggi avait enlevé au caïd Laḥsen ben Ḥaddouch d'Amismis.

*
* *

Ainsi l'origine du pouvoir des Gontafa, loin de se présenter sous les aspects de la féodalité nous apparaît tout d'abord comme une des formes de la domination d'une partie de la tribu par l'autre. La puissance de l'amghar s'étend d'abord par des alliances contractées avec des frères de lef des vallées voisines, puis bientôt par la conquête, des terres et des villages du lef adverse. Mais la prise de possession du pays est menée avec une telle violence que l'ancien chef de hameau devenu caïd nous semblera profondément enraciné sur ces terres de conquête où s'élèvent à présent des kasbahs, où travaillent ses manants et ses esclaves. Pendant quelques années, au début de notre occupation du Maroc, nous aurons l'illusion de le voir établi sur un fief ancien, légué par ses ancêtres, tandis qu'au contraire ce spectacle témoigne d'une véritable révolution politique, économique et sociale accomplie depuis deux générations dans une région qui n'avait connu le plus souvent qu'un gouvernement de petits chefs de villages encore pénétré des institutions démocra-

tiques berbères. En réalité, ce pouvoir de chef de l'Atlas est semblable à celui qu'a décrit de Foucauld plus au Sud : il appartient à
ce qu'il a nommé le « régime despotique ».

Quelles sont les institutions de ce régime despotique ? Les plus
importantes sont celles qui contribuent à assurer la solidité du
gouvernement du chef.

L'amghar, et ensuite le caïd, s'appuient, nous l'avons vu, sur
les notables et les membres de la Jemaʿa du petit canton d'origine.
C'est parmi eux que se recrutent les chefs d'expédition et les mokhaznis chargés de maintenir par la force dans la soumission des
villages conquis. Plus tard, quand l'entreprise a réussi et que le
pouvoir du chef s'organise et se stabilise, il choisit dans ces compagnons de la première heure un cadi qui se chargera d'instaurer
une justice favorable aux intérêts du nouveau gouvernement et
ennemie de ce droit coutumier berbère dont les racines plongent
dans un passé dangereux d'institutions démocratiques ; il prend
encore un *khalifa* qui le débarrassera de toutes les petites affaires
sans importance ou sans profit, et un *mechaouri*, sorte de conseiller
intime, d'agent de renseignements et d'intermédiaire.

Pour la bonne marche des affaires de la kasbah, devenue à la fois
un caravansérail, une forteresse, un magasin et un château, il
désigne un *amin*, en même temps majordome et gardien des approvisionnements ; viennent ensuite le gardien de la prison, l'*abouwab*,
ou portier de la maison personnelle du caïd où sont enfermées parfois une centaine de femmes du maître ; enfin le *moqaddem*, chargé
des cultures et des vergers immenses acquis récemment par tous
les moyens.

A Tagontaft ou à Talat n Yaqoub nous trouvons ces divers
emplois tenus par les Ilghoman, fils de Si ʿAli Alghom, chefs d'expédition et khalifas ; par les Aït ʿAbdallah de Tamerwout, cadis et
chefs de harka ; les Ighendaten de Tagontaft, chargés des cultures ;
les Aït Ouakrim, les Aït ou ʿAzzo de Tagontaft, les Aït Sʿaid ou
Hommo de Tamerwout. Ce sont tous des fils des compagnons de
l'amghar Mohammed. Peu à peu cependant la fusion s'accomplit ;
nous commençons à voir parmi les hommes de confiance de Si
Tayeb, au temps de ses expéditions dans le Sous, quelques jeunes
gens du lef des Aït ʿAtman ; leurs pères ont péri dans les luttes

du début, leurs biens ont été mangés ; mais puisqu'il faut vivre,
ils finissent par se rallier à un régime qui dure toujours et dont on
peut bien profiter en le servant ; ce sont eux surtout qui partiront
comme mokhaznis dans les tribus nouvellement conquises ; on est
assuré de leur fidélité parce qu'ils possèdent un foyer auprès de la
maison du caïd.

Il est facile d'imaginer quelles peuvent être les relations du caïd
avec sa tribu. Peu à peu il oublie qu'il était autrefois un chef de
lef : s'il réserve encore aux Aït Iraten un traitement de faveur, c'est
plus par habitude et en vertu des relations anciennes des familles,
que par un sentiment bien vif de la fraternité des lefs. Son souci le
plus constant est de trouver de l'argent pour alimenter le train de
son énorme maison ; aussi les corvées, les impôts et les amendes
s'abattent sur la tribu. Pour avoir de l'argent, on vend au caïd
ses récoltes en vert ou ses champs. Il n'existe aucun contrepoids,
aucune limite, aucune tradition précise dans l'exercice de cette
autorité : si elle pouvait continuer à s'exercer pendant quelques
générations, la famille du chef en arriverait à posséder la totalité
des biens du pays. Il se produit très rarement des manifestations
d'indépendance ; elles sont d'ailleurs aussitôt réprimées avec une
violence que nous imaginons difficilement.

Les tribus nouvellement conquises sont traitées plus durement
encore ; elles reçoivent des khalifas appuyés d'un petit makhzen
originaire de l'assif Nefis. Ici le souci de ménager des familles
alliées n'existe plus, il ne reste que le soin de découvrir l'argent où
il se trouve et de faire parvenir au caïd, après avoir prélevé une
honnête commission, toutes les sommes dont il a besoin pour sa
maison ou ses entreprises politiques.

Le caïd dans ses relations avec les tribus qu'il cherche à pénétrer
continuera à jouer de la politique des lefs ; il poursuivra ses efforts
dans son parti d'origine, de préférence ; mais si des difficultés se
présentent, il n'hésitera pas à dissocier ou renverser des alliances :
il possède un instrument puissant de domination sur les petits
imgharn ou sur les notables des communautés démocratiques de la
montagne : l'argent.

Cette révolution politique amène nécessairement une grande
transformation économique et sociale du pays.

Au régime de la propriété si stable et si simple dans les hautes vallées voisines du Grand Atlas se substitue dans une large mesure le règne de l'arbitraire. Peu à peu les habitants ruinés quittent le pays. Beaucoup de villages entre Oukoun et Tagadirt n Bour sont à présent dépeuplés ; ce sont toujours ceux des Aït 'Atman. Les terres en sont à présent cultivées au profit du caïd, de ses parents ou khalifas, par corvée générale des habitants qui sont restés dans les hameaux voisins.

Dans le voisinage même de Tinmel, Talat n'Yaqoub et Tagontaft, la main-d'œuvre locale, presque disparue, a été remplacée par plusieurs centaines d'esclaves des deux sexes. Comme toutes ces terres ne sont productives qu'au prix d'un effort constant, surtout en ce qui concerne la fumure, la diminution notable du nombre des foyers et la mauvaise qualité du travail des esclaves ont pour conséquence une diminution générale du rendement, pour l'ensemble de la vallée.

Enfin, il n'est pas jusqu'au régime familial qui ne s'altère profondément. Dans ce pays où une stricte monogamie était la règle générale il y a cinquante ans, le caïd possède une centaine de femmes, ses khalifas ou ses parents en ont parfois trente ou quarante. Ces épouses sont assez souvent choisies dans le pays, parmi les jolies filles des pauvres gens, ou bien parmi les parentes des divers khalifas. Les alliances politiques par mariage sont constantes ; chaque réconciliation est marquée par une union nouvelle ; on échange les innombrables filles de la famille comme des cadeaux. Par contre, le peuple reste attaché à son ancien régime familial et de cette manière encore la distance s'accroît de plus en plus entre les gouvernants et les gouvernés.

. * .

Nous avons surtout cherché à décrire dans cette étude une forme sociale nouvelle, à examiner ses origines, jusqu'ici mal connues, et à apprécier sa solidité.

Si l'on compare les aspects étranges et inattendus de ce régime despotique du Haut-Atlas à ceux que nous présentent encore les hautes vallées voisines et qui ont gardé, à la faveur de la dissidence leur vieille organisation démocratique, on est frappé de leur opposition violente ; on comprend aisément quels efforts ont dû se dépenser pour créer cette forme de domination si contraire à la nature des institutions traditionnelles de la montagne berbère. Si l'on cherchait à analyser l'état d'esprit des chefs et des tribus, la même antinomie se révélerait, sous des traits qui ne nous sont pas familiers. D'une part les chefs du Haut-Atlas ont souvent, aussi bien à l'égard des populations qu'ils administraient que de nous-mêmes, des réactions qui nous étonnent et nous choquent. A la fois généreux et intéressés, cruels et pitoyables, ambitieux et résignés, ils sont pour nous une perpétuelle énigme. Mais les réflexes sociaux des communautés berbères nous frapperaient au même degré si nous pouvions les observer encore dans ces régions : particularisme effréné, méfiance de l'étranger, avarice sordide et cupidité, esprit de discorde.

Dans les deux régimes politiques, un seul trait est commun : le respect de la force, aussi longtemps qu'elle se manifeste. Aucune autorité n'est ici acceptée si elle ne peut s'imposer. Le sentiment de la justice et de la mesure, la notion de l'intérêt général ne se développeront que peu à peu, au prix d'un long effort de paix sociale.

L'INSCRIPTION ESPAGNOLE
DE LA CITADELLE DE LA GOULETTE

Par MM. Louis Poinssot et Raymond Lantier.

M. B. Roy, secrétaire général du Gouvernement Tunisien, avait
jadis recueilli, en vue de leur publication, un grand nombre de
textes épigraphiques postérieurs à la conquête arabe. L'inscription
espagnole que nous publions aujourd'hui, conservée dans les collections du Musée Alaoui, avait été découverte par lui, à Tunis, dans
une cour de la mosquée de Çahab-Taba, parmi des matériaux accu-
mulés en vue de l'achèvement du minaret. Ce monument, peut-
être le seul document épigraphique qui subsiste en Tunisie de
l'occupation espagnole, avait été remployé par les Turcs qui, lors
de la restauration de la citadelle de La Goulette, l'utilisèrent comme
marche dans un escalier.

L'inscription (cf. la planche hors texte) est gravée en lettres,
généralement hautes de $0^m,025$, sur une plaque de marbre blanc
carrée de $0^m,745$ de côté, épaisse de $0^m,06$. Au centre de la table,
à la hauteur des onzième et douzième lignes, le graveur a ménagé
un espace libre actuellement rempli par un anneau de fer ; il ne
serait pas impossible que ce dernier occupât la place d'un ornement
disparu, peut-être de l'une de ces rosaces de bronze qui sont
parfois disposées vers le milieu de certaines inscriptions arabes.

« En el año del S(eñor) de 1535 aviendo el enperador Carlo
quynto rey de España y de las dos Cecilias y tierra firme del mar
Ocyano venido en persona con su ymperial armada a conquystar este
reyno de Tunes q(ue) el Turco tenya oqupado tyniendo en el por su
capytan general a Barbaroxa tomo por fuerza de armas esta placa de
La Goleta y la ciudad de Tunez, de esto reyno aedho Barbaroxa con
gran daño y rota suya y restituyo el reyno a Muley Hacen a quien el

12*

dicho Barbaroxa le avia tomado quedando por su tributario dexo aquye presidio de genie de guerra española y mando edificar esta fortaleza.

« *Hyzo escrevir esto don Alonso de La Cueva y de Benavides comendador de Bedmar alcayde y capitan de la ciudad de Calyz syendo alcayde y capitan general en esta fortaleza por Su Magestad* [1]. »

Traduction : « L'an de grâce 1535, l'empereur Charles Quint, roi d'Espagne et des deux Siciles et de la terre ferme de la mer Océane, étant venu en personne avec sa flotte impériale pour faire la conquête de ce royaume de Tunis alors entre les mains du Turc qui avait pour capitaine général Barberousse, prit par la force des armes cette place de La Goulette et la cité de Tunis, de ce royaume chassa Barberousse en grand dam et déroute et restitua le royaume à Mouley Hassen, auquel le dit Barberousse l'avait enlevé et dont il fit son tributaire, laissa dans la place une garnison de gens de guerre espagnols et donna l'ordre d'élever cette forteresse.

« Don Alonso de La Cueva et de Benavides, commandeur de Bedmar, alcaide et capitaine de la cité de Cadyz, a fait graver cette inscription, étant alcaide et capitaine général de cette forteresse pour sa Majesté. »

L'inscription, gravée par une main habile, laisse à désirer au point de vue de la composition. Les lettres sont de dimensions assez inégales, les mots tassés les uns contre les autres, les hastes inclinées tantôt à droite, tantôt à gauche ; une même syllabe est parfois démembrée entre deux lignes différentes. Malgré les interlignes, encore visibles sur le marbre, le texte est mal équilibré, les lignes — et ce défaut est surtout apparent dans les six dernières — ont tendance à monter vers la droite.

L'alphabet employé — capitales romaines aux formes trapues et aux extrémités patues — présente diverses particularités. Dans l'A coiffé d'une petite barre, la liaison est constituée par deux traits perpendiculaires à chacun des jambages. Dans B, la boucle d'en haut est toujours beaucoup plus petite que celle d'en bas. C a habituellement sa forme ordinaire : dans un cas cependant, l'extrémité inférieure est beaucoup plus saillante que la supérieure et

---

1. Dans cette transcription, il n'a pas été tenu compte des fautes de lapicide évidentes.

Inscription espagnole de la Goulette

dans un autre, elle est contournée comme celle de l'S majuscule allemand, ce qui fait ressembler la lettre à un G. Le plus souvent D se compose de deux C, le plus grand retourné, le second, plus ou moins incurvé, inséré dans le premier de façon à ce qu'un intervalle subsiste entre leurs sommets ; une fois, il ressemble à un S majuscule allemand renversé, une autre fois, au petit C est substituée une courte haste terminée par un crochet en forme d'accent circonflexe. F est semblable à l'*f* minuscule de la romaine. En général, G ressemble à l'L majuscule allemand de la romaine ; exceptionnellement, il offre à la *ligne 6* un aspect analogue à celui de l'I majuscule allemand et il est figuré, à la *ligne 13*, par deux traits parallèles légèrement incurvés dont le premier est à gauche muni au sommet et au milieu de deux petites barres, aux *lignes 19* et *20* par une haste qui, à ses extrémités, est flanquée à droite de deux perpendiculaires dont l'inférieure est tantôt surmontée d'un point triangulaire, tantôt terminée par un crochet. Dans H, la liaison est aussi longue que les montants. Un point rond sépare en parties égales la haste de l'I. Dans M, la pointe de la liaison ne descend qu'à mi-hauteur des jambages. La barre diagonale de N est coupée par un petit trait : dans un cas (*ligne 15*), les hastes sont reliées par deux diagonales, le graveur ayant d'abord par erreur gravé un N renversé (= U). La boucle de P a une dimension exagérée. En plusieurs endroits, la queue de Q a été omise ; à la *ligne 11*, où le corps de la lettre a l'apparence d'un C très fermé, elle vient adhérer à son extrémité supérieure. Quand R est pourvu d'une boucle, celle-ci est grande, mais la lettre est figurée fréquemment par une simple haste se distinguant de l'I par l'absence de point médian, quelquefois par un *gamma* majuscule, l'*f* minuscule de la romaine ou un F majuscule dont à gauche les barres déborderaient légèrement. S est parfois retourné. U est ordinairement rendu par un N renversé — caractère offrant de l'analogie avec l'*u* minuscule — avec diagonale coupée par un petit trait, assez rarement par V. L'emploi pour X de deux demi-cercles tangents coupés par une horizontale l'apparente à l'*x* majuscule allemand de la romaine. L'Y a un pied très court. Z est représenté par un *z*, le chiffre 5 par un S. Enfin il y a des lettres liées. Partout le groupe ST est exprimé par un U très allongé et renversé dont l'arrondi est à droite — et par erreur dans un cas, également à gauche — pourvu d'un petit appendice, sigle constitué par la juxtaposition des minuscules de la romaine, *s* (ancienne) et *t*. A la *ligne 11*, un D dont en haut la haste dépasse la boucle est pour ICH.

Quelques confusions se sont produites. A la *ligne 5*, le voisinage d'un E a fait graver E au lieu de L ; à la *ligne 18*, le D de Cadiz a été remplacé par un L ; en plusieurs endroits, la ressemblance entre l'Y au pied court et l'V a fait substituer la seconde à la première lettre et d'une façon analogue, l'N a remplacé l'N renversé qui équivaut à U ou a été remplacé par lui. Des lettres ont été omises : par exemple, aux *lignes 1-2*, *Ca(r)lo*, *de (E)spaña* ; à la *ligne 3*, *tier(r)a* ; à la *ligne 6*, *po(r)*, à la *ligne 13*, *guer(r)a* ; d'autres interpolées.

Somme toute et probablement parce qu'il ne comprenait pas la signification du texte qu'il transcrivait, le graveur a commis de nombreuses fautes. Parfois il est vrai, des corrections sont intervenues. Ainsi à la *ligne 5*, la copie erronée DESQTUR a été améliorée par l'addition en tout petits caractères d'un T entre E et S, d'U et de NE dans chacune des boucles de S, d'EL dans Q, de C dans R, d'O à gauche de cette lettre : un V parasite a même été inséré dans U ; un peu plus loin OQPADO a été complété par un U glissé dans Q.

L'orthographe de certains mots est à noter : *aviendo*, *enperador*, *Cecilias*, *Ocyano*, *oqupado*, *tyniendo*, *cibdad*, *escrevir*, *Magestad* au lieu de *habiendo*, *emperador*, *Sicilias*, *Oceano*, *ocupado*, *teniendo*, *ciudad*, *escribir*, *Majestad*. Fréquemment Y remplace I : *quynto*, *ymperial*, *conquystar*, *reyno*, *tenya*, *capytan*, *restituyo*, *hyzo*, *alcayde*, *Calyz* (= *Cadyz*), *syendo*.

Débarquées devant La Goulette, le 16 juin 1535, les troupes de Charles Quint s'emparèrent de la place le 12 juillet suivant après un siège qui avait duré moins d'un mois[1]. Par le traité de paix du 6 août de la même année, l'empereur avait obtenu du roi de Tunis,

---

1. Sur le siège de La Goulette par Charles Quint, voir une relation contemporaine de l'événement dans la *Colección de documentos ineditos para la historia de España*, I, p. 164 et suiv. ; sur les plans et documents figurés relatifs à ce siège, cf. Monchicourt, *Essai bibliog. sur les plans imprimés de Tripoli, Djerba, Tunis-Goulette,.., au XVIe s.*, p. 13-26 et pl. VII. — Sur l'histoire des expéditions espagnoles dans l'Afrique du Nord au XVIe siècle, voir la bibliographie dans R. Sanchez Alonso, *Fuentes de la historia de España*, p. 139-142, 177-181.

Moulay Hassen, la cession de la forteresse « avec toutes ses dépendances intérieures et extérieures et deux milles d'étendue à l'alentour en y comprenant la Tour de l'Eau, sous la condition que la garnison de La Goulette n'empêcherait pas les habitants du cap Carthage de venir prendre de l'eau aux puits qui sont voisins de ladite tour lesquels puits devront être considérés comme ses dépendances. Ledit roi veut et permet que l'empereur fortifie ladite place et qu'il la tienne et possède à perpétuité avec ses appartenances pour lui et ses héritiers[1]. »

Charles Quint, avant de reprendre la mer, ordonna que, sans tarder, La Goulette fût mise en état de défense et y laissa une garde d'un millier d'hommes sous les ordres du gouverneur don Bernardino de Mendoza[2]. Une flotte de dix galères devait assurer la liberté de la mer et les communications avec les possessions espagnoles de Naples et de Sicile[3]. Elle était commandée par Antoine Doria[4] qui fut également chargé de diriger les travaux de fortification.

De Tunis, l'empereur avait donné des ordres pour que fussent préparés en Sicile les matériaux et les approvisionnements nécessaires ; dès le 14 septembre un premier envoi pouvait être dirigé sur La Goulette[5]. Mais les Espagnols firent appel également aux ressources que le pays pouvait offrir. El Kairouani rapporte que pour se procurer de la pierre ils démolirent les aqueducs antiques de Carthage et qu'ils contraignirent les habitants de Tunis à leur fournir du plâtre et de la chaux[6].

---

1. *Histoire de l'occupation espagnole en Afrique (1506-1574). Documents inédits recueillis et mis en ordre par Elie de la Primaudaie*, p. 133 ; A. Rousseau, *Annales tunis.*, p. 408-414.

2. Le premier gouverneur de La Goulette, don Bernardino de Mendoza, de la branche des marquis de Tendilla, ne doit pas être confondu avec son homonyme le célèbre auteur des *Comentarios de lo succedido en las guerras de los Paises Bajos*. Né en 1501, il était le fils de don Iñigo Lopez de Mendoza, comte de Tendilla, marquis de Mondejar. Philippe II le nomma conseiller d'État ; puis il remplit les fonctions de capitaine général des galères d'Espagne, de contador maior de Castille & de lieutenant de Carthagène. Il mourut en 1557.

3. Cf. de Hammer, *Hist. des Turcs*, trad. Dochez, II, p. 29-30 ; Muoni, *Tunisi*, p. 55, 85, 88.

4. *Compte rendu des lettres écrites de La Goulette et apportées par le capitaine Louis de Haro*, 14 sept. 1535, dans la Primaudaie, p. 175. Sur Antoine Doria, voir *Compendio de Antonio Doria, delle cose di sua notitia e memorie occorse al mondo dal tempo del Empera-tore Carlo V. Genova*, 1751.

5. *Compte rendu...*, 14 sept. 1535, dans La Primaudaie, *Doc. inéd...*, p. 174.

6. El Kairouani, *Hist. de l'Afr.*, trad. Pélissier et Rémusat, p. 318 ; Lettre de Men-

Les débuts de l'occupation furent très durs : les soldats travaillaient jour et nuit ; fort mal installés, ils ne pouvaient se procurer des vivres qu'en les payant fort cher[1] et Bernardino de Mendoza ne manqua pas de signaler l'excellent effet produit par l'arrivée à La Goulette de l'amiral André Doria qui fit débarquer quatre-vingts barils d'eau douce et quelques sacs de farine pour les besoins de la garnison[2].

La campagne n'était pas sûre. Chaque jour il y avait des escarmouches avec les indigènes ; aux puits les gens des caravanes attaquaient les corvées d'eau et la garnison devait sortir pour les délivrer ; une autre fois c'était un navire qui venait se briser sur les rochers de la côte et dont les occupants étaient aussitôt massacrés[3]. Malgré toutes ces difficultés, les travaux avancèrent rapidement : un cavalier se construisit à l'entrée du canal, deux autres dans la forteresse ; mais le manque de pionniers était un obstacle sérieux à l'achèvement de certaines besognes, l'élargissement des fossés par exemple[4].

La garnison cependant se plaignait et réclamait la même solde que les troupes qui servaient en Italie[5]. En 1538, n'étant point payée, elle se révolta ; la sédition fut apaisée par Mendoza[6], et cet acte est même la dernière manifestation connue de son activité en tant que gouverneur de La Goulette. A la date du 3 mars 1540, il était déjà remplacé par don Francisco de Tovar auquel Charles Quint écrivait pour le relever de son serment dans le cas où les négociations avec Barberousse aboutiraient au démantèlement et à l'abandon avec armes et bagages de la citadelle[7]. Tovar était

doza à Charles Quint, 26 oct. 1535, dans La Primaudaie, *Doc. inéd...*, p. 190. — C'est alors que disparurent totalement les tronçons de l'aqueduc les plus voisins des ruines de Carthage.

1. La Primaudaie, *Doc. inéd...*, p. 174.

2. Lettre de Mendoza à Charles Quint, 26 oct. 1535, dans *ibid.*, p. 188.

3. Lettre du comte de Nieva à don Pedro Fernandez de Velasco, 6 sept. 1535, dans *Col. de doc. inéd. para la hist. de España*, XIV, p. 429-430.

4. Lettre de Mendoza à Charles Quint, 26 oct. 1535, dans La Primaudaie, *Doc. inéd...*, p. 191-192 et 188.

5. *Compte rendu...*, 14 sept. 1535, *ibid.*, p. 174.

6. Brantôme, *Œuvres complètes*, éd. Lalanne, t. VII, p. 147 ; Hannezo, *Rev. tunisienne*, 1912, p. 188.

7. Lettre de Charles Quint à don Francisco de Tovar, alcalde et capitaine de la forteresse de La Goulette de Tunis. Gand, 3 mars 1540, dans *Col. de doc. inéd. para la hist. de España*, I, p. 210-213.

encore en fonctions lors du voyage en Italie de Moulay Hassen et de la révolte de Moulay Hamda à Tunis (1542)[1] qu'il réprima avec le secours de 1 500 hommes de l'armée de Naples, conduits par don Alonso de Bivas[2].

La construction de la forteresse devait dès lors être fort avancée puisque, en 1542, Moulay Hassen y fit transporter comme en un lieu des plus sûrs son trésor et ses joyaux[3] et que, sous le gouvernement de don Luis Perez de Vargas, tué le 25 juillet 1550 au siège de Mahdia[4], on entreprit l'édification du fort de l'île Saint-Jacques (Chikli)[5]. Toutefois la cérémonie d'inauguration, à laquelle se rapporte l'inscription étudiée ici, n'eut lieu que postérieurement entre octobre 1550 et le milieu de l'année 1565. Don Alonso de la Cueva[6], nommé en remplacement de Vargas, ne rejoignit son poste qu'après la prise de Mahdia (12 sept. 1550)[7] à laquelle il assista, et il dut cesser ses fonctions à une date assez voisine de celle de l'arrivée à La Goulette de son successeur, don Alonso Pimentel (21 mai 1565)[8].

La citadelle de La Goulette était alors constituée par l'ancien fort turc, petite bâtisse carrée flanquée de tours construites à même la

---

1. La Primaudaie, *Doc. inéd...*, p. 257 ; Marmol, *L'Afrique*, trad. Perrot d'Ablancourt, p. 488, place cet événement en 1544.

2. A. Rousseau, *Annales tun.*, p. 22-23.

3. La Primaudaie, *Doc. inéd...*, p. 257.

4. Vertot, *Hist. des chev. de Malthe*, 3e éd., IV, p. 184, cf. p. 177 ; de Hammer, *op. cit.*, II, p. 117. Vargas avait pris part à l'expédition de Charles Quint contre Alger, octobre 1541 (De Grammont, *Hist. d'Alger sous la domination turque*, p. 59).

5. A. Ripa de Meana, *Gli Italiani in Tunisi ossia gli assedi nella Goletta a del forte de Tunisi nell MDLXXIV*, p. 15, n. 1.

6. Don Alonso de La Cueva et de Benavides, commandeur de Bedmar, était le neveu du cardinal de La Cueva. Il prit une part active à la guerre des Communes et à la journée de Villalar. Au cours du siège de La Goulette, le 20 juin 1535, il tira de péril le marquis de Mondejar, frère de Bernardino de Mendoza (Muoni, *op. cit.*, p. 44, cf. p. 68 et 69 ; Marmol, *op. cit.*, II, p. 470). Il mourut à Bedmar (Jaen).

7. L'empereur l'avait chargé d'une mission auprès de l'amiral Doria et de don Pedro de Toledo, Vice-Roi de Sicile, qui assiégeaient Mahdia : c'est de leur camp que, le 12 septembre 1565, il écrivit au cardinal de La Cueva (Begouen, *Notes et documents... sièges de Tunis (1535) et de Mahedia (1550)*, p. 22, 43, 95-98).

8. Cf. lettre de Philippe II à Garcia de Toledo, 31 mars 1565 « D. Alonso de La Cueva nuestro alcaide della (la Goulette) », dans *Col. de doc. ined. para la hist. de España*, XXIX, p. 79 ; lettre de Philippe II à don Alonso Pimentel, gouverneur de La Goulette, 31 oct. 1565 (*ibid.*, p. 360).

muraille [1], que Charles Quint avait fait restaurer et qu'il avait renforcé par l'adjonction de cavaliers et de quatre bastions [2]. Les murs, épais de quinze à vingt pieds, étaient percés de place en place par les ouvertures des citernes [3] et à leur abri avaient été aménagés les logements de la troupe, les magasins d'approvisionnement et une église [4].

Malgré leur importance les défenses de La Goulette ne parurent point suffisantes à Philippe II pour assurer à la place une protection efficace. En 1560, la présence dans les eaux tunisiennes d'une flotte espagnole, en rehaussant le prestige du gouverneur de La Goulette, avait amené une trêve entre lui et le roi de Tunis ; malheureusement l'insuccès de l'expédition maritime de Djerba rendit bientôt toute sa superbe au Tunisien : le 3 juin, un fort groupe de cavalerie arabe s'avançait jusqu'à une portée de fauconneau de la Tour de l'Eau, et dans l'armée turque il était question d'aller assiéger la citadelle aussitôt après la chute de Djerba [5]. La menace fut encore plus directe à la fin du printemps de 1565 ; à cette date, on se demandait avec angoisse si la flotte ottomane n'allait pas paraître devant La Goulette [6]. Mais Philippe II n'avait pas attendu jusqu'à ce jour pour se préoccuper du sort de la place. De Madrid, le 31 mars de cette même année, il avait envoyé à La Cueva par l'intermédiaire du vice-roi de Naples, don Garcia de Toledo, des instructions détaillées sur la mise en état de défense de La Goulette [7]. Le 12 avril suivant 60 ou 70 000 douros furent mis à la disposition du vice-roi pour pourvoir au plus pressé [8] ; le 19 du même mois, Toledo était à La Goulette et le 27 il rendait compte à Philippe II de son inspection : les fossés manquaient de profondeur en face des deux bastions, les épaulements des cavaliers étaient trop faibles et la place intérieure trop petite ne pouvait suffire au logement des troupes. Le premier travail à exécuter devait être, à son avis, de

1. Récit contemporain de la prise de La Goulette (1535), *ibid.*, I, p. 164-165.
2. A. Ripa di Meana, *op. cit.*, p. 15.
3. *Ibid.*
4. El Kairouani, *op. cit.*, p. 333.
5. Monchicourt, *L'expédition espagnole de 1560 contre l'île de Djerba*, p. 123-124.
6. Lettre de Philippe II à Garcia de Toledo, 3 juin 1565, dans *Col. de doc. ined. para la hist. de España*, XXIX, p. 177-181.
7. *Ibid.*, p. 79.
8. *Ibid.*, p. 93. Lettre de Philippe II à Toledo, 13 avril 1565.

monter un cavalier dépassant la muraille de trente palmes. Pour renforcer la garnison, il mit 239 soldats dans la place et envoya chercher 1 600 hommes à Naples [1].

Pendant les années 1565-1566, une correspondance active fut échangée entre le roi et Toledo. Philippe II voulait être instruit de la marche des travaux et des besoins en hommes et en matériel du nouveau gouverneur don Alonso Pimentel débarqué à La Goulette, le 21 mai [2], avec les renforts [3]. L'intention du roi était de disposer les nouveaux contingents en avant de la citadelle et d'établir de nouvelles fortifications [4]. Ce n'était pas l'avis de Toledo qui craignait qu'une attaque brusquée des musulmans ne contraignît les soldats à abandonner les puits alimentant la garnison [5]. Le roi, à mesure que se précisait la menace contre Malte, devenait plus pressant ; le vice-roi envoya à La Goulette du bois, du blé, de la poudre et des munitions [6]. De son côté Pimentel demandait quatre canons, quatre couleuvrines et leurs munitions, douze cents arquebuses de la marque de maître Gaspard de Milan, quinze cents piques à manche de frêne, cinq cents quintaux de pois chiches, cent de plomb, deux cents de poudre, deux cents de corde, des briques pour les citernes, des planches de châtaignier, des madriers, des clous, etc. [7]. Toledo signalait dans la plupart de ses lettres le mauvais état de la forteresse qui ne pourrait résister plus de vingt jours [8].

Avec l'hiver de 1565-1566, les travaux de La Goulette cessèrent d'être des projets. Philippe II nomma capitaine général de la défense le prieur don Fernando de Toledo [9] et consacra une somme de 56 000 écus aux nouveaux aménagements de la forteresse [10]. Pendant qu'on complétait en hâte les approvisionnements [11], le vice-roi se rendit sur place avec Juan Tomas Escala et Jacob Santieri,

1. *Ibid.*, p. 355-357. Lettre de Toledo à Philippe II, 27 avr. 1565.
2. *Ibid.*, p. 245. Lettre de Philippe II à Toledo, 19 juin 1565.
3. *Ibid.*, p. 177-181. Lettre de Philippe II à Toledo, 3 juin 1565.
4. *Ibid.*, p. 177-178.
5. *Ibid.*, p. 182-183. Toledo à Philippe II, 7 juin 1565.
6. *Ibid.*, p. 266-267, 289, 314-315. Philippe II à Toledo, 17 et 25 juillet 1565.
7. *Ibid.*, p. 442-444. Pimentel au duc d'Albe.
8. *Ibid.*, p. 532. Toledo à Philippe II, 16 sept. 1565 ; *ibid.*, XXX, p. 13, 20 nov. 1565.
9. *Ibid.*, p. 149-152. Philippe II à Toledo, 18 fév. 1566.
10. *Ibid.*, p. 85. Philippe II à Toledo, 18 janv. 1566.
11. *Ibid.*, p. 231-232. Philippe II à Toledo, 3 mai 1566.

ingénieurs royaux à Naples, pour étudier avec Pimentel les emplacements qu'il convenait de mettre en état de défense[1]. Les plans arrêtés, 50 000 ducats furent envoyés par Philippe II avec l'ordre que tout fût terminé pour l'hiver de 1566-1567[2].

A la forteresse restaurée par Charles Quint, Philippe II ajouta une enceinte bastionnée établie suivant les plans de Paciotto d'Urbano et de Luis Pimentel[3]. C'est à cette citadelle que se rapporte la description d'El Kairouani : « On a dit qu'Ḥalk-el-Oued était une forteresse, mais c'était plutôt une ville entourée par la mer. La forme en était carrée et elle avait aux quatre angles des ouvrages en saillie. Elle avait devant elle la mer et derrière l'étang. A ce point de jonction était la tour que nous nommons aujourd'hui Bridja. Le canal allait du Sud à l'Est, un second canal entourait la ville comme le bracelet entoure le bras. Celui-ci débouchait à l'Ouest. C'était par là qu'entraient les bâtiments pour arriver au port situé en face de la courtine bâtie sur la ligne Nord-Est. Les gros vaisseaux mouillaient dans l'autre canal. A l'Ouest de la ville était un faubourg formé de plus de deux cents maisons occupées par les renégats et les infidèles qui ne valent guère mieux. Un mur entourait ce faubourg. Les remparts de la ville étaient formés de deux murs de revêtement en pierres de taille dans l'intervalle desquels on avait coulé comme on coule du plomb des pierres brisées, du sable et de la chaux ce qui faisait un ensemble si dur que la pioche et les instruments ne pouvaient y mordre. La poudre même y était souvent impuissante... En face de chaque courtine était un fort bâti sur des voûtes et aussi solide du haut que du bas[4]. »

Les importants travaux exécutés par les Espagnols à La Goulette, travaux qui se poursuivirent pendant la plus grande partie de l'occupation, ont fait l'admiration des historiens arabes. Pour mieux

1. *Ibid.*, p. 173-174. Toledo à Philippe II, 16 mars 1566.
2. *Ibid,*, p. 412-413. Philippe II à Toledo, 26 sept. 1566.
3. Ripa de Meana, *op. cit.*, p. 15-16.
4. El Kairouani, *op. cit.*, p. 134-135, cf. également p. 325. — Dans un plan qui serait de 1569 ou peu postérieur à cette date, figure au centre « la *Goletta Vecchia* qu'un *aggiunto* change en ouvrage à cinq branches. Une esplanade fortifiée, destinée à recevoir les baraquements, y est annexée. Sur la rive adverse du canal, un autre *aggiunto* consiste en deux bastions » (Monchicourt, *Essai bibliog. sur les plans imprimés de Tripoli, Djerba, Tunis-Goulette...*, p. 28).

exalter la puissance des armées musulmanes, El Kairouani affirmera
même que les infidèles avaient mis quarante-trois ans pour élever
des fortifications dont les troupes du Prophète s'emparèrent en
quarante-trois jours[1]. Il y a là quelque exagération puisque les
Espagnols ne restèrent à La Goulette qu'un peu plus de quarante
années lunaires et demie.

Si l'on possède plusieurs récits circonstanciés de la chute de la
citadelle[2], les dernières années de son histoire sont par contre encore
assez mal connues. En 1570, Salazar qui a succédé[3] dans les fonctions de gouverneur à Don Alonso Pimentel repousse un assaut
des troupes d'Euldj-Ali qui venait de s'emparer de Tunis[4]. Après la
reconquête de la ville en octobre 1572, don Juan d'Autriche, au lieu
d'obéir aux ordres de Philippe II qui lui avait enjoint de détruire
les fortifications de La Goulette ainsi que celles de Tunis et des
autres villes du littoral, les avait au contraire renforcées. Il avait
remplacé le gouverneur Salazar par une de ses créatures, don Pedro
de Porto Carrero[5]. Dix-huit mois après, le 15 mai 1574, la flotte
ottomane sous le commandement de Sinan Pacha faisait voile vers
l'Afrique du Nord. La correspondance échangée entre don Juan et
don Garcia de Toledo, vice-roi de Naples, prouve qu'ils se rendaient compte de la gravité de la situation[6] : abandonner Tunis et
le fort Saint-Jacques et en ramener la garnison dans les murs de La
Goulette afin de n'avoir qu'une seule place à défendre, tels étaient
les conseils que donnait Toledo à don Juan. Le 7 septembre 1574,

1. El Kairouani, *op. cit.*, p. 329.

2. Cf. Relation des événements de Tunis et de La Goulette faite par don Gabrio Serbelloni, dans La Primaudaie, *Doc. inéd...*, p. 285-298, et Relation de ce que don Juan
de Zamoguerra a vu et entendu à La Goulette, au fort de Tunis et à l'île de Santiago,
ibid., p. 299-304.

3. En février 1570, Pimentel était encore capitaine général de La Goulette ; c'est par
son ordre que, le dernier du mois, le capitaine Salazar participe à un coup de main sur
des barques turques (Garrigou-Grandchamp, *Doc. relatifs à la fin de l'occupation espagn.
en Tunisie*, p. 7-9. Sur Pimentel, cf. Brantôme, *Œuvres complètes*, éd. Lalanne, I, p. 331,
334-335, VII, p. 51-53).

4. Pélissier, *Mém. hist. et Géogr. sur l'Algérie*, p. 100-101.

5. La Primaudaie, *Doc. inéd,...* p. 285. Il y a tout lieu d'admettre que Porto Carrero
a succédé directement à Salazar que nous savons s'être retiré à Tunis où il fut blessé le
1er août au cours du siège (Rapport de Serbelloni).

6. *Col. de doc. ined. para la hist. de España*, III, p. 150-154, 159-160.

don Juan se proposait de marcher au secours de la place avec une escadre de soixante galères [1], mais il était déjà trop tard, le 23 août La Goulette avait été emportée d'assaut et Porto Carrero était tombé entre les mains du vainqueur. La forteresse [2] fut démolie [3] à l'exception de la partie du Sud-Ouest où se trouvaient les logements du gouverneur [4].

Il serait d'un haut intérêt d'entreprendre sur le terrain une étude des vestiges qui peuvent encore subsister des travaux de défense espagnols devant la citadelle. A l'époque où écrivait El Kairouani (H. 1092 = AD 1681), à l'endroit où les Turcs avaient pris les terres pour combler le fossé il y avait une sorte d'étang fort poissonneux que sa profondeur avait fait appeler R'ederet-el-Khala (le gouffre) [5]. De pareilles recherches en dehors de l'intérêt qu'elles présenteraient pour l'histoire de la Tunisie après la chute de la domination byzantine apporteraient d'utiles précisions à la topographie de Carthage et empêcheraient le retour de confusions malheureuses telle que celle qui, il y a peu de temps, faisait prendre pour un mur de front de mer punique la simple délimitation des *insulae* de la *colonia Julia Karthago* [6].

Nous devons à l'obligeance de M. Robert Ricard une meilleure lecture de la ligne 8 de l'inscription ; il y a sur la pierre YECHOREYNOAEDHO, mais le graveur a inscrit AE pour AL et a omis avant *reyno* le mot *del*. Il faut comprendre : *y échó [del] reyno a < l > d(ic)ho Barbaroxa*, « et chassa du royaume ledit Barberousse ».

---

1. *Ibid.*, p. 160, Don Juan à Toledo.

2. Sur le plan de la forteresse à cette date, cf. Monchicourt, *Essai bibliog. sur les plans imprimés de Tripoli, Djerba, Tunis-Goulette...*, p. 30-31. — Un nouveau bastion ayant été construit au cours des années 1569-1574, il y avait alors dix bastions.

3. En 1587, Lanfreducci et Bosio écrivaient : « D'après les renseignements que nous avons, tous ces forts [ceux de La Goulette, de l'étang et de Tunis] ont été rasés et détruits par les Turcs après que la flotte turque les prit ; on dit qu'à la Goulette..., ils n'ont laissé qu'une petite tour très vieille où les Maures font la garde. La bouche... de l'étang n'est pas plus large qu'un tir de main. Elle a été remplie de pierres de sorte que l'on ne peut ni en sortir, ni y entrer même avec de petites barques » (*apud* Monchicourt, *op. cit.*, p. 82 et 147).

4. El Kairouani, *op. cit.*, p. 329 et 336.

5. *Ibid.*, p. 336.

6. Cf. Ch. Saumagne, *Bull. archéol. du Comité*, 1924, p. 138-140.

UN ESSAI DE CLASSIFICATION BOTANIQUE
DANS L'ŒUVRE D'UN MÉDECIN MAROCAIN
DU XVIᵉ SIÈCLE[1]

Par M. le Dʳ H. P. J. Renaud.

On fait généralement remonter à Andrea Cesalpino, médecin et naturaliste toscan, né à Arezzo vers 1524[2], mort en 1603, l'honneur d'avoir énoncé le premier les règles d'où devait sortir plus tard le système moderne de classification des végétaux. Dans le « fatras d'érudition » où se traînait la botanique à la fin du Moyen Age, l'auteur du *De plantis Libri XVI* (Florence, 1583, in-4), que Cuvier proclamait une œuvre de génie, « introduisit dans la science les principes de la méthode et les lumières de l'observation[3] ».

Les auteurs de l'Antiquité et du Moyen Age répartissaient les végétaux en arbres, abrisseaux, arbustes et plantes herbacées. C'est la vieille classification de Théophraste (ivᵉ siècle avant J.-C.), qui distinguait également les plantes terrestres des plantes aquatiques, celles à feuillage persistant de celles à feuillage caduc. A ce point de vue, Pline et Dioscorides (iᵉʳ siècle après J.-C.) n'ont rien innové. On ne trouve pas non plus chez les grands naturalistes

---

1. Les éléments de cette étude ont été communiqués à la réunion mensuelle de janvier 1926 de l'Institut des Hautes Études marocaines. Le regretté H. Basset prit la parole au cours de la discussion, pour appuyer les conclusions de l'auteur, en citant comme exemple des relations existant au xviᵉ siècle entre le Maroc et l'Italie, le cas d'un manuscrit arabe trouvé à Rabat par M. Biarnay, et qui n'était que la traduction servile du texte, et la copie des dessins, d'un traité de balistique dû à Léonard de Vinci.

2. Profʳ P. Capparoni, *Profili bio-bibliografici di medici e natur. celebri ital. dal sec. XV al sec. XVIII*, t. I, p. 25, *Instit. naz. med. farmac.*, Roma, 1925.

3. F. Hoefer, *Hist. de la Botanique*, Paris, Hachette, 1882, p. 110.

arabes de l'époque floride de l'Islam, même chez Ibn al-'Awwām (xiie siècle) et Ibn al-Bayṭār (xiiie siècle), le souci d'une classification raisonnée. C'est toujours la même méthode de comparaison grossière entre les formes extérieures des plantes, et spécialement les feuilles. Trois siècles plus tard, en tête de l'édition française des *Commentaires de Dioscorides* du siennois Matthiole[1], nous voyons encore figurer une « Table des natures, différences et similitudes des parties des plantes », conçue dans le même sens, essai rudimentaire d'un tableau synoptique établi selon le nombre, la dimension, la consistance, la couleur, le goût et l'odeur des diverses parties de la plante, sans cependant qu'apparaisse la notion d'une parenté entre les espèces décrites.

Il faut arriver à Cesalpino pour trouver clairement exposée une répartition des plantes en quinze groupes bien distincts, où l'idée de durée (persistance ou caducité) de la plante, et les caractères du fruit jouent un rôle prépondérant.

Il ne semble pas que ces conceptions, qui s'imposèrent rapidement en Europe, aient eu quelque influence sur l'œuvre du plus connu des médecins arabes de cette époque, Dāwūd al-Anṭākī, dont le célèbre ouvrage de matière médicale, *at-Taḏkira*, si répandu encore aujourd'hui dans tout l'Islam, continue de suivre, à peu de chose près, dans sa description des plantes utilisées en médecine, les errements anciens.

Aussi, avons-nous éprouvé un vif intérêt au déchiffrement d'un manuscrit arabe marocain, daté de la fin du xvie siècle, et consacré lui aussi à la matière médicale, en constatant chez son auteur un essai de classification des plantes qui, malgré ses imperfections, s'avère comme nettement supérieur à la méthode de description du médecin d'Antioche, et témoigne d'un progrès réel sur les conceptions de ses devanciers.

Il s'agit de l'ouvrage intitulé *Ḥadīqat al-azhār fī šarḥ māhīyat al-'ušb wa 'l-'aqqār* « le jardin des fleurs, pour l'exposition des caractères des herbes et des drogues (végétales) », dont l'auteur se nomme Qāsim b. Muḥammad al-Wazīr al-Ġassānī. Il fut médecin du sultan sa'dien Aḥmad al-Manṣūr, et nous lui avons consacré une notice

---

1. Trad. Jean des Moulins. Lyon, 1572, in-fol.

détaillée dans une communication au Ve Congrès international
d'Histoire de la Médecine (Genève, juillet 1925), à laquelle nous
renvoyons le lecteur. Nous ne possédions à cette époque qu'une
partie de la *Ḥadīqa*, les 2/3 environ, dans un manuscrit acheté à
Fès en 1924[1]. Depuis, grâce à l'obligeance du bibliophile fâsi bien
connu, Sīdī Muḥammad 'Abd al-Ḥayy al-Kattānī, nous avons pu compléter ce qui manquait à notre exemplaire, et collationner avec un
autre copie appartenant à sa belle bibliothèque[2]. Qu'il veuille bien
trouver ici l'expression de notre gratitude.

*
* *

La *Ḥadīqa* comprend 379 articles sur les simples et les principales drogues employés en médecine. C'est un chiffre qui peut
paraître très inférieur au nombre des articles du *Traité des simples*
d'Ibn al-Bayṭār[3] — plus de 2 300 —, ou du *Kašf ar-Rumūz* d''Abd
ar-Razzāq al-Jazā'irī[4] — un millier environ.

Mais il faut tenir compte que chez ces auteurs, la même plante ou
substance figure sous ses nombreux synonymes. D'autre part, al-
Ġassānī a eu surtout en vue, comme l'indique le titre de son livre,
les végétaux et leurs dérivés utilisés en thérapeutique. Les substances animales ou minérales n'y occupent, en effet, qu'une place
insignifiante, à l'inverse de ce qui se passe, par exemple, dans le
Musta'īnī d'Ibn Buklāriš[5]. Mais, par-dessus tout, l'œuvre du

1. Copie datée de 1306 Ieg. (*incip.* 7 sept. 1888), d'après une note marginale ; mss.
de 60 f[os] à 21 l. à la page. 230 × 180 mm., s'arrêtant à l'article *Ṣamaġ al-ijjāṣ*.

2. Terminée le 25 Ramadān 1281 (21 Février 1865); mss. de 74 f[os] à 24 l. à la page.
224 × 175 mm. Enfin nous avons pu consulter un fragment du même ouvrage (le dernier quart environ) figurant sous le n° 145 du Catal. des mss. arabes de la Bb. Nacional
de Madrid, et un exemplaire plus complet, conservé à la Bb. Nationale de Paris, dont
la présence nous a été révélée par le Catalogue des nouvelles acquisitions de Mr E. Blo-
chet (n°s 5014, f°s 11-47).

3. Trad. du Dr L. Leclerc in *Not. et Extr. des Mss. de la Bb. Nation.*, Paris, 1877-
1883, 3 vol. in-4.

4. Trad. du Dr L. Leclerc, Paris, Baillière et Leroux, 1874, 1 vol. in-8. — Texte
arabe, édit. Aḥmad b. Murād at-Turkī, Alger, 1335 Ieg., 1 vol. in-8.

5. Cf. l'étude que nous avons consacrée à ce médecin du xie siècle, au *VIe Congrès
internat[l] d'hist. de la médecine*, Leyde, 1927, sous presse.

médecin chérifien se distingue par la méthode très claire adoptée dans les descriptions et rigoureusement suivie dans chaque article :

1° *Šarḥ al-māhīya*, commentaire détaillé des caractères, qui comprend :

— la classification en genres et espèces, dans le sens que l'auteur donne à ces mots, que nous définirons plus loin ;

— la description botanique ;

— l'habitat ;

— les synonymies en langage vulgaire de Fès et en berbère ;

2° *Ṭabī'a*, complexion naturelle, proportion des quatre éléments ;

3° *Manāfi' wa Ḥawāṣṣ*, usages et propriétés ;

4° *Badal*, équivalences, succédanés.

Les citations d'auteurs, qui encombrent le traité d'Ibn al-Bayṭār, sont exceptionnelles chez al-Ġassānī. Le plus souvent cité est Muḥammad Ibn 'Abdūn, médecin andalou du xe siècle de J.-C., dont l'œuvre ne nous est pas parvenue[1].

La description botanique a souvent une allure originale ; al-Ġassānī manque rarement d'indiquer les gîtes des espèces qui croissent à proximité de Fès, notamment au Jebel Zalāġ, d'où l'on apporte encore aujourd'hui une grande partie des simples vendus au souq des 'aśśābīn[2]. On voit qu'on a affaire à toute autre chose qu'à un de ces compilateurs qui foisonnent dans la littérature scientifique des Arabes ; al-Ġassānī, comme Ibn al-Bayṭār et Abū 'l-'Abbās an-nabātī[3], est un véritable naturaliste. Il a parcouru le Maroc, sans doute à la suite du sultan Aḥmad al-Manṣūr ; il a récolté la Lavande Stœchas à Taġia — la Thagia de Léon l'Africain — près du tombeau du saint Abū Ya'za (Moulay bou Azza) ; cueilli la poire sauvage dans la forêt de la Mamora, l'Armoise pontique dans les steppes de Debdou. Il cite, à propos de l'Antimoine — un des rares minéraux dont il est parlé dans la *Ḥadīqa* — les mines des Beni Tajjīt, au Sud de Misour.

---

1. Sur Ibn 'Abdūn, cf. Dr Leclerc, *Hist. de la médec. arabe*, I, 429 ; Ibn abī Uṣaibi', texte arabe, édit. du Caire, II, 49 ; Maqqarī, *Analectes*, édit. Dozy, introd., p. LVIII et texte, I, 520, 622.

2. Sur ce commerce, cf. G. Salmon, *Quelques noms de plantes...* Arch. Maroc, t. VIII, p. 87.

3. Dr Leclerc, *op. cit.*, II, 244.

Le père d'al-Ġassānī devait lui-même être versé dans les sciences naturelles ; son fils invoque son témoignage à plusieurs reprises, entre autres, à propos du *Berberis*, qu'il aurait vu chez les Beni-Zehna, au Sud-Est de Fès.

La *Ḥadīqa* nous documente, enfin, sur la plupart des produits pharmaceutiques, au simplement alimentaires, vendus à Fès chez les marchands d'épices *'aṭṭārīn* ou les droguistes *ṣayādila*. On pourra faire des rapprochements avec les renseignements fournis par Léon l'Africain sur le commerce de Fès au xvi⁄ siècle [1].

Par contre, la partie thérapeutique proprement dite n'apporte pas d'éléments bien nouveaux. C'est la répétition des traitements, l'énumération souvent fastidieuse des propriétés des simples et des préparations dont ils sont l'objet, qui se perpétuent depuis l'Antiquité. C'est un sujet qui n'intéresse plus guère aujourd'hui les orientalistes et les médecins.

*
* *

Le but de cette étude est d'indiquer la méthode de classification botanique innovée par al-Ġassānī, et qui constitue un des points originaux de son œuvre, quand on la compare aux ouvrages arabes sur le même sujet.

L'auteur distingue :

— une division primaire : *al-jins*, plur. *ajnās*, grec γενος ; latin *gens, genus* ; français *genre* ; on verra plus loin qu'elle se subdivise elle-même, selon qu'il s'agit de caractères primordiaux ou accessoires.

— une division secondaire : *an-naw'* (vulg. *nā'*), plur. *anwā'*, mot que les lexiques traduisent habituellement par *espèce*.

— parfois une division tertiaire : *aṣ-ṣanf*, plur. *aṣnāf*, qui signifie espèce également, catégorie ou variété.

Bien entendu, aucun de ces mots ne correspond aux acceptions actuelles des mots *genre* et *espèce* dans les sciences naturelles. Malgré qu'au cours de la *Ḥadīqa*, des confusions se produisent entre eux, au point qu'on arriverait à croire que l'auteur emploie ces termes

---

1. Cf. Louis Massignon, *Le Maroc dans les premières années du XVIᵉ siècle. Tableau géogr. d'après Léon l'Africain*, Mém. de la Soc. Histor., Alger, 1906, p. 231 et suiv.

indifféremment, le principe de classification à deux et trois degrés persiste malgré tout, et on peut se faire une idée exacte du système d'al-Ġassānī.

A. — La division caractérisée par le mot *jins* représente ordinairement la classification des Anciens en arbres, arbustes, arbrisseaux et plantes herbacées, mais développée par al-Ġassānī selon les catégories suivantes :

a) Arbres et Arbustes :

— *Jins aš-šajar* (collectif). Exemples : Arbousier, Giroflier, Myrte, Sumac. C'est l'arbre moyen, parfois l'arbuste.

— *Jins aš-šajar aṣ-ṣaġīr*. Arbuste.

— *Jins aš-šajar al-'iẓām* (sic). Grands arbres. Ex. : Cyprès, Châtaignier, Figuier, Mûrier, etc.

— *Jins at-tamnas*, mot que l'auteur définit : « Ce n'est ni un arbre, ni une plante herbacée *baql*, et il atteint *yalḥaq* (la taille de) l'arbuste. » Ex. : Jasmin, Alkékenge, Stoechas, Romarin, Eglantier, Lyciet, Rue, Armoise.

Vient, enfin, une catégorie intermédiaire :

— *Jins al-janba*, ainsi définie : « qui naît d'une souche *arūma* de l'année précédente ». Ex. : Câprier, Aristoloche, Violette, Jusquiame, Harmale, Mandragore. C'est la plante vivace.

b) Plantes herbacées :

— *Jins al-baql* (coll.) ; plur. *buqūl* « qui naît de sa graine[1] ». Ce type comprend, en général, des espèces alimentaires *buqūl al-ma'kūla*. Ex. : Bette, Chou-rave, Lupin, Cresson, Chicorée, ou simplement fourragères *mar'ā lilbahā'im*. Ex. : Trèfle, Centaurée, Psyllium, Moutarde, Ivette. Ces dernières sont souvent définies par l'expression *al-musta'nif fī kull sana* ; ce sont les plantes annuelles, par opposition aux plantes vivaces.

B. — Les catégories suivantes, bien que désignées habituellement par le même mot *jins* (on trouve, d'ailleurs, *naw'* en plusieurs occasions), répondent déjà à des caractères accessoires, qui concernent l'ensemble de la plante, ou la tige, la feuille ou le fruit.

a) Caractères de l'ensemble ou de la tige :

---

1. Clément-Mullet, dans sa traduction du *Kitāb al-filāḥa* d'Ibn al-'Awwām, Paris, 1864-67, 3 vol. in-8, I, 91, note, traduit *buqūl* par plantes maraîchères, légumes, *sensu lato*. On voit que le sens donné par al-Ġassānī est encore plus étendu.

— *Jins al-yaqṭīn* « toute plante qui s'étale à terre et n'a pas de tige ». C'est le cas des Cucurbitacées alimentaires.

— *Jins al-lablāb*, plantes volubiles comme le Lierre, le Haricot.

— *Jins al-yattū'* (coll.), plur. *yattū 'āt*, « plantes à latex âcre, vésicant *extra*, drastique *intus* », comme les Euphorbes.

— *Jins al-qaṣab*, plantes à port de roseau (Arundo Donax). Ex. : Calamus aromaticus, Canne à sucre.

— *Jins ad-dīs*, plantes à port de « *diss* » (habituellement le genre *Ampelodesmos*, Graminées-Festucées), catégorie dans laquelle al-Gassānī confond des Joncées et des Cypéracées comme le Souchet odorant.

— *Jins al-'ullayq*, plantes du type de la Ronce et comprenant l'Eglantier.

— *Jins al-kulūḥ* (plur. de *kalḥ*, Férule) ; plantes à port de grande ombellifère comme la Férule, le Thapsia, le Fenouil, l'Ammi. Mais l'auteur y fait rentrer la Rhubarbe de Chine.

b) Caractères de la feuille :

— *Jins al-huḍubāt* (de *hudb*, cil, frange) ; plantes à feuilles effilées et minces, où l'auteur range des plantes appartenant à des familles très diverses : Ombellifères : Carotte, Cumin, Carvi, Seseli ; Labiées : Stœchas ; Composées : Armoise, etc. Cette catégorie renferme, comme il l'indique (article *Jazar*), des plantes annuelles et des plantes vivaces.

— *Jins al-mutarrasāt* (de *turs*, bouclier arrondi) ; « toute plante à feuilles rondes » ; Mauve, Guimauve, etc.

— *Jins al-alsun* (plur. de *lisān*, langue) ; plantes à feuilles pennées portant souvent le nom populaire de *Lisān al-*... Ex. : Plantain *Lisan al-ḥamal*, Echium *Lisān aṭ-ṭaur*.

— *Jins al-kufūf* (plur. de *kaff*, paume de la main) ; en général, plantes à feuilles palmées. Ex. : Ricin, Lupin. On y trouve aussi le Haricot, le Staphysaigre et même l'Arum. Une série de plantes porte, comme on sait, le nom populaire de *Kaff al-*... Ex. : *Kaff as-saba'* Renoncule.

— *Jins as-suyūf* (plur. de *sayf*, vulg. *sīf*- sabre) ; plantes à feuilles lancéolées caractéristiques d'un très grand nombre de monocotylédones, et portant souvent, en langue vulgaire, le nom de *Sīf al-*... Ex. : *Sīf aḍ-ḍib*, glaieul.

c) Caractères du fruit :

— *Jins al-ḥubūb* (plur. de *ḥabb*) ; plantes à graines alimentaires pour l'homme (riz) ou les animaux (alpiste).

— *Jins al-quṭnīya* (au pluriel : *al-qaṭāni*) ; plantes à graines farineuses, appartenant pour la plupart aux Légumineuses ; on y range le maïs.

Il résulte de ce qui précède qu'une plante peut appartenir à plusieurs sortes de *jins*. C'est le cas du Haricot, rangé dans les *lablāb*, à cause de sa tige, et dans les *qaṭāni*, à cause de sa graine ; de la Camomille, qui appartient aux plantes annuelles et aux plantes à feuilles découpées, etc.

C. — On peut faire des remarques analogues à propos de la division secondaire indiquée par le mot *naw'* (vulg' *nū'*). Tantôt, il représente un caractère accessoire, comme le fait, pour un arbre, d'être épineux, pour une plante herbacée, d'avoir une tige rampante ou une racine bulbeuse. Tantôt, et c'est le cas le plus fréquent, il s'agit d'une notion de ressemblance d'ensemble, qui nous rapproche de la conception de famille, de tribu ou de genre, plus rarement d'espèce ou de variété.

— Le *Ptychotis Ammoïdes* Koch, *Nānuḥa* est du *nū'* des *Kazābīr* (plur. de *Kuzbara*, Coriandre). La Blette, *al-baqla al-yamānīya* est du *nū'* du *Qaṭaf* (*Atriplex Halimus*). Il s'agit ici de la famille.

— L'*Adrīūn* (Chrysanthème) est du *nū'* des *Aqāḥī* (plur. de *Uqḥuwān* (Matricaire). Il s'agit ici de la tribu (Sénéciodées).

— L'Asa-fœtida est du *nū'* du *Kalḥ* (Férule). Il s'agit du genre.

Aucune rigueur, il est vrai, ne préside à cette classification, et les erreurs n'y manquent pas : l'Anémone *Šaqā'iq an- nu'mān* est rangée parmi les pavots *Ḥašḥāš*, et le Laurier *ar-Rond*, est placé dans la même catégorie que l'Olivier *Šajarat az-Zaytūn*.

Il y a cependant quelque chose d'inédit dans le système d'al-Ġassānī, c'est cette création de pluriels : *Šīḥāt*, les Armoises ; *Kulūḥ*, les Férules ; *Ṣa'ātir*, les Sarriettes, etc., qui est le premier pas vers la conception des familles de végétaux.

D. — La catégorie *ṣanf*, qui constitue la subdivision tertiaire, n'est employée que dans un nombre restreint de cas : *an-Na'na'* (au Maroc, *Mentha viridis*. L. ; ailleurs, *M. piperita* L.) est du *jins* des *Aḫbāq* (plur. de *Ḥabaq*, Basilic) ; du *nū'* des *Sa'ātir* et du *ṣanf* des *Fūḏanjāt* (plur. de *Fūḏanj*, Menthe en général).

On peut conclure de ce qui précède, qu'il y a dans l'ouvrage d'al-Wazīr al-Ġassānī, en dépit de ses défauts, un essai vraiment intéressant de classification à trois degrés, qui apporte dans la description des plantes de la vieille pharmacopée orientale un élément nouveau. Il suffit de comparer un paragraphe de la *Ḥadīqa* au paragraphe correspondant de n'importe quel ouvrage arabe antérieur ou contemporain, traitant du même objet, pour être convaincu. Bien plus, on ne trouve rien d'analogue même dans un ouvrage postérieur d'un siècle est demi, comme le *Kašf ar-Rumūz*, que nous avons cité. Ce qu'on rencontre parfois ailleurs, c'est une disposition ingénieuse en tableaux synoptiques, *jadwal*, où figurent dans des colonnes verticales ou horizontales les indications relatives à la description de la plante et à ses propriétés[1]. Leur usage remonte à Ibn Jazla et Ibn Buṭlān, médecins orientaux du xie siècle, comme l'a montré le Dr Leclerc[2]. Mais jamais la description botanique, si exacte qu'elle soit, ne repose sur une classification véritable, supérieure à celle des Anciens.

Le système d'al-Ġassānī nous a paru quelque chose de trop insolite dans les ouvrages arabes pour que nous n'ayons pas pensé que le médecin du chérif sa'dien avait pu avoir un écho des découvertes faites pendant la seconde moitié du xvie siècle, et particulièrement en Italie, par les botanistes dont nous avons parlé en débutant.

M. H. de Castries, l'auteur regretté des *Sources inédites de l'histoire du Maroc*, nous disait un jour, à propos d'un document italien sur l'épidémie de peste qui sévissait dans les dernières années du règne du sultan Aḥmad al-Manṣūr, quelles étaient les relations existant à cette époque entre la Toscane et le Maroc, par l'entremise des marchands juifs de Livourne. On peut donc se demander si al-Wazīr al-Ġassānī n'aurait pas eu connaissance par cette voie

---

1. C'est le cas du *Musta'inī* d'Ibn Buklāriš, du *Taqwīm al-adwiya* d'al 'Alā'ī, cités dans notre étude sur *Les manuscrits arabes relatifs à la médecine de la Biblioth. de Rabat*, Bull. de la Soc. franç. d'Hist. de la médec., juill.-1923.

2. *Hist. médec. arabe*, 1, 489 et 493.

des ouvrages de Matthiole et surtout de Cesalpino. Le *De plantis*, premier essai d'une systématisation de la botanique, date de 1583. La *Ḥadiqat al-azhār* est du début de 1586, et fut composée pour la bibliothèque du sultan sa'dien.

On peut penser aussi, en lisant l'intéressante étude de M. de Castries sur les « Agents et voyageurs français au Maroc[1] » à l'influence exercée sur le médecin marocain par les médecins français qui se succédèrent à la cour d'al-Manṣūr. Cette hypothèse paraît cependant moins vraisemblable que la précédente. En 1586 et auparavant, il ne pouvait s'agir que du « chirurgien » Guillaume Bérard, celui qui avait naguère guéri de la peste, à Constantinople, le prétendant Moulay 'Abd al-Mālik, qui le fit venir auprès de lui, une fois en possession du trône du Maroc. Or Bérard, à l'inverse de ses successeurs, Arnould de Lisle et Étienne Hubert, apparaît comme un de ces chirurgiens-barbiers, bons praticiens, mais de culture scientifique modeste, et il est probable qu'il était moins familiarisé avec la classification botanique qu'avec la saignée et l'ouverture des « apostumes ».

Cette réserve faite, nous n'en considérons pas moins al-Ġassānī comme un esprit exceptionnel pour l'époque et le milieu dans lesquels il a vécu. C'est par comparaison avec les nombreux traités de matière médicale des auteurs arabes qu'il faut juger son œuvre. Certes, on ne trouve pas encore chez lui la compréhension bien nette de l'importance prépondérante de la fleur, et surtout des organes de la reproduction qu'elle renferme, pour donner une base certaine à la systématique. Il confond sous le nom de *ḫuyūṭ* (fils), pistil et étamines, et la distinction du sexe des plantes demeure arbitraire, comme chez les Anciens. Mais il dégage déjà clairement, d'une part, l'idée de hiérarchie des caractères des végétaux, et, d'autre part, la notion de parenté entre les genres botaniques, qu'il groupe sous une même dénomination, au moyen de ces curieux pluriels qu'il a forgés.

La *Ḥadiqat al-azhār* mérite d'être publiée. Elle intéressera les linguistes et ceux des naturalistes et des médecins qui s'occupent de l'histoire des sciences.

1. Introd. du t. III des *Arch. et Bibl. de France*, 1re série, dynast. saâdienne. Paris, E. Leroux, 1911.

TECHNIQUE ET RITES DU TRAVAIL
DE LA LAINE EN ALGÉRIE

Par M. Prosper Ricard.

Henri Basset a montré comment la technique, la magie et la religion vont de pair dans les différents travaux de la laine à Rabat (Maroc), travaux qui sont surtout l'apanage des femmes, conservatrices par excellence des traditions domestiques. Son étude est accompagnée de notes qui permettent de se reporter à des observations antérieures sur le même sujet, et auxquelles il suffira de renvoyer le lecteur [1].

Dans un ouvrage plus récent, W. Marçais signale les rites qui se rapportent au tissage de la natte de mariage à Takroûna (Tunisie), et étend le sujet à tous les rites nuptiaux observés dans le monde musulman. Aux copieuses notes qui accompagnent son texte, sont joints d'importants renseignements bibliographiques qui permettent de faire le tour entier de la question [2].

De nouveaux commentaires, du point de vue sociologique, paraissant superflus, on n'exposera ici que des faits illustrant une documentation déjà très riche. Ces faits, observés dans les trois départements algériens de 1910 à 1914, auraient formé un faisceau beaucoup plus compact si la guerre n'était survenue. Ils se rapportent au travail de la laine, depuis le filage des fils de chaîne et de trame, l'ourdissage de la chaîne sur le métier à tisser, jusqu'au tissage proprement dit. On se bornera à ajouter quelques considéra-

---

1. H. Basset : *Les rites du travail de la laine à Rabat*, dans *Hespéris*, p. 139 à 160 (Paris, Larose, 1923).

2. W. Marçais : *Textes arabes de Takrouna*, pp. 355 à 408 (Paris, Impr. nationale, 1925).

tions d'ordre économique susceptibles, croit-on, d'expliquer les insuccès inévitables, heureusement passagers, auxquels est exposée l'industrie européenne dans l'utilisation de la main-d'œuvre féminine indigène. On pense ainsi faire comprendre le présent par le passé, et mieux éclairer l'avenir.

Filage.

Le filage est une opération extrêmement longue. La transformation des flocons de laine en fils de chaîne d'une part, au moyen du peigne puis de la quenouille et d'un petit fuseau, et de fils de trame d'autre part, au moyen de cardes puis d'un grand fuseau, demande d'autant plus de temps que ces fils sont plus fins. Les fillettes s'y adonnent de bonne heure et les vieilles y excellent. Mais il s'en faut qu'elles puissent toujours faire face, en temps voulu, aux besoins domestiques. Des *twîza* sont alors organisées. On connaît ce système de prestations réciproques si répandu dans toute la Berbérie pour maints travaux agricoles, et improprement traduit en français par le terme de « corvée ». Excellent moyen d'entr'aide mutuelle et volontaire, la twîza est en outre une réunion au cours de laquelle s'échangent de bons mots, des quolibets, des compliments et des défis réciproques, qui ont pour but de créer une atmosphère de bonne humeur, d'entrain et de gaîté.

On a dit comment se développe une twîza pour le travail de la laine à Tlemcen et noté les chants qui s'y rapportent[1].

Ces chants sont très variés et très répandus. *Nmeddḥu,* « nous chantons en l'honneur de Sidi-Abd El Qâder », disent les fileuses de Saïda.

A Oued Cha'ïr (Hauts plateaux algérois), les fileuses, qui ne se réunissent que pour la préparation des fils de chaîne (peignage et filage), célèbrent, dans leurs chants, un cavalier magnifique, généreux et beau, qui défendit la tribu contre ses ennemis.

Dans une twîza importante, les femmes de Souk Ahras, qui se

---

1. A. Bel et P. Ricard · *Le Travail de la laine à Tlemcen,* p. 43 et suiv. (Alger, Jourdan, 1913).

rassemblent surtout pour la préparation de la trame (cardage et filage), chantent également, poussent des youyous, font la fête, cependant qu'au voisinage la poudre parle : *neǧennu, nezgerṭu, na'amlu 'ors (fišṭa), el bárud yeḍrob.*

Les chants répondent aux chants, car le travail est distribué entre deux camps, celui des vieilles et celui des jeunes. Lorsque les vieilles sont en avance sur les jeunes, elles leur lancent un défi :

> *Eṣ ṣôf bät bät*
> *Fi ḥômt (ḥíft) el bnät.*
> « La laine (non filée) s'est endormie, endormie
> « Dans le camp des jeunes. »

Défi auquel les jeunes répondent :

> *Walláh ! má ibät*
> *Nôḫḍu 'alih ftät.*
> « Par Dieu ! elle ne restera pas à dormir
> « Nous recevrons pour l'avoir travaillée du pain émietté. »

Lorsqu'au contraire, les jeunes sont en avance, elles lancent ce défi aux vieilles :

> *Eṣ ṣôf bár bár*
> *Fi ḥíft el kbár*
> « La laine (non filée) est restée en panne
> « Dans le camp des vieilles. »

Ce qui provoque la réplique suivante :

> *Walláh ! má ibár*
> *Nôḫḍu 'alih eṭ ṭiár.*
> « Par Dieu ! elle ne restera pas en panne,
> « Nous recevrons pour l'avoir travaillée des volailles. »

Après le déjeuner pris en commun, qui a été copieux, les fileuses se reposent quelques instants. Mais bientôt, pour les inviter à se remettre à la tâche, la maîtresse de maison s'exclame :

> *Yá ḥsâret rfayysti ü 'aṣayytti*
> *Fi twízti ella nf'atni ben núm úrrgúd !*
> « Quel dommage (d'avoir gaspillé) ma pauvre galette et ma
>   pauvre bouillie

> « Dans ma twîza qui ne me vaut que du sommeil et de la
> nonchalance ! »

Ce à quoi les fileuses répondent :

> *Ya ḥsâret mâ jina û t'anîna,*
> *Weš šûk neggeb rejlina fî ṣôf el lebbûḫa !*
> « Quel dommage d'être venues prendre de la peine
> « Pour avoir les pieds piqués par les épines que renfermait la
> laine de la paresseuse ! »

Naturellement, ces mots sont dits sans arrière-pensée, sans mauvaise intention. Ils n'ont pour but que de provoquer quelque émulation entre les ouvrières, *bâš yitnâfsu.*

Ourdissage.

L'ourdissage a pour but de préparer la nappe de chaîne destinée à être ensuite tendue verticalement sur le métier, puis à être recroisée horizontalement par la trame pour donner le tissu. L'opération se fait au moyen de cordes, très fines et très retordues, provenant du filage, à la quenouille et au fuseau, de mèches de laine préalablement peignées.

Pour que ces cordes ne s'enroulent pas sur elles-mêmes et ne s'emmêlent pas au moment de l'ourdissage, elles ont été distribuées, bien tendues, sur des supports que l'on a ensuite exposés à la vapeur d'eau bouillante. La torsion en étant ainsi fixée, elles peuvent être mises en pelote. La plupart du temps, l'eau mise à bouillir est de l'eau ordinaire. Quelquefois cependant, comme à Bougie, on croit devoir y ajouter quelques fèves.

En bien des endroits, le choix du jour de l'ourdissage n'est pas indifférent.

A El Oued, on n'ourdit pas le lundi. De plus, la femme qui a trois enfants n'ourdit pas le mardi ; ni celle qui en a quatre, le mercredi ; ni celle qui en a cinq, le jeudi. Visiblement, on établit un rapport entre le nombre des enfants, et le nom du jour.

A Saïda, on n'ourdit pas le vendredi consacré à Allâh, ni le mardi consacré à Sidi 'Abd El Qâder. Si l'ourdissage peut être pratiqué sans inconvénient les autres jours, celui du lundi, ou du jeudi, est préférable.

A Souk Ahras et à Bougie, on n'ourdit que le lundi, le jeudi et le samedi. A Bou Saada et Eddis, l'ourdissage se fait aux mêmes jours, mais seulement du 2 au 26 de chaque mois : un ourdissage effectué vers la fin du mois, *fi 'aǵåb eš šhar*, risquerait d'éterniser le tissage et de porter malheur à ceux qui s'y livrent.

A Orléansville, l'ourdissage du lundi, du mercredi et du vendredi ne serait pas propice au travail : l'ouvrage n'avancerait pas. Le dimanche est le jour le plus favorable.

A El Flaye, on n'ourdit que le lundi et le jeudi.

En maints endroits, les femmes n'ourdissent pas en présence des hommes ; mais elles peuvent se faire aider par eux à Orléansville.

A Souk Ahras, un homme peut s'approcher d'un groupe de femmes occupées à l'ourdissage, mais il prend soin de laisser tomber devant soi les deux pans de son burnous : le tissage ultérieur montera bien droit.

Pour ourdir une chaîne, on plante verticalement en terre, et à la distance voulue un peu supérieure à la longueur du tissu à exécuter, deux piquets bien droits de 50 à 80 centimètres de long. D'un piquet à l'autre, la corde en pelote est dévidée par une aide, cependant que deux femmes se faisant face et assises devant les piquets, entourent respectivement les cordes qui leur sont distribuées d'un fil qui les relient toutes ensemble. L'opération est délicate : les piquets doivent rester en place, bien verticaux ; les cordes doivent être placées avec ordre, avec une tension uniforme, et en nombre voulu. D'où une série de précautions ayant pour but d'assurer la bonne marche du travail.

Nlåḥu lmelḥ wuśś'ir wulfḥam, « nous parsemons (le sol) de sel, d'orge et de charbon » entre les piquets d'ourdissage, disent les femmes d'Oued Chaïr, pour que les génies ne nous fassent pas de mal.

A Souk Ahras, des femmes, originaires de Tunisie, écrasent un morceau de sucre, préalablement mouillé, sur la pointe des piquets d'ourdissage avant de les enfoncer dans le sol. Du sucre est également écrasé au sommet des piquets à l'endroit même où le maillet frappe. Les ficelles d'ourdissage, *seffåḥa,* ainsi que les parties de la chaîne qui touchent aux piquets, sont enfin enduits de sucre humecté d'eau. « Le sucre est pour les anges, *el mlâïka* », dit la femme, qui rendront le travail facile, *ẖlû*, et rapide, *ẖfíf*[1].

La *besmela* est dite partout, au commencement de tout travail. Mais à El Oued, elle n'est que le début de la formule suivante :

> *Bismallâh, ẖafif, naḏif, eẖeff men nâr fel lîl !*
> « Au nom d'Allâh, rapide, propre, plus rapide que le feu dans la nuit ! »

Quelques gouttes d'eau sont ensuite projetées sur le sol, entre les piquets d'ourdissage. On dit que, par cette précaution, les cordes de la chaîne ne s'emmêleront pas les unes dans les autres et ne se casseront pas.

Pendant l'ourdissage, *mâ ifaẖẖjûš, mâ yithaḷḷuš es sdâ*, « on n'enjambe pas la chaîne (tendue) » : cela pourrait porter malheur. Cette coutume, observée à Souk Ahras, El Flaye et Orléansville, n'est respectée à Bougie que par les jeunes filles.

Une fois la chaîne ourdie, on ne la monte pas directement sur le métier. On la dépose dans une pièce de la demeure, sur une natte d'alfa ou sur une couverture.

En Kabylie, un petit repas, *imensi n ṭegrâṭ*, est alors pris en commun. Il se répète au commencement et à la fin du tissage.

1. Lorsque les tisseuses de tapis de Rabat sont sur le point d'enfoncer les piquets en terre, elles prononcent la *besmela*, puis invoquent :

> *A lmyissrât !*
> *A lmsäẖẖlât !*
> *A mwdlín eš šjol !*
> *A Lalla Zíneb El 'Aïdíya*
> *Elli seddât fisbâẖ*
> *U guerrjét fel 'ašíya !*
> *A rḍât el wâlidín !*
> *Tísirk, yâ Rebbi !*
> « O celles qui donnent l'aisance !
> « O celles qui facilitent !
> « O celles qui sont en possession de la maîtrise !
> « O Madame Zineb El 'Aïdïya,
> « Qui ourdit un matin
> « Et termina son travail le soir (même) !
> « O bénédiction des parents !
> « O Maître ! facilite-nous la tâche ! »

Au sujet de Lalla Zineb, V. ce qu'en dit H. Basset, déjà cité.

Montage de la chaîne sur le métier.

La chaîne, ourdie, forme une sorte de grand écheveau qu'il faut
reporter sur les deux ensouples du métier. Celles-ci sont d'abord
posées à terre, parallèlement, et à une distance égale à la longueur
de la chaîne. Puis, sur elles, au moyen d'une ficelle, on coud les
extrémités de la chaîne déployée en nappe. Plusieurs femmes, divisées en deux groupes, soulèvent alors les ensouples et, se renversant
en arrière, elles exercent une traction sur ces ensouples, en sens
opposés, cependant qu'une aide, au moyen d'un roseau, bat la nappe
de chaîne dont les fils se démêlent et se tendent régulièrement. On
enroule ensuite la nappe de chaîne sur l'ensouple destinée à occuper
le haut de l'appareil de tissage, et on porte le tout sur les deux
montants verticaux. Cette ensouple supérieure est attachée la première, avec des cordes. On fixe de même l'ensouple inférieure au
bas des montants, après avoir pris le soin d'exercer sur elle une forte
pression qui tend la chaîne.

La chaîne ainsi dressée ne permet pas encore le tissage. Elle doit
être munie de la lisse, *nîra*. Une femme experte, assise au métier,
auquel elle a assujetti un bâton de lisse, noue sur ce bâton l'extrémité d'une cordelette qu'elle fait passer autour du premier fil de
chaîne, vers l'une des lisières, pour le ramener et l'attacher sur le
bâton, puis la faire passer autour du troisième fil de chaîne, et
ainsi de suite en prenant les fils impairs de la chaîne et laissant les
fils pairs jusqu'à l'autre lisière.

La lisse ainsi faite forme une courte nappe horizontale qui se
rattache, d'une part, au bâton de lisse et prend, d'autre part, tous
les fils impairs de la chaîne en laissant libres tous les fils pairs.
C'est ce dispositif qui permettra le tissage. Il suffira, en effet, d'introduire, entre les deux nappes de chaîne un roseau, *qaṣba*, dont la
manœuvre alternativement ascendante et descendante, fera passer,
tantôt en avant, tantôt en arrière, les fils pairs et impairs et ména-
gera, entre deux passages successifs de la trame, le croisement, *rôḥ*
« âme », nécessaire à l'exécution du tissu-toile.

Ces opérations, difficiles à décrire clairement, sont très méticuleuses. Elles exigent, pour être convenablement exécutées, une habileté manuelle qui ne peut être acquise que par une longue expérience. D'où certaines précautions rituelles qu'on croit indispensables ; leur but est de conjurer les mauvaises influences. En voici quelques exemples.

Un repas propitiatoire est généralement pris en commun.

A Oued Chaïr, ce repas consiste dans la consommation d'un couscous sans galette.

A Orléansville, on prépare un bon souper, *'aša n nira* « souper de la lisse », qui consiste en un couscous à la viande, relevé des condiments habituels.

A Saïda, les membres de la famille se contentent de prendre le café.

A Djelfa, le repas, analogue à celui d'Orléansville, est consommé au moment du coucher du soleil.

A Bougie, on fait bouillir ensemble des fèves et des pois chiches, mais les fèves, au lieu d'être consommées, sont répandues à la base du métier : elles serviront de nourriture aux anges, *mlâïka*.

A Souk Ahras, on prépare la *ḥmûra*, ragoût fait d'une poule égorgée selon les rites, ou de viande achetée au marché. Le tissage sera béni, *mebrûk*.

A Bou Saâda, on sacrifie une bête, un poulet, par exemple, qui sert à préparer un mets qu'on expose avec des parfums, *bḫûr*, sur l'emplacement du métier à tisser. Cette exposition dure quelques minutes pendant lesquelles on s'abstient de parler. Le mets est ensuite présenté aux membres de la famille, qui se mettent à manger sans dire la *besmela*.

A Orléansville, on suit le même rituel, mais pour des tissus de couleur seulement ; il faut alors que le sang de l'animal égorgé ait maculé les ensouples.

En bien des endroits, l'emplacement du métier est soumis à des fumigations parfumées avant le montage, et cette précaution se renouvelle tous les vendredis. A Orléansville toutefois, seules les novices prennent cette précaution.

Dans le Guergour et dans la région de Souk Ahras, producteurs de tapis à haute laine et à points noués de quelque valeur, on égorge un mouton. De même dans les Beni Bou Yahi (Maroc oriental) où l'on égorge un mouton au début, au milieu et à la fin de l'ouvrage.

A Bou Saâda, le noueur de tapis, *reggâm*, reçoit, avant d'entreprendre le travail, un quartier de mouton, *rjel lḥam*, et une mesure de blé, *gelba gemḥ*. Autrefois, on y ajoutait cinq livres de beurre, *rba' dhan*, ou un grand plat de couscous. Ces dons, y compris des récompenses en argent, sont dits *'asâl ennîra* (pl. *'asawâl*) « souper de la lisse ».

Au moment de dresser le métier, c'est-à-dire de fixer les ensouples sur les montants, on fait sortir, à El Oued, du local où il doit être installé, toutes les personnes qui s'y trouvent. Celles qui y resteraient ne tarderaient pas à mourir, croit-on. L'idée de mort serait associée à celle des ensouples, car celles-ci servent de brancards pour le transport des défunts au cimetière. A Orléansville, on fait sortir les jeunes filles seulement.

Pendant le montage, les femmes d'El Oued parlent à la chaîne. Elles lui disent :

> *Ahlek Msâ'ba ; lûwel mâ yilḥaq ši ṣâḥba.*
> « Ta famille (à toi burnous) est (de la tribu) des Msâ'ba ; le premier (des 'Achache) ne joindra pas, n'égalera pas son compagnon. »

Ce langage est moins obscur lorsqu'on sait qu'El Oued est peuplé par deux tribus rivales, les Msâ'ba et les 'Achache.

Après le montage de la laine sur le métier, on met, à Djelfa, un peu de charbon et un peu d'orge sur le rouleau supérieur.

A Oued Chaïr, le premier soir, on donne à manger au métier, *i'assâ lmensej*, en mettant du couscous dans l'encoche de l'ensouple, *fumm el ḥesba*.

De même à Orléansville, après quoi on allume une bougie qui, une fois consumée, est remplacée par une autre, et ainsi jusqu'au matin.

A Souk Ahras, on procède au *bârâk*. Pour cela, on fait griller du blé dans une marmite, *tâjin*. Le blé est ensuite dispersé sur l'emplacement du métier, c'est le « souper du métier », *'asa lmensej*, que les poules se chargeront de manger.

Après la confection de la lisse, celui qui a commandé un burnous à une ouvrière apporte le souper de la lisse, *'aša nntra,* composé de viande et de semoule. Pour les gens de Saïda, cette précaution évite la mort d'un membre de la famille. A Orléansville, on ne se mettrait même pas à l'ourdissage si cette formalité n'était pas accomplie.

A Bou Saada, celui qui commande un burnous dans une famille étrangère apporte la quantité de grains, ou de semoule, nécessaire à la préparation d'un repas à l'intention des membres de cette famille. Ceux-ci ne peuvent distraire ces denrées de l'usage auquel elles sont destinées. L'on dit d'eux : *yeqelgu l käskäs* [1].

Tissage.

Il est des jours de repos, de fête, de deuil où le tissage s'arrête. Ainsi à Souk Ahras, à Djelfa, à Orléansville et en bien d'autres lieux, le vendredi de chaque semaine, considéré comme sacré.

Lors de certaines fêtes religieuses, et de certains jours marquants, le métier chôme aussi. C'est l'époque des *'awâser elmensej,* « des vacances du métier (à tisser) ».

A El Oued, ces vacances sont de 5 jours pour l'*'ašûra* (la fête religieuse du premier mois de l'année hégirienne) et l'*'îd el kbîr* (la grande fête ou fête du mouton), de 1 jour pour le *mûlûd* (la fête anniversaire du Prophète), l'*'îd eṣ ṣġîr* (la petite fête ou fête qui suit le jeûne du ramadan), *larb'a lkaḥla* (le mercredi noir?), l'*anṣla* (le quatrième des jours caniculaires) et *mâyû* (mai). Elles sont de 3 jours à Orléansville pour les quatre premières fêtes, et de 12 jours pour les trois autres.

A Souk Ahras, les vacances sont moins nombreuses et moins longues : 3 jours à l'occasion de l'*'îd eṣṣġîr,* de l'*'îd elkbîr* et de l'*'ašûra,* 7 jours à l'occasion du *mûlûd* ;

A Bougie : 3 jours à l'*'ašûra* et au *mûlûd,* plus le premier jour du mois de *rebi'* (printemps).

---

1. *Yeqelgu,* pour *yejelgu* « ils bouchent », avec la prononciation des parlers sahariens d'Algérie.

A El Oued, quand une jeune fille, *ṣobîya*, se marie, elle s'interdit tout travail de la laine pendant les quatre jours qui précèdent la consommation du mariage et pendant les 7 jours qui la suivent. Quant à la femme, *sâbba*, veuve ou divorcée, qui se remarie après un premier veuvage, elle cesse le travail pendant les trois jours seulement qui suivent la cérémonie.

A Souk Ahras, les vacances du métier durent 7 jours après un premier mariage, et 3 à 4 jours au plus après un remariage.

A Orléansville, le mariage ne donne lieu à aucune prohibition spéciale.

L'accouchement est naturellement une cause d'interruption de travail, qui dure 40 jours à Souk Ahras.

A Souk Ahras encore, on ne tisse pas durant les 3 ou 4 jours que dure une fête de circoncision.

Toujours à Souk Ahras, le décès d'une personne âgée provoque un arrêt de 40 jours, et de 7 à 8 jours pour celui d'un enfant.

A Bou Saâda, le travail est interrompu pendant une période qui varie de 8 à 15 jours lorsque meurt un membre de la famille, et pendant 2 à 4 jours si le défunt est un voisin. De ceux qui ont suspendu l'ouvrage, on dit : *Rahum m'aṭṭlîn 'alâ fûlân* : « ils ont cessé le travail à cause d'un Tel. »

A Orléansville, le chômage, à la suite du décès d'un membre de la famille, dure 20 jours, et 7 jours seulement pour la mort d'un parent qui n'habite pas sous le même toit.

Pendant toute la durée de ces vacances, on s'abstient de toucher au peigne-tasseur, *ḥellâla*.

En se mettant au travail, les femmes disent naturellement la *besmela*. A Djelfa, elles donnent en même temps un coup de peigne-tasseur sur le bâton de lisse[1].

La besmela se complète souvent d'autres formules :

Orléansville : *Besmellâh !*
           Tkelna 'alik, yâ Allâh !

---

1. A Rabat, elles disent : « *ššš...* » pour que le tissage monte et que la chaîne descende rapidement. Elles s'oignent également les mains d'huile et les passent sur la chaîne pour se préserver des blessures.

Yâ Sîdi 'Abd El Qâder!
Hatta tsähhel 'aliya
Neglâ' haḍ el bernûs belḫeff,
« Au nom d'Allâh !
« Nous comptons sur toi, ô Allâh !
« O mon Maître 'Abd El Qâder !
« Pour que tu m'aides
« A enlever rapidement ce burnoûs. »

Saïda : *Besmellâh wul barâka*
U Sîdi 'Abd El Qâder !
Sahhalli fi hâḍ elbernûs
Bâh nkemmeläh,
« Au nom d'Allâh, de la Bénédiction
« Et de Sîdi 'Abd El Qâder !
« Aide-moi dans la (confection de) ce burnoûs
« Pour que je l'achève. »

Djelfa : On dit la *besmela* trois fois, ou bien :

Yâ šîḫ 'Abd El Qâder El Ǧeylâli!
'Âwûnna bel barâka neḫedmu
Besmella u ṣṭalla 'alâ Mohammed!
« O Cheikh 'Abd El Qâder El Djilali !
« Aide-nous de ta protection pour que nous puissions tra-
vailler.
« Au nom d'Allâh ! Que la bénédiction soit sur le Pro-
phète !

Orléansville : *Yâ Rebbi !*
Hatta tsähhel elbernûs lmûlâh
Yelbsû beṣṣaḫḫa wusster.
« O mon Maître !
« Faites ce burnous aisé à porter pour son propriétaire ;
qu'il le revête en toute santé et protection. »

Souk Ahras : A la *besmela*, les femmes ajoutent :

A'ûḍu billâhi mina ššîtân rrâjîm !
Bismi llâhi rraḫmân rrâḫîm !
Yâ Rebbi, l'amal 'alik.
Wuṭṭolba fik, yâ krîm.

Wel 'aïna bik, yâ rraḥmân errâḥim !
Yâ Rebbi 'ala bâbek !
Wâtina baḥbâbek !

« Je me réfugie en toi contre Satan le lapidé.

« Au nom d'Allâh, le Clément, le Miséricordieux.

« O mon Maître, il n'y a de bien que sur Toi.

« La demande t'appartient, ô Généreux.

« De même que l'assistance, ô le Clément, le Miséricordieux !

« O mon Maître ! Je m'en remets à toi.

« Et viens vers nous par l'intermédiaire de tes Amis ! »

Au cours du tissage, on songe aux repas traditionnels et propitiatoires auquel le tissage pourra donner lieu. C'est ainsi qu'au commencement et à la fin du travail, les femmes d'El Oued répètent à
leurs maris les paroles suivantes, passées en proverbe :

Nhar elmebda
Njibu lkebda,
Nhâr elglâ'
Njibu ḍḍlâ'.

« Le jour du commencement (du travail)

« Nous apportons du foie,

« Le jour de l'achèvement (du travail)

« Nous apportons des côtelettes. »

On se préoccupe aussi du sort qui sera réservé à l'étoffe une fois
terminée. Si celle-ci est destinée à être écoulée sur le marché, on
exprime le vœu qu'elle se vende un bon prix. D'où le souhait d'El
Oued :

Sûgek ḥâmi,
Šerrâyek 'âmi.

« Que ta vente soit élevée,

« Que ton acheteur soit aveugle (sur tes défauts). »

On prend d'ailleurs des mesures pour que la vente soit rémunératrice. C'est dans ce but que les tisseuses d'El Oued suspendent, à
l'ensouple supérieure: un piment, *felfel*; un morceau de plâtre blanc,
zebbâsa ; un tendeur, *jebbâd*, moitié blanc, moitié noir. Le piment

fort, *felfel ḥarr*, suspendu à la lisse, a, croit-on, les mêmes vertus.

Le piment peut encore avoir d'autres effets. A Laghouat, on pense qu'accroché à l'ensouple supérieure, il annihile toute tentative du mauvais œil et 'empêche la rupture des fils de chaîne. De même à Bou Saada, où, à la lisse, on suspend un piment d'été, *felfel ṣifa*, auquel on peut substituer un petit écheveau de chaîne, *qdib*, passé au noir de fumée.

A Souk Ahras, le piment rouge, *lfelfel elaḥmar*, fait avancer rapidement le tissage, tandis qu'à Eddis, l'ouvrière ne s'y intéresserait que pour la cadence que marquent les grains dans leur enveloppe séchée, lorsque, sous les coups du peigne-tasseur sur la trame, ils rebondissent en faisant du bruit.

On a vu que la tisseuse craint le mauvais œil, capable d'annihiler ses forces et de la rendre incapable au travail. De la terre mêlée d'aiguilles brisées, enveloppée d'un chiffon, et suspendue sur le *taggür*, à gauche du métier, aurait le même objet, ainsi qu'une queue de chacal, *ko'âll ed dib*, accrochée à l'ensouple supérieure ou au linteau de la porte d'entrée (Bou Saada et Laghouat).

Pendant qu'un tissu est en cours d'exécution, on s'abstient de faire passer un enfant par-dessus l'ensouple supérieure, *ma i'aggbaṣ* : l'enfant serait ultérieurement exposé à être brûlé. Cependant, à Orléansville, on fait passer l'enfant par-dessus cette ensouple lorsqu'on procède à la confection de son premier burnous[1].

L'étranger ne doit pas non plus toucher à un tapis en cours d'exécution. Le cas échéant, il peut se racheter en versant une amende (Souk Ahras).

Il ne convient pas enfin de complimenter un reggâm, pas plus qu'une tisseuse, sur son travail : la louange pourrait lui être nuisible. « Un étranger s'étant une fois extasié devant un tapis, déclare un reggâm de Bou Saada, cela me porta malheur, je me piquai dans les dents du peigne-tasseur, ma main s'envenima et je dus interrompre mon ouvrage pendant plus de deux mois. » Mais ceci se rapporte à une croyance générale au mauvais œil, qui n'est pas spéciale au métier.

---

1. A Rabat, cette interdiction vaut pour les femmes, surtout pour celles qui sont enceintes et qui s'exposeraient à ne pas pouvoir accoucher.

La coupe de la chaîne.

Lorsque le tissu est terminé, il faut l'extraire du métier. Pour cela, on coupe la partie de la chaîne inutilisée, à mi-distance de l'extrémité de l'étoffe et de l'ensouple supérieure. On peut alors dégager la lisse, qui glisse sans obstacle le long des fils de chaîne ainsi coupés. Après quoi, on déroule l'ensouple inférieure jusqu'au chef, pour dénouer le fil de couture qui fixait la chaîne sur l'ensouple. Cette opération, quoique très simple, est accompagnée de rites ultimes très précis.

Il faut noter, tout d'abord, qu'on ne coupe jamais la lisse, qui permet le croisement, *rôḥ* « âme », des fils pairs et impairs et donne en quelque sorte la « vie » au tissu : couper la lisse pourrait causer la mort de quelqu'un.

A Bou Saada et à Orléansville, on se garde de couper la chaîne un mercredi.

A Bou Saada, avant de couper la chaîne d'un burnous, *iśerrbu l ḥśeb, ennîra, elgṣob, welùtàd bel ḥollàla :* « on abreuve les ensouples, la lisse, les roseaux et les montants au moyen du peigne-tasseur », qui a été préalablement trempé dans l'eau (rite des agonisants). Puis on se met à couper la chaîne, mais par fragments. D'où l'expression : *ibegg'u lgaʈ'a* « on tigre (on bigarre le bout de) la chaîne ». Cela porte bonheur.

De même à Saïda où, dans la nappe de chaîne, on pratique d'abord sept ouvertures, sept portes, *bṛâj*, espacées, en commençant par la droite [1]. « Cette pratique, qui assure aux femmes l'entrée au paradis, est suivie depuis le temps de Notre Seigneur Mohammed. »

En procédant à la coupe, les femmes de Bou Saada disent :

> *Besmellâh ! Allâhu akbar !*
> « Au nom de Dieu ! Dieu est le plus grand ! »

Ce rite est analogue à celui de l'égorgement : on pense en effet

---

1. Les tisseuses de tapis, à Rabat, brûlent à la flamme d'une bougie, un ou deux fils, pour que la vente soit « chaude » (rémunératrice).

que pendant toute la durée du travail, la chaîne a connu toute une
existence qui prend fin au moment où on la coupe[1].

A Bou Saada, le tapis qui vient d'être terminé est étendu bien à
plat sur le sol. Et, dessus, on répand des dattes, *ideǧǧu 'alih ettmar*,
que tous les membres de la famille consomment après s'être réunis
sur la pièce.

De même à Souk Ahras, où l'on invite des voisins à la collation.

C'est à cette occasion qu'à Bou Saada, à Souk Ahras et dans le
Guergour, un mouton est égorgé à l'intention du noueur de tapis.
Ce mouton est consommé en commun. A Bou Saada toutefois, le
reggâm en reçoit la moitié, avec, en plus, une mesure de blé.
Ce cadeau est dit *'eša rreggâm* « souper du tisseur ». La non-
observance de cette coutume ferait tomber quelque malheur sur la
famille.

Lorsqu'il s'agit d'un burnous destiné à un étranger à la famille,
celui-ci envoie tout ce qu'il faut pour préparer un bon repas,
dénommé *goṭ'a*, « (repas de la) coupe ».

Le rite de la « ferrure ».

Lorsqu'une fillette atteint l'âge de neuf à dix ans, on craint pour
sa virginité et l'on pense écarter tout danger en procédant à la
« ferrure », *tesfîḥ*.

Cette opération se fait au moment précis où le burnous vient
d'être achevé et où la chaîne inemployée n'est pas encore coupée
ou plutôt, n'a été coupée que sur une largeur suffisante pour laisser passer le corps de l'enfant.

S'étant procuré sept fèves crues et séchées, la mère fait manger

1. A Rabat, la formule renferme le « témoignage » :

> *Bism Allâh !*
> *U ṭakenna 'al Allah !*
> *Ašhed la ilâh illa Allâh,*
> *Sidna wa nabîna Moḥammed rdsâl Allâh !*
> « Au nom d'Allâh !
> « Nous nous appuyons sur Allâh !
> « Je témoigne qu'il n'y a de Dieu qu'Allâh,
> « Que Notre Seigneur et Prophète Moḥammed est l'envoyé d'Allâh.

l'une de ces fèves à la fillette et lui fait franchir le passage réservé dans la chaîne, en lui donnant des coups de peigne-tasseur sur les reins et en disant :

> *Bentna ḥiṭ,*
> *Wuld ennás ḥiṭ !*
> « Que notre fille soit un mur,
> « Que le fils bien né soit un fil ! »

Lorsque l'enfant a consommé les sept fèves et franchi sept fois la chaîne de la même façon, le charme est réalisé, et durera jusqu'au jour où il sera annulé par l' « ouverture de la ferrure », *ḥell ettesfiḥ.*

C'est à la fin du jour, à l'heure du coucher du soleil, quelques instants avant le départ de la jeune mariée pour le domicile de son époux, qu'a lieu cette opération.

Les organes du métier à tisser sont entassés les uns sur les autres : lisse, *nira* ; tirants latéraux, *'aḍḍâḍât* ; peigne-tasseur, *ḥlâla* ; pointe à placer les fils de trame, *debbâṭ* ; ficelles de couture de la chaîne sur les ensouples, *ḥâyâyíṭ* ; tendeurs de la lisse, *jbâbíd* ; fils répartiteurs de la chaîne, *sfâfíḥ* ; cordes d'attache des ensouples sur les montants, *raffâ'* et *'affâsa* ; strigile, *ḥakkâka* ; carde, *gerdâsa* ; fil répartiteur de la lisse, *ḥmâr* ; roseaux, *gṣob*, etc. Tous objets sur lesquels sont placés les montants et les ensouples du métier à tisser, *gwâïm et ḥšeb.*

La jeune mariée vient ensuite, dévêtue, s'asseoir sur le tas ainsi formé pour se passer de l'eau sur tout le corps, *telsaḥḥam.* Pendant ce temps une femme, qui peut être sa mère, mais qui ne doit avoir été mariée qu'une seule fois, expose au feu un bout de lisse, *nira*, dont elle recueille les cendres pour les mélanger, dans un bol, à du miel et des dattes. A sept reprises différentes, la jeune mariée mange de ce mélange en prononçant chaque fois la formule suivante, analogue à celle qui fut prononcée au moment de la « ferrure », mais inversée :

> *Wuld en nâs ḥiṭ,*
> *Wana ḥiṭ !*
> « Que le fils bien né ait la résistance d'un mur,
> « Et que moi je n'aie pas plus de résistance qu'un fil ! »

Elle fait ensuite sa toilette de mariée, puis se rend chez son époux.

Il arrive que cette opération soit intentionnellement mal faite. C'est dans le cas où la mère ne consent pas au mariage.

Nous avons relevé cette coutume à El Oued, et l'avons retrouvée presque identique à Orléansville.

Considérations économiques.

Sur bien des points de l'Afrique septentrionale, on peut acquérir, aussi bien dans les marchés ruraux que dans les souks citadins, maints objets de l'industrie textile domestique, généralement usagés, mais aussi à l'état de neuf, à des prix relativement bas. Et souvent, l'on en a conclu que la modicité des prix de la matière première et de la main-d'œuvre autorisait des cours aussi réduits. Fréquemment donc, des capitalistes européens ont songé à utiliser pour des fins industrielles des circonstances en apparence si favorables : l'on a vu naître alors des entreprises pour la fabrication de tissus, de tapis à points noués surtout, dont les promoteurs attendaient de beaux bénéfices.

Cependant, bien des espoirs ont été rapidement déçus, bien des efforts ont été dépensés sinon en pure perte, du moins avec des profits très inférieurs aux prévisions. A quoi doivent être attribués de tels échecs ou de telles déconvenues ? L'exposé ci-dessus servira peut-être à donner quelques réponses.

Tout d'abord, on s'est trompé sur la valeur réelle des objets. Ceux-ci n'avaient quitté la demeure de leur propriétaire que par suite de circonstances exceptionnelles : une gêne passagère, des revers de fortune, la disette, etc. Offerts au souk avec insistance, la vente n'avait produit qu'une somme très inférieure à leur valeur intrinsèque. Somme dont on se contentait néanmoins, puisqu'on ne songeait pas à la matière première provenant du troupeau familial et qui n'avait pas été achetée. On n'évaluait pas non plus la main-d'œuvre des femmes puisque celles-ci avaient travaillé pour ainsi dire à temps perdu.

Il ne faut donc jamais oublier que, dans l'immense majorité des cas, le produit de la vente des tissus indigènes ne constitue pour les humbles ouvrières qui les ont confectionnés qu'un salaire d'appoint. Dans le prix de revient, elles ne songent naturellement pas à faire entrer les dépenses occasionnées par les twîzas et les repas propitiatoires. On a dépensé sans compter. Sied-il d'ailleurs de compter? Des calculs risquent de porter malheur. *Ma 'atd Allâh* « ce qu'Allâh donne », voilà ce dont il faut se contenter. C'est écrit. Ainsi, les tissus et tapis de fabrication rurale sont en réalité vendus à perte.

Il n'en est pas toujours de même pour les tissus de fabrication citadine, en particulier masculine, qui ouvrent une petite marge aux bénéfices, mais, pour tout observateur attentif, ces bénéfices sont très maigres, surtout lorsqu'il s'agit d'ouvrages féminins, car un juste compte n'est pas fait de tous les éléments du prix de revient.

Lorsque les entreprises européennes ont dû établir des prix rationnels, elles les ont vu monter dans des proportions considérables, inattendues, qui les ont compromises longtemps quand elles ne les ont pas fait échouer.

La main-d'œuvre féminine indigène n'est pas, d'autre part, d'une activité suffisamment constante pour qu'on puisse espérer d'elle, notamment dans les débuts, les rendements réguliers que toute organisation moderne exige pour vivre et prospérer.

Au regard des rendements industriels où la mécanique entre en jeu, ces rendements sont très limités, parce qu'ils sont entièrement manuels. La limite en est même si étroite qu'elle nécessite, en maintes circonstances, le concours de twîzas, de ces prestations à forme d'entr'aide mutuelle grevées d'obligations réciproques assez coûteuses.

Le travail est en outre interrompu par les jours de maladie — hélas trop fréquents dans une société où l'hygiène et les vrais soins manquent si souvent — de fête, de deuil, de cérémonies familiales, interdisant tout engagement sérieux de délai dans les livraisons, quelquefois même l'espoir de voir achever un ouvrage commencé. Si l'on fait le compte des jours ouvrables, le nombre en est si réduit, qu'il remplit à peine la moitié de l'année.

Tous éléments aussi anti-industriels que possible du point de vue européen.

Si les pratiques suivies par les indigènes restaient immuables, aucun effort vers l'utilisation de leur main-d'œuvre ne pourrait être tenté avec chance de succès. Heureusement le traditionnalisme n'est pas aussi indéracinable qu'on l'a dit. Partout où des écoles, des ouvroirs et des ateliers ont été créés, on a pu, en peu d'années, observer de profonds changements. Le vieux fonds de croyances magiques et les vieilles méthodes de travail subissent un rude assaut.

M. Lutaud, gouverneur général de l'Algérie, citait, dans une réunion du 9 février 1914, la résistance opposée dix ans avant cette date par une famille à l'introduction, dans sa demeure, d'un métier à tapis, à l'usage d'une ancienne apprentie sortant d'un de nos ouvroirs. On croyait en effet que le métier à tisser a une âme capable de se substituer à une âme humaine, d'occasionner par conséquent la mort, dans l'année, de l'un des membres de la famille. La résistance fut invincible. Un voisin, moins fanatique, accepta le métier, à la condition cependant de le faire arroser du sang d'une poule blanche égorgée à son intention. Ce qui n'empêcha point l'homme de vivre toute une année dans la crainte de voir mourir l'un des siens. Son appréhension fut heureusement vaine. La nouvelle fit sensation et l'œuvre d'assistance post-scolaire créée dans la localité put enfin se développer. Les métiers sont aujourd'hui déplacés avec la plus grande facilité. Ils sont même accueillis avec joie, car avec une tâche agréable, ils apportent du bien-être. Si des poules blanches sont parfois égorgées, ce n'est plus à cette occasion.

Les jeunes ouvrières commencent également à abandonner les pratiques rituelles qui entouraient le travail de la laine depuis le filage, l'ourdissage, jusqu'au montage et à la coupe de la chaîne. D'où une réduction considérable des pertes de temps et des frais qui en résultaient. Elles se sont rendu compte, au moins dans les centres les plus importants, de l'inanité de telles pratiques.

Ceci revient à dire que le contact européen finit par faire son œuvre ; il abolit les vieilles croyances magiques, au détriment du pittoresque il est vrai, mais au profit matériel et moral d'une population dont les moyens de production, le rendement économique sont accrus, et le standard de vie sensiblement relevé. C'est ce qui a permis la fréquentation de fabriques de tapis par des centaines d'ouvrières, dans les villes comme Alger, Oran et Tlemcen[1], dont l'exemple commence à être suivi en maints autres centres de la colonie algérienne et des deux colonies voisines : la Tunisie et le Maroc. La conséquence a été le développement d'une industrie qui s'intensifiera d'autant plus que les pratiques superstitieuses dont nous avons parlé disparaîtront ; mais encore est-il sage de les laisser tomber d'elles-mêmes, sans brusquerie.

P. S. — En terminant cette courte étude, je tiens à remercier M. W. Marçais qui a bien voulu lire mon manuscrit et m'aider dans mes transcriptions et traductions.

[1]. Les événements vont si vite qu'en une génération, exactement en 27 ans, Tlemcen, où l'industrie des tapis était totalement inconnue en 1900 (date de la création de l'ouvroir indigène de cette ville par Mlles Saéton), est aujourd'hui (1927) dotée de plus de 1000 musulmanes occupées à nouer des tapis. Et ce n'est point un exemple isolé. Alger, Oran, Constantine, Bougie, Cherchel, etc., disposent aujourd'hui d'une main-d'œuvre, autrefois inexistante, qui se multiplie chaque année. Dix ans ont suffi pour qu'à Fès le nombre des ouvrières ait pu passer de zéro à une centaine. Le même mouvement s'esquisse à Meknès et à Marrakech. Dans les vieux centres producteurs, tels Kairouan, Rabat et Casablanca, la main-d'œuvre a doublé dans le même temps. Les efforts persévérants des pouvoirs publics et de l'initiative privée, qui ont suivi, ne seront point perdus.

REMARQUES SUR *L'ARTE*
ET LE *VOCABULISTA* DE FR. PEDRO DE ALCALA [1]

Par M. Robert RICARD.

J'ai essayé de montrer ailleurs [2] qu'il ne serait peut-être pas sans
intérêt d'étudier parallèlement la méthode employée en Espagne
par les évangélisateurs des Morisques et la méthode employée en
Amérique, spécialement en Nouvelle-Espagne, par les évangélisateurs des Indiens, et que ces méthodes, autant qu'on peut l'affirmer
simplement après un rapide examen, présentent beaucoup de points
communs. En particulier, on constate que le plan de l'espèce de
doctrina insérée par Pedro de Alcalá dans son *Arte para ligera-
mente saber la lengua arauiga* [3] se rapproche singulièrement de
celui de quelques *doctrinas* américaines, par exemple de la *doctrina*
composée par le Franciscain Fr. Alonso de Molina pour les indigènes du Mexique [4] — d'ailleurs sensiblement postérieure. Il est
vrai que les catéchismes publiés à cette époque, en Espagne et en
Amérique, présentent presque tous entre eux de grandes analogies.

Mais, pour ce qui est de la forme, on note une différence importante : les missionnaires, au Mexique, ont été comme hantés par la

1. Il m'aurait été difficile de mener à bien ce petit travail sans l'obligeance de mon
ami M. Georges S. Colin, qui m'a fait profiter de sa compétence d'arabisant et dont les
suggestions m'ont été précieuses. Qu'il veuille bien trouver ici l'expression de ma sincère
gratitude.

2. *Indiens et Morisques. Notes sur quelques procédés d'évangélisation* (*Journal de la Société
des Américanistes de Paris*, XVIII (1926), p. 350-357).

3. P. 31-66. Je renvoie naturellement à l'édition de Paul de Lagarde, *Petri Hispani de
lingua arabica libri duo*, Göttingue, 1883.

4. Cf. J. G. Icazbalceta, *Nueva Colección de Documentos para la Historia de México*,
tomo II, Mexico, 1889, p. 33 sq.

possibilité de confusions entre certaines croyances et pratiques chrétiennes et des croyances et des pratiques païennes. De fait, ces confusions étaient rendues faciles par des analogies superficielles, souvent relevées : les Mexicains avaient une sorte de baptême, une sorte de communion. Aussi les religieux, dans leurs sermons et leurs écrits en langue indigène, ont-ils été amenés, pour désigner les choses chrétiennes, à employer non pas des équivalents en nahuatl, ni même des périphrases, mais les mots castillans tels quels. C'est ainsi que dans le texte nahuatl des *Pláticas* faites par les douze premiers missionnaires et recueillies par Sahagún[1] on relève les termes suivants : *doctrina cristiana, Sancto Padre, gentiles, cardenales, Patriarchas, Sancta Yglesia Catholica, Angeles*, etc..., sans compter des mots espagnols plus ou moins travestis, comme *apostolome, evangelistame*. De même dans la *Psalmodia* en nahuatl de Fr. Bernardino de Sahagún, imprimée à Mexico chez Pedro Ocharte en 1583 : *sacramento, Santísimo Sacramento, Pasqua, vigilia, Quaresma, Quatro Témporas, virtudes theologales, cardinales, psalmo, altar*, etc... Jamais on ne traduisait Dieu par le nahuatl *teotl* : on disait toujours *Dios*[2]. Par un scrupule plus grand encore, le premier évêque de Mexico, Fr. Juan de Zumárraga, ordonna de dire *Sumo Pontífice* et de ne pas employer le mot *Papa*, de peur d'une confusion avec les *Papas* indigènes[3]. Et si on trouve le mot *Papa* dans les *Pláticas* des Douze, il est toujours accompagné de *Santo Padre*. Sur tout cela on avait en Espagne les mêmes idées que les missionnaires, puisque dans une cédule datée de Valladolid, 22 septembre 1538, Charles-Quint, autorisant l'impression d'une *doctrina* après examen par un tribunal ecclésias-

1. Cf. Fr. José Mª Póu y Martí, O. F. M., *El libro perdido de las Pláticas o Coloquios de los doce primeros misioneros de México, Miscellanea Fr. Ehrle*, Rome, 1924, tome III, p. 281-333.

2. Cf. Mariano Cuevas, S. J., *Historia de la Iglesia en México*, tome I ; Tlalpam (D. F.), 1921, p. 38, n. 4 et Ph. Marcou, *Journal de la Société des Américanistes de Paris*, XVI, (1924), p. 97.

3. « En fin, este nombre Papa fué tenido como suprema dignidad entre muchos de los indios, por lo cual el primero obispo de México, mandó que en las oraciones adonde añadimos Papa, no se dijese Papa, mas sumo Pontífice, porque no pareciese a los indios que en nuestros sacrificios se hacía mención de sus sacerdotes, idólatras y ministros del demonio » (Román y Zamora, *Repúblicas de Indias*, liv. I, ch. 6. Ed. de Madrid, 1897, I, p. 94).

tique, s'exprime ainsi : « E advertid mucho en que los que la exa-
minaren que miren los vocablos no traigan inconvenientes para la
doctrina y religion cristiana, por las significaciones que los indios
en su lengua les dan[1]. » Je ne donnerai qu'un exemple, tiré de
Sahagún, pour montrer que ces précautions n'étaient pas super-
flues : « Le troisième lieu, écrit l'ethnographe franciscain, où se
faisaient autrefois un grand nombre de sacrifices auxquels on venait
assister de lointains pays, est situé au pied du volcan dans un village qu'on appelle *Tianquizmanalco* (San-Juan). On y célébrait une
grande fête en l'honneur du Dieu *Telpochtli* qui n'est autre que *Tezcatlipoca*. Comme les Indiens entendaient dire aux prédicateurs que
Saint Jean l'évangéliste était vierge — ce qui en leur langue se
traduit par *telpochtli* — ils en prirent occasion de célébrer cette
fête comme autrefois ostensiblement sous le nom de Saint Jean
Tlepochtli, mais en réalité en l'honneur du *Telpochtli* antique qui
est *Tezcatlipoca* ; car Saint Jean n'a fait aucun miracle en cet
endroit et il n'y a pas plus de raison pour y aller qu'en tout autre
lieu où ce saint a une église[2]. »

Pedro de Alcalá, au contraire, introduit fort peu de mots castillans, et, le plus souvent, traduit les mots qui désignent des choses
spécifiquement chrétiennes par des équivalents arabes, ou plus
exactement arabes musulmans.

Dans son *Vocabulista*, les mots castillans pour désigner les choses
chrétiennes ne sont pas extrêmement nombreux ; j'ai relevé les
suivants : *arzobispo* (p. 104, l. 13), *cardenal* (140, 5 ; sur ce mot

1. Cf. Icazbalceta, *Noticia de una obra en tarasco*, dans les *Anales del Museo Michoa-
cano*, Año 1º, Morelia, 1888, p. 62-64. Il faut rappeler qu'un peu partout et pour les
mêmes raisons les missionnaires ont été amenés à introduire des termes européens dans
les langues indigènes. C'est ainsi que l'on trouve plusieurs mots espagnols ou portugais
dans l'adresse des chrétiens japonais à Rome (1603) traduite par M. Dautremer dans la
Revue d'Histoire Franciscaine (Juillet-Décembre 1926, p. 575-578) ; on fait la même cons-
tatation au sujet du texte guarani de la lettre de Fr. José de San Alberto, archevêque de
La Plata, aux Indiens *Chiriguanos* (1790 ?), dont une édition *fac-simile* a été donnée à
Buenos Aires en 1927 par les soins de l'*Instituto de Investigaciones Históricas* ; on y relève
des mots comme *Arzobispo, Papa, Santísima Trinidad, Santos, Santa Iglesia, Sacramento*
etc. Le même fait a tout récemment encore frappé M. André Gide pendant son voyage
au Congo (*Voyage au Congo*, Paris, 1927, p. 42).

2. *Histoire générale des Choses de la Nouvelle-Espagne*, trad. Jourdanet et Siméon,
Paris, 1880, p. 787.

est formé le substantif *cardenalia*, 140, 6), *corona* (156, 6), *diácono*
et *diaconado* (301, 38 et 1), *papa* (236, 25), *cota* (314, 2), *obispo* et
obispalia (326, 30 et 36), *patena* (344, 37), *sacristán* (390, 34). On
trouve aussi des mots d'origine romane comme *lapat* (137, 39 et
146, 27), *bebe* (340, 1 et 342, 14), *pilla* (350, 3). Mais ces derniers
termes viennent du dialecte des Mozarabes, et, vraisemblablement
aussi, des mots comme *arzobispo, corona, diácono, papa, cota, obispo,
patena* étaient passés dans l'arabe d'Espagne par l'intermédiaire des
Mozarabes[1]. Il faut observer en outre que, pour beaucoup de ces
mots, Pedro de Alcalá propose à côté des termes espagnols de véritables traductions : pour *obispo*, par exemple, il propose à la fois
obispo et *azcúf* (*asqûf*). En sorte que les mots castillans introduits
de force, si je puis dire, par Pedro de Alcalá pour désigner des
choses chrétiennes se réduisent à peu près à rien. A côté, se trouvent
des équivalents musulmans curieux : si *iglesia* est traduit par *báyaă*
(*bai'a*) — traduction bien imprudente puisque ce mot désigne proprement l'église ou la synagogue et, pour des musulmans, ne pouvait être que péjoratif[2], — Pedro de Alcalá donne aussi *gimiĕ*
(*żimi'*, pour *ǵâmi'*) et *mézgid* (*masżid*) (282, 33-35), mots qui
signifient mosquée. Et *cabildo de yglesia* est traduit par *jámaă*
(*żamâ'a*, 132, 14). L'*ermita*, c'est la *rábita* (*râbiţa*) et la *juáyma*
(*żuwáima'*, 238, 30-31), termes arabes musulmans qui veulent dire
ermitage, petite mosquée. L'*altar* est rendu par *miharáb* (99, 22), et
le *miḥăráb*, c'est proprement la niche pratiquée dans le mur de la
mosquée et qui indique aux fidèles la direction de la Mekke ; l'imâm
s'y place pour diriger la prière ; cette traduction se retrouve d'ailleurs dans la *doctrina* (37, 35 et 60, 33). Le *predicatorio*, c'est
le *minbar* (*mïnbar*), c'est-à-dire la chaire où se fait le sermon solennel du vendredi, ou la *curci* (*kursï*, 354, 32 et 33), le pupitre où
l'on place le qoran. La messe devient la *çala* (*salâ'*, 312, 7), ou
prière canonique musulmane ; et le *missal*, le *muçháf* (*muşḥaf*, 312,
8), volume contenant le texte du qoran. Quant aux mots *predicar,
predicator, predicación, sermonar, sermón*, dans le sens de sermon

1. Cf. F. J. Simonet, *Glosario de voces ibéricas y latinas usadas entre los mozárabes*,
Madrid, 1888. p. 1, 43, 438, 20, 135, 174, 420, 139, 403 et 427.

2. On peut en dire autant du mot *azcúf* (*asqâf*) forme mutilée du grec ἐπίσκοπος
pour traduire *obispo* et *arzobispo* (326, 31 et 104, 14).

religieux, faire un sermon religieux, etc. Pedro de Alcalá donne comme équivalents *aḫtaláb* (*aḫtaṭab*, 337, 35 et 386, 8), *ḫaṭib* (*ḫaṭib*), *ḫótba* (*ḫoṭba*, 354, 27 et 30, 396, 3), termes qui se rattachent tous au sermon solennel du vendredi[1]. Il en est de même pour les mots qui désignent les ministres du culte, *clérigo, sacerdote, cura* : Pedro de Alcalá les traduit par *ymém* (*imâm,* 140, 26-163, 33-390, 39), directeur de prière, mais aussi, il est vrai, par *quiciç* (*qissîs,* 146, 28-390, 1), vieux terme arabe chrétien. Le *canonista,* c'est le *çunni* (*sunnî,* 137, 37) celui qui étudie la coutume prophétique ou *sunna. Fiel* est rendu par *múmin* (*mú'min,* 252, 31), le croyant du point de vue musulman ; et les dix commandements de Dieu, ce sont *áȧxara fardáiḍ* (*'aṡara fard'iḍ*), les dix obligations strictes, *áȧxara aguámir* (*'aṡara awámir*), les dix commandements ou *áȧxara quelmil* (*'aṡara ḳalmíl,* pour *ḳalmất,* 203, 34), les dix paroles. Il faut remarquer que, dans son désir de trouver des équivalents, Pedro de Alcalá est, bien des fois, extrêmement gêné pour donner une traduction précise ; comme les choses ne correspondent pas exactement, les mots ne correspondent pas non plus ; et il en est réduit à proposer pour un mot espagnol plusieurs mots arabes, dont aucun n'a complètement le sens du mot espagnol, mais dont chacun exprime une partie de ce qu'il exprime, et à traduire plusieurs mots espagnols par le même mot arabe : c'est ainsi que *ráhib* (*râhib*), celui qui craint Dieu, rend à la fois *ermitaño* (238, 33), *frayle* (254, 38), *monge solitario* (314, 35) et *religioso* (377, 39) ; en revanche, pour *ermitaño,* par exemple, il donne trois mots, *murábid* (*murábiṭ*) d'où nous avons tiré marabout, *ráhib* (*râhib*) et *mutebélil* (*mutabáṭṭil*), c'est-à-dire celui qui se voue au célibat.

Dans la *doctrina,* les mots castillans sont, il faut le reconnaître, proportionnellement plus nombreux : *confessar* (33, 15 et 35, 4 sq.), *confessión* (33, 17), *communión* (33, 19 et 20), *fraile* (35, 7), *monesterio* (43, 3), *quaresma* (54, 29), *colación* (55, 3), *obispo* (56, 24), *comulgar* (56, 30 sq.). Il est vrai que *obispo,* comme nous l'avons vu, avait dû passer en arabe par l'intermédiaire des Mozarabes ; il faut en dire autant de *monesterio*[2]. Quelquefois, le verbe

---

1. Il donne en même temps, d'ailleurs, d'autres traductions.
2. Cf. Simonet, *Glosario,* p. 371.

castillan est conjugué à l'arabe : on trouve *inconfesáru, yconfessáru, yconfessar* (35), *yconfessarhum* (36, 15), *ticonfesár* (56, 30), etc…, *ticomulgár, comulgárt* (56, 30 et 33). D'autres fois, après le mot espagnol, Pedro de Alcalá donnera la traduction en arabe ; il écrira par exemple : « al fráiles al morabidín » (*al-murābiṭīn*, 35, 7 et 8). Mais, à côté de ce travail de placage, on retrouve le même effort d'adaptation qui donne parfois des résultats singuliers : si l'*Église* est rendu par *al focahá* (*al-foqahá*, 54, 35), les docteurs de la loi, la *sancta madre yglesia de Roma* est traduit par *agimié al mucáddeç mita Roma* (*aż-zimi' al-muqaddas mita' Roma*, 59, 15 et 16), c'est-à-dire la sainte mosquée de Rome. De même, « je vais à l'église pour entendre la messe » est traduit par *ani namxi la gimie bex nazmáá a çallá* (*ani namsi la-żżimi^e' baš nasma' aṣṣalá*, 31, 20-22). Mais un musulman n'entend pas la prière : il la fait. Presque toujours, Dieu est nommé suivant la coutume musulmane *allá azeguejél* (*alláh 'azza wa-żall*). Et la formule revient régulièrement, à une exception près, chaque fois qu'est prononcé le nom de Jésus. Pedro de Alcalá tient évidemment à rappeler à ses auditeurs que *iiça* ('*īsä*) n'est pas un simple prophète, mais bien Dieu lui-même, *alláh azeguejél*. Il est curieux de noter à ce propos que la forme chrétienne *Yuçóó* (*Yusó'*) n'apparaît qu'une seule fois (61, 34). Enfin, Pedro de Alcalá s'est bien gardé de traduire littéralement certains textes qui, ainsi rendus, auraient fait à des musulmans une impression de ridicule : il rend *agnus Dei* tout simplement par *gueléd alláh* (*walád alláh*, 62, 35), fils de Dieu. C'est, on le voit, une adaptation surtout formelle : ni le plan ni les idées n'ont rien d'original ; à lire seulement le texte espagnol, presque rien ne ferait soupçonner que le travail de Pedro de Alcalá est destiné à l'évangélisation des musulmans. On ne peut guère, de ce point de vue, signaler que le passage suivant, manifestement dirigé contre la conception purement physique que l'Islâm se fait de la pureté : « Este, écrit le Hiéronymite au sujet de la confession, es el verdadero lauatorio y alimpiamiento (*guadó* [*waḍó*] dans le texte arabe) delos pecados, y no aquel que les Moros hazen, lauandose los pies y piernas y partes del cuerpo vergonçosas enel baño o acequia, el qual lauatorio no podia lauar saluo la suziedad corporal » (37, 14 sq.). On relève ainsi trois catégories de termes : les mots arabes anciens désignant uniquement des choses chrétiennes, comme *qissîs, asqâf, râhib, bai'a,* etc..., les mots arabes désignant spécialement des choses musulmanes et appliqués par extension à des choses chrétiennes, comme *imâm, mihârâb, mushâf,* etc..., et les mots espagnols introduits en arabe.

Ce n'est pas ici le lieu d'examiner si la méthode de Pedro de Alcalá est préférable à celle des missionnaires mexicains. Le problème de l'adaptation dans les missions est d'une complexité infinie, et, en matière d'évangélisation, il n'y a point de principes absolus : ce qui est bon ici ne le sera point là, et réciproquement[1]. Remarquons seulement que l'adaptation était singulièrement facilitée à Pedro de Alcalá par la nature même de l'islamisme, ses emprunts au judaïsme et au christianisme, par l'existence de chrétiens de langue arabe, par les contacts perpétuels entre l'Islâm et la Chrétienté. Il n'y avait pas d'inconvénients, devant les Morisques, à présenter le christianisme comme un islamisme épuré, encore qu'il eût mieux valu leur présenter l'islamisme comme un christianisme dégénéré, ce qui aurait été en même temps plus exact ; la rupture ne s'imposait pas : au Mexique, au contraire, il eût peut-être été périlleux de faire du christianisme une simple continuation, un simple perfectionnement du grossier paganisme indigène.

P. S. — Le R. P. A. Giacobetti, des missionnaires de N. D. d'Afrique, veut bien m'écrire qu'il a trouvé et fait copier à la Bibliothèque Nationale d'Alger la traduction arabe d'une *doctrina* datée de 1554 et faite par Bartolomé Dorador, « clérigo beneficiado

---

1. Voir sur ce problème, pour les missions protestantes, le livre récent de M. Raoul Allier, *La psychologie de la conversion chez les peuples non civilisés,* 2 vol. Paris, 1925, et, pour les missions catholiques, la brochure du R. P. Dahmen, S. J., sur le P. de Nobili, *Un Jésuite Brahme,* Bruges, 1925, les comptes-rendus de la troisième et de la quatrième semaine de missiologie de Louvain, *Les aspirations indigènes et les missions,* Louvain, 1925, et *Autour du problème de l'adaptation,* Louvain, 1926, et la brève étude du R. P. Pierre Charles, S. J., *L'adaptation,* dans les *Dossiers de l'action missionnaire,* n° 39 (Louvain, Juin 1927, n° 3). — Dans son gros travail sur *Saint François Xavier* (2ᵉ édit., 2 vol., Paris, 1922), le R. P. Alexandre Brou, S. J., nous donne un exemple de chacune des méthodes opposées : au Japon, Saint François Xavier employait le mot portugais *Deos,* pour éviter les expressions équivoques en usage dans les sectes japonaises (II, p. 188) ; au contaire, en tamoul, les missionnaires avaient recours à la périphrase : les sacrements s'appelaient *emblèmes de la divine opulence,* le baptême le *bain spirituel* etc. (I, p. 198).

de la Yglesia de Señor Santiago de Guadix », sur l'ordre de
D. Martín de Ayala, alors évêque de Guadix. Le P. Giacobetti
ajoute : « L'adaptation à la mentalité arabe est manifeste, non
« seulement dans la division de l'ouvrage, qui comprend des par-
« ties, chapitres, questions, articles, comme dans les auteurs
« arabes, mais aussi et surtout dans la manière de s'exprimer,
« dans les formules laudatives qui accompagnent le nom de Dieu,
« dans les expressions arabes,... l'*autel* est désigné par le mot
« *mihrab*, qui indique la niche de la mosquée pour la direction des
« assistants, la *messe* se nomme *çalat*, ou prière par excellence. Il
« y a aussi quelques termes espagnols ou latins : *agnous*, *birfas*
« (préface), *obisbo* etc. » Cette *doctrina* de 1554 est évidemment
distincte de la *Doctrina Christiana, en lengua Arauiga y Castellana*
publiée à Valence en 1566 sur l'ordre de D. Martín de Ayala, alors
archevêque de cette ville, et dont il existe une édition *fac-simile*.

UN CHANT D'*AMDYAZ*, L'AÈDE BERBÈRE
DU GROUPE LINGUISTIQUE BERABER

Par M. A. Roux.

Nous avons pu, lors d'un séjour de quatre ans dans la tribu berbère des Beni-Mtir, réunir de nombreux spécimens de la poésie populaire berbère. Ces documents ont été recueillis tant de la bouche des poètes amateurs de la tribu, que de celle des Imdyazen ou Imlyazen, sorte d'aèdes qui parcourent au printemps les tribus berbères du Moyen-Atlas. Nous espérions, par cette enquête, pouvoir contribuer à l'étude de l'âme berbère.

En attendant de publier les documents ainsi amassés, il nous a paru opportun, pour rendre hommage à l'auteur regretté de l'*Essai sur la littérature des berbères* de donner ici un spécimen des œuvres des Imdyazen [1].

Le chant dont nous publions le texte et la traduction, nous a été dicté au printemps de 1916, par Assou ou Moha, *amdyaz* originaire des Aït Yahya, fraction des Aït Sliman de Tounfit, ksar des environs du Jebel 'Ayyachi. Ces Aït Sliman fournissent de nombreux *imdyazen*; ils passent pour avoir reçu d'un saint le don poétique.

Ce chant appartient au genre *tamdyazt-elmejryät* ou *tayffert-el-mejryät* ou poème sur les grands événements du jour. Ici, c'est de l'arrivée des Français au Maroc que parle le poète. La lecture du texte montrera suffisamment dans quel sens il le fait.

Le poème comprend 28 vers de deux hémistiches. Chaque vers

---

[1]. On trouvera quelques spécimens de ces œuvres dans : Abès, *Première année de langue berbère* (Dialecte du Maroc central), Rabat, 1916, p. 99 ; Laoust, *Cours de berbère marocain* (Dialectes du Maroc central), Rabat, 1924, p. 367 ; Loubignac, *Étude sur le dialecte berbère des Zaïan*, II, p. 360 et ss.

a un sens complet. C'est sans doute pour cette raison que les Imdyazen le considèrent comme un vers à deux hémistiches et non
comme deux vers accouplés. Chaque vers est d'abord chanté par
l'*amḡar* ou *chikh*, poète et chef de la troupe ; puis il est répété par
les deux accompagnateurs ou *ireddaden*, pl. de *areddad*. *Amḡar* et
ireddaden accompagnent leur chant, sur le tambourin à une peau,
allun.

La langue de ce poème semble s'apparenter par sa phonétique et
de nombreux caractères morphologiques au dialecte des Aït Sliman.
Mais par certains points morphologiques, sa syntaxe et son vocabulaire, elle se rapproche sensiblement de la langue des chants des
autres Imdyazen d'origine différente. C'est ce qui permettrait de
croire à l'existence d'une langue poétique commune au groupe beraber. Cette langue rappellerait la langue poétique commune aux
différentes tribus antéislamiques de l'Arabie centrale.

Nous nous proposons, d'ailleurs, de revenir sur ce point dans une
étude que nous consacrerons aux Imdyazen, à leur origine, leur
formation poétique, leur vie, l'aire de leurs tournées, la langue de
leurs chants et l'argot dont ils usent entre eux. Nous joindrons à
cette étude des spécimens des différents genres pratiqués par les
Imdyazen.

Le système de transcription utilisé pour la notation du texte berbère est conforme à celui qu'adopte actuellement la majorité des
berbérisants et des arabisants. Cependant, en dehors du texte berbère, les noms propres sont écrits selon l'orthographe courante.

TEXTE BERBÈRE

1. Ad-isk bduḡ a Moḥamd[1], ij[2]-aḡ d amzwaru[3]; ḡer Sîdna Moḥamd,
ṣolli u sellem 3al-lhâdi.

2. Sidi Moḥamd u Brahim a izem aziza ; a sidi 3Ali tasim aggwanu a-nigula.

1. Sans doute faut-il sous-entendre ici « a Rebbi » ô Dieu.

2. La chuintante sonore *j*, dans la langue de ce chant représente le *g* occlusif de la
taselhit, le *g* plus ou moins spirant de certains dialectes du Moyen-Atlas, et le *y* d'autres
dialectes de la même région. C'est un *j* analogue à celui des Aït Seghrouchen.

3. Le point virgule sépare les deux hémistiches.

3. A wa ġriġ-awn a Syadi ayṯ-isedlan izizawen ; aḏ-iyi ṯhiḍṛem adday
ḏ nejbed allun.

4. Adday-ḏ-edduġ s-i3åqęden n ḫęr-zaman ; ṯḫuf ṯasa-nu, a Rebbi
ḥęḍṛaneġ j-imi.

5. Ičča¹-ḏ lbla nijaġ, ičča-ḏ asčar ḏawaġ ; a midden msamaḫäṯ ṯęḫḫa-
ṣṣęft ġef eddunit.

6. Tälli n Sidi-U-Bu-Bešer innan « ḏa tenyaraf ; ṯra a-ṯen-itaru je-
tnyamanṯ am dziri.

7. Yuli-ḏ-elġla j-eddunit a Inselmen jan iḥawliyin ; ammi sġiġ iggis
ay šiġ g-wara.

8. A Rebbi 3åun-ëljid aš-iteqball s-merḥaba ; a Rebbi ur ili mas-aneġ
itegga ša.

9. A-wa ġręġ-asen i Rebbi ḏ-En-nebi ; aḏ isufu ęṣṣlęḥ i ljid ijas iiban
g-usu.

10. Als a-yaqmu-nu š-iḏ ellġa bḏu awal Urumi ; ičča-kun a Ṣaḥara,
yawi-aġ Azaġar.

11. A-yaqbil aḥaṯär, a-y-Ayṯ-Wizdjin ; ar-š-itesḏa3, uma Jir yuwi-ṯ.

12. Uwin Tulal, yuwi-š a Bašnu ; ija iġerman ḫef Bu-Ḏnib, ḫlan-aġ
eṣ-ṣebbara.

13. Lanfaḍ ayḏ-issen isḏa3 edduniṯ ; adday jin am-umeṯna kun iﬂeġ
daṯ-as.

14. Unna ur ṯ isišil irwel iš-iḫf i-ljruf ; åḥ n may ṯ iḍa3an, ksen as isi
lendafę3.

15. Ččiġ ḏ Lḥåjeb, nečča alṯlu Aguräy ; kūn imuġ-asen ull-ęns š-
temdayn.

16. Han Sidi Raḥo ija-yaun amazir a y Arumi A-ṯ-inṣoṛ Rebbi yam
l3azz j-eddunit.

17. Han Sidi Raḥo ijaġ-ṯ-tabräṯ jem3at kull ; han U-Yusi, han u-Mjild
ad-iddu.

18. Idda-ḏ Lḥakem yuwi-ḏ ṯindriwin ; ija-d-eljnus ḏaräs, iddu enṯa
daṯas.

19. Ččiġ ammas ne-Jbel haš-ṯen midden ḏali ; da-ṯṣiyyaḍem a šmayṯ
bla lendafę3.

20. Ad-awn qęsęġ amǧa n U-Nḍir d-wi-n-U-Šęguisen ; ha Tarja ibna-
yam 3åd g-wammas-ennem.

21. Ija-d-elqešla-ęns afęlla n Umġas ; ija ṯayḏ i Uẓru ibna imaḥall ens
j-igbula.

---

1. Mis pour ikka de nombre de dialectes ; le *k* occlusif est très rare dans cette
pièce.

22. A Ṭeṭ Aḥsen amẓ laḥzẹn a-y-Aẓru ḏ Uguray ; la tlåben diks waraw n-id-elbaša.

23. A3nda-ṭen Imaziġen, a Rebbi ass-jasen ḏ inna ; šäṭ-iyi i3askriyn a-neddu al-Buj3ad.

24. Assa imuġ-iyi wull ḏ iserman ; a-kun isenjurref a kun iseneks i-nnḥas d-ujari.

25'. Mur ḏa nḥellẹs ! is 3åṣẹḥ i Rebbi ; ggudeġ i-afa liḥra ar-regguleġ ṭamẓ-iyi ti-n eddunit.

26. Čǰiġ ḏ-imi n Fås i hayawn aḥenzir iṭṭof talwaḥin ; ḏa-iqqar alif lba ṭa llanwaraw n Sorfa ḏät-as.

27. A-wi-da-yas-seḥsarr lḥaruf ; Yasi-ṭ iweṭ-iṭ s-ubariq.

28. Azuz-ed zij ḏaw lḥuḏ a izem aziza ; a Sidi 3Ali llideġ-ṭ-ikkaṭen al-Lbayḏa.

TRADUCTION

1. C'est par toi que je commence, ô Mahomet[2] ! Que Dieu, dans la vie future m'accorde auprès de toi la première place ! Qu'il répande sur toi ses bénédictions et qu'il t'accorde le salut !

2. Ô Sidi Mohamd ou Brahim[3], ô lion gris, et toi Sidi Ali[4] aidez-moi à porter ma charge jusqu'au bout.

3. Je vous invoque, ô saints aux draperies vertes, assistez-moi lorsque je tirerai mon tambourin ;

4. Et lorsqu'en face des honnêtes spectateurs mon cœur connaîtra la crainte, assiste-moi, mon Dieu, et guide mes paroles !

5. Le fléau a occupé les hauteurs et au-dessus de nous la plaine. Ô gens pardonnez-vous, la face de la terre s'est enlaidie.

6. La prophétie de Sidi U Bu Bešer se réalise : « Le monde est agité comme une femme dans les douleurs de l'enfantement. »

7. La vie devient chère, ô Musulmans ; ce avec quoi j'achetais un cheval m'est nécessaire pour avoir un agneau.

8. Que Dieu vienne en aide au généreux qui t'accueille avec des mots de bienvenue quoique lui-même soit dans le besoin.

1. Je crois les vers 25 et 26 légèrement boiteux.

2. C'est par une invocation à Dieu, au Prophète et aux Saints que commencent ordinairement les chants des Imdyazen.

3. Marabout vénéré, dont le tombeau se trouverait entre les Aït Schokhman et les Ichqirn.

4. Il s'agit de Sidi Ali ou Bou Beker, de la famille des Amhaouch, marabout célèbre pour ses prophéties. Voir à ce sujet, Loubignac, *Étude sur le dialecte des Zaïan*, II, p. 438.

9. Je vous prie, ô mon Dieu et mon Prophète, de parfaire son mérite et de garnir d'enfants, sa couche.

10. Continue ô ma voix et chante donc ce qu'a fait le chrétien : il t'a conquis ô Sahara, et nous a pris la grande plaine atlantique.

11. Et vous aussi, grande tribu, Ayt Izdeg, il vous a soumis ; et de l'Oued Guir il s'est emparé.

12. Toulal a été pris et toi aussi ô Bachnou [1]. De ses forts il domine Bou Denib, et nos hommes valeureux ont été décimés.

13. C'est par le canon qu'il a conquis le monde ; lorsqu'il crache, ce canon, comme une pluie fine et persistante, chacun fuit devant lui.

14. Qui n'est pas atteint se réfugie dans les falaises. Mais hélas ! à ceux qui se soumettent le chrétien interdit le port du fusil.

15. J'ai traversé El-Hajeb et Agouray [2], et là dans ces bourgs, chacun a la mort dans l'âme.

16. Mais voici que Sidi Raho [3] est venu camper en face du chrétien ; puisse Dieu lui accorder la victoire et la puissance.

17. Il nous a envoyé des lettres ; rassemblez-vous donc tous ! Voilà que les Ayt Yousi et les Beni Mguild arrivent.

18. Le Général, orgueilleux comme un lion rugissant s'avance à la tête de ses troupes de différentes origines.

19. J'ai traversé la montagne et j'ai vu des gens, ces misérables, chasser sans fusils.

20. Oh ! que je vous conte la tristesse des Beni Mtir et des Ayt Seghrouchen. Ô vallée de Taroua [4] un poste s'élève depuis peu en ton milieu.

21. Au-dessus d'Amras [5] un autre et à Azrou [6] de même. Les troupes chrétiennes occupent les divers points d'eau.

22. O source de Tit Ahsen [7], prend le deuil ! Dans Azrou et Agouray jouent les fils des chrétiens.

23. Pauvres Berbères ! Le jour où le chrétien vous demandera des soldats pour aller jusqu'à Boujad,

24. Ce jour-là mon cœur souffrira et mon ventre se serrera, car il vous rassemblera pour vous pousser en avant du cuivre et des balles.

25. Ah ! si je pouvais obtenir mon salut ! Mais ai-je désobéi à Dieu ? La

---

1. Ksours des environs de Bou Denib.
2. Bourgs situés au Sud de Meknès à 30 kilomètres environ.
3. Célèbre chef de guerre des Aït Seghrouchen. Il ne s'est soumis qu'en 1926.
4. Vallée du pays des Aït Seghrouchen.
5. Vallée du pays Beni Mguild.
6. Bourg du pays Beni Mguild.
7. Source d'Azrou.

peur du feu de l'enfer me hante[1], je fuis, mais ici-bas je rencontre ce feu.

26. J'ai vu, dans Fez, un cochon (*sic*) de chrétien qui, la planchette à la main, faisait étudier l'alphabet. Des fils de chorfa l'entouraient.

27. Et, s'ils se trompaient en lisant il leur donnait des soufflets.

28. Soulève-donc tes pierres tombales, et sors, ô Sidi Ali, ô lion gris, toi qui repoussais les chrétiens jusqu'à Casablanca.

---

1. Crainte souvent exprimée et dans cette même forme dans les chants des Imdyazen.

COMMENT PELLISSIER DE REYNAUD
NE FUT PAS CONSUL DE FRANCE
A MOGADOR (1843)

Par M. Jean SERRES.

Le 20 octobre 1840, le passage à Mogador d'un spahis algérien
qui avait déserté successivement, de notre armée et de celle d'Abd
el Kader, provoqua un très vif incident entre le Pacha de la Ville
et le Consul de France. Le Pacha, refusant de reconnaître cet algérien pour un protégé français, le fit charger de fers et emmener à
Meknès, où se trouvait alors le Sultan, en l'accusant d'avoir voulu
devenir chrétien. Les Sahabs du Pacha se livrèrent à des violences
sur le Consul, son chancelier et des négociants français de la place,
dans des conditions telles que notre représentant, M. Delaporte,
amena le pavillon consulaire et se plaça, avec ses nationaux, sous
la protection du Consul britannique. M. Wiltshire. Lorsque ces
événements furent portés à la connaissance du Sultan, il exigea que
les négociants israélites protégés français qui avaient été mêlés à
cette affaire, quittassent Mogador ou, s'ils voulaient rester au Maroc,
demeurassent soumis aux mêmes obligations que les israélites
marocains. Il se refusa à toute sanction contre le Pacha et demanda
le rappel de M. Delaporte.

Après un long échange de correspondances entre Paris, Tanger
et Meknès, M. Delaporte fut remplacé provisoirement à la tête du
consulat par M. Beuscher, Drogman-interprète du Consulat général de France à Tanger que M. de Nion, chef de ce poste, y

détacha[1]. En même temps, le Pacha Zemrani était rappelé provisoirement à Meknès. Mais la Cour chérifienne refusait de le destituer.

Le département se préoccupa de trouver un successeur à M. Delaporte. La reprise des hostilités entre la France et Abd el Kader l'amena à fixer son choix sur le chef d'escadron Pellissier de Reynaud. Cet officier supérieur, ancien élève de Saint-Cyr, avait fait la campagne d'Espagne en 1823. Lieutenant d'État-major en 1830, il participa à l'expédition d'Afrique. Il s'intéressa immédiatement à l'administration de notre nouvelle conquête et fut, en 1834, nommé directeur du premier bureau arabe créé à Alger. Directeur des Affaires arabes jusqu'en 1839, il fut attaché à cette date à la commission scientifique de l'Algérie. C'est au cours de cette période de sa carrière qu'il prépara et publia ses « *Annales algériennes* », qui sont à l'heure actuelle encore une mine précieuse d'informations sur toute cette époque.

Moins heureux dans sa carrière que son homonyme Pélissier, qui devait finir Maréchal de France, il s'était décidé à quitter la carrière des armes pour servir son pays dans la carrière consulaire, où il était en mesure, grâce à sa connaissance de la langue et de la civilisation des pays de Barbarie, de rendre des services particulièrement précieux.

M. Pellissier fut donc invité à rejoindre son poste. Le 3 novembre 1842, M. de Nion, chargé d'Affaires de France à Tanger, notifiait au Sultan la nomination de notre nouveau consul à Mogador et demandait l'expédition des ordres nécessaires à l'admission de cet agent[2]. A la grande surprise de M. de Nion, le Sultan répondit par un refus. La note de la Cour chérifienne s'exprimait en ces termes[3] : « Le Consul qui est en ce moment à Mogador[4] n'a rien fait qui ait pu motiver son remplacement et son départ ; au con-

---

1. Cf. sur ces incidents les dépêches nᵒˢ 10, du 21 octobre 1840 ; 11, du 26 octobre ; 12, du 9 novembre, de M. Delaporte au Département : nᵒˢ 41, du 21 octobre et 42, du 29 octobre à M. de Nion.

2. *Aff. étrang. Maroc*, t. 8, fᵒ 306.

3. *Aff. étrang. Maroc*, t. 8, fᵒ 308.

4. M. Beuscher, chancelier drogman du Consulat général de France à Tanger, chargé de l'intérim du poste.

traire, il s'est constamment efforcé et appliqué à maintenir et respecter les traités et les conventions. Un homme tel que lui devrait être confirmé dans son poste, et l'on n'aurait qu'à s'en applaudir. Quant à M. Pellissier, par lequel vous le remplacez, il nous est revenu que c'est un homme qui se plait à semer la discorde, la violence et la guerre, qui s'ingère dans ce qui ne le regarde pas et ne s'occupe que de choses étrangères à ses devoirs. Nous nous écartons avec répugnance et autant qu'il est possible d'un tel homme ; car il ne peut arriver avec lui que ce qui a eu lieu avec Delaporte, c'est-à-dire que les choses en viennent au point de faire régner la mésintelligence et la discussion entre les deux États. Pour nous, qui désirons le maintien de la tranquillité, de la paix et de l'amitié, nous ne pouvons consentir à ce qui les détruit » (20 de Chouale 1258 : 24 novembre 1842).

En même temps, le Sultan prenait une mesure énergique contre Zemrani, l'ancien Pacha de Mogador, dont jusque-là M. de Nion n'avait pu obtenir le châtiment et le remplacement définitif. Le Sultan l'envoya de Meknès à Marrakech, en mission auprès du Prince héritier Moulay Mohammed. Il reçut avant son départ quelques cadeaux. Le Prince héritier, après avoir pris connaissance des dépêches portées par Zemrani, le fit dépouiller de tout ce qu'il possédait et jeter en prison, ainsi que les deux soldats qui l'accompagnaient. Ceux-ci avaient participé à l'incident du 20 octobre 1840 et l'on n'avait pu jusque-là obtenir de sanctions à leur encontre. En même temps Zemrani était destitué et un nouveau Gouverneur, Hadj Larbi Torres, nommé à Mogador où il apporta la nouvelle de ces événements. Le Dahir le nommant à son emploi exprimait une désapprobation complète de la conduite de Zemrani et la ferme volonté, de la part du Sultan, de mettre un terme aux abus qui s'étaient introduits sous l'administration de l'ancien Pacha [1].

Ainsi le Sultan, tout en manifestant des dispositions favorables à la France, ne voulait pas admettre M. Pellissier.

M. de Nion, pour éviter un incident diplomatique, ne répondit pas à la note qui lui avait été adressée. Il se borna à en référer à

---

1. *Aff. étrang. Maroc*, dépêche politique de M. de Nion au département, n° 136, du 3 déc. 1842.

Paris et attendit les événements. Surpris de son silence, Si Bousselham, pacha de Tanger, vint de lui-même l'entretenir de l'affaire, qui paraissait lui causer quelque inquiétude. M. de Nion se borna à répondre que la bonne foi du Sultan avait été surprise, et qu'il regrettait de voir qu'à Meknès on se laissait aller à des actes grossiers et nuisibles aux véritables intérêts du Gouvernement chérifien. Le Consul général, qui soupçonnait derrière cette affaire les intrigues des partisans d'Abd el Kader, ne cacha pas son sentiment à Si Bousselham qui, de son côté, tout en défendant la position prise par le Sultan, parut être d'avis que c'était bien là qu'il fallait rechercher l'explication de l'attitude de la Cour chérifienne[1].

Le ministre des Affaires étrangères invita M. de Nion à insister à nouveau auprès du Sultan pour que l'exequatur fût donné à M. Pellissier. Notre agent à Tanger communiqua au Pacha de cette ville, confidentiellement, la note qu'il adressa à Moulay Abderrahman. Le Sultan maintint formellement sa position et il fallut céder[2].

Il n'est pas très difficile de démêler au milieu de toutes les déclarations du Sultan et de son entourage, les véritables raisons du refus d'accorder l'exequatur opposé à M. Pellissier. Le Sultan en donna de multiples motifs. La Cour chérifienne mit d'abord en avant l'excellente attitude de M. Beuscher, gérant du Consulat, dont elle demanda le maintien à ce poste.

M. de Nion expliqua au Pacha de Tanger que cette nomination n'était pas possible.

M. Beuscher, de son côté, lorsqu'il en fut informé, écrivit une lettre désespérée à M. Guizot, afin qu'on ne le soupçonnât pas d'intrigues auprès du Maghzen, et s'efforça, de son côté, d'obtenir l'exequatur par M. Pellissier[3].

Dans la première note de refus, la Cour chérifienne accusait M. Pellissier de provoquer les conflits et de se mêler de ce qui ne le regardait pas. Le Pacha de Tanger, plus tard, dit à M. de Nion

---

1. *Aff. étrang. Maroc*, dép. 137 (politique) du 13 décembre 1842, de M. de Nion au Département.

2. *Aff. étrang. Maroc*, dép. n° 89 de M. Guizot à M. de Nion ; Dépêches n°s 97 (commerciale) et 100 (commerciale), des 10 février et 4 mars 1843, de M. de Nion au Département.

3. Dép. n° 50, du 3 août 1843, de M. Beuscher à M. Guizot.

que le Sultan ne pouvait se résoudre à voir nommer à ce poste un officier qui venait de combattre des musulmans, et qui avait la hauteur et la violence des militaires[1]. Ces raisons ne sont guère plausibles, car depuis plusieurs années M. Pellissier, détaché à la Commission scientifique de l'Algérie, s'était occupé de recherches et d'études et non d'opérations de guerre. C'était là un argument ne venant pas de la Cour chérifienne elle-même, car au Maroc on ne distinguait pas les fonctions civiles et militaires.

Enfin, on donna encore, plus tard, de nouveaux motifs[2]. Le Sultan déclara avoir reçu de commerçants marocains des renseignements défavorables sur le compte de M. Pellissier. Il ajouta d'autres reproches dont celui de « n'être point issu d'une grande maison ».

Tous ces prétextes masquent mal la véritable raison de la Cour chérifienne. M. Pellissier, de par sa situation antérieure, était particulièrement apte à étudier les questions locales et à renseigner son Gouvernement. Il semblait disposé, par son caractère et ses antécédents, à entreprendre sur le littoral ou dans l'intérieur des explorations. On le croyait sans doute capable de nouer des intrigues secrètes. Il était, en tous cas, par sa compétence et ses capacités, dangereux pour le Gouvernement chérifien, car il aurait été rapidement en mesure de déceler la contrebande qui se faisait, par la voie de mer et, notamment, par celle de Mogador, au profit d'Abd el Kader. Le spahi déserteur, cause involontaire de l'incident d'octobre 1840, avait croisé sur sa route Bendjelloun qui se rendait auprès de l'Émir. Et nous savons par Scott qu'en 1841, un chargé d'affaires du Sultan du Maroc, nommé Moulay Taïeb, résidait à Tagdempt[3].

Dans la position difficile où se trouvait placé le Sultan, entre sa crainte de la France et son désir d'aider l'Émir, qui avait reconnu sa suprématie religieuse et temporelle, il était préférable d'éviter un témoin capable de découvrir bien des secrets.

---

1. *Aff. étrang. Maroc*, dép. n° 97 (commerciale) du 10 févr. 1843, de M. de Nion à M. Guizot.

2. *Aff. étrang. Maroc*, dép. n° 100 (commerciale) du 4 mars 1843, de M. de Nion à M. Guizot.

3. Scott, *A journal of a residence in the Esmailla of Abd el Kader*, Londres, Whittaker, 1842, p. 177.

M. Pellissier, pendant ces discussions, se mit en route pour le Maroc. Arrêté à Oran par suite d'un accident survenu en mer à sa fille, il y attendit le règlement de l'incident que sa nomination avait provoqué. Finalement, voyant que le Sultan ne pouvait pas se résoudre à l'agréer, M. Guizot le nomma à Sousse, poste dont le titulaire, M. Hélouis-Jorelle, fut envoyé à Mogador. Ce dernier prit possession de son poste avec la solennité habituelle, le 21 septembre 1843. Quant à M. Pellissier, il rendit à Sousse les plus utiles services dans la répression de la contrebande de poudre qui s'y faisait au profit d'Ahmed, l'ex-Bey de Constantine, et d'Abd el Kader et effectua d'importantes études géographiques et historiques sur la Régence.

LA GRANDE MOSQUÉE ALMOHADE
DE SÉVILLE

Par M. Henri Terrasse.

On a maintes fois déploré la disparition de la grande mosquée
almohade de Séville : les historiens de l'art musulman, même en
Espagne, n'ont pas toujours pardonné à la grandiose cathédrale du
xvᵉ siècle d'avoir pris la place d'un des joyaux de l'art musulman
dans la péninsule, à coup sûr du plus vaste édifice qu'y aient élevé
les califes almohades. L'art espagnol du xiiᵉ siècle ne nous était
guère connu que par la Giralda, ou plus exactement par la tour du
grand minaret du xiiᵉ siècle : son lanternon en effet passait pour
avoir été entièrement détruit dans la construction du campanile
ajouré que surmonte, aujourd'hui encore, la statue tournante de
la Foi. A cet imposant vestige de l'Islâm, la Reconquête semblait
avoir donné, avec un visage nouveau, un nom d'une saveur toute
populaire et locale, sans relation avec son passé. Une partie de
la Giralda, la silhouette extérieure de la Tour de l'Or : c'était bien
peu pour juger l'art almohade d'Espagne surtout lorsqu'on pense à
la grande mosquée et au palais qu'Abou Ya'qoûb, qui aimait tant
Séville, avait fait élever dans sa capitale préférée.

Comment, au surplus, parler d'évolution dans les grands sanctuaires almohades après la disparition de la grande mosquée de
Séville ? Entre la merveille de la Kotoubîya, avec toutes ses qualités de perfection et de mesure, et l'immense mosquée de Has-
sân, aussi extraordinaire en son ordonnance qu'en ses moindres
détails, il semble y avoir un saut inexplicable. L'art almohade en
pleine maîtrise, dès le règne d''Abd el Moûmin, de formules d'une
rare perfection, s'était-il voué, à la fin du siècle, sous l'impulsion

d'un souverain mégalomane, à la recherche du colossal et de l'inédit? Ou bien cette évolution avait-elle marqué des étapes?

Bien souvent, avec l'ami à la mémoire de qui sont écrites ces pages, nous nous étions posés cette question et nous sentions combien il était nécessaire de tenter une restitution de la grande mosquée de Séville. Un premier et trop bref séjour à Séville m'avait convaincu que ce travail était possible. Henri Basset désirait vivement m'accompagner à un second voyage. Mais il ne nous a point été donné de poursuivre ensemble, en terre d'Espagne, nos études d'archéologie almohade. J'ai tenu à exécuter sans tarder, au moins en ses grandes lignes, l'étude que nous avions rêvée afin de pouvoir dédier à son souvenir ce complément à nos études communes et cette réalisation d'un de nos projets.

I. — LES DOCUMENTS

Sur quels éléments fonder cette restitution de cette mosquée dont l'oratoire disparut dès les premières années du xve siècle, dont le minaret et surtout le *saḥn* apparaissent remaniés ou mutilés?

Sans doute la tour du minaret subsiste encore entière, à la seule exception de la couronne de merlons dentés qui entourait sa plate-forme supérieure : toutefois il eût été aussi malaisé qu'imprudent d'en déduire les proportions et le décor du lanternon. Un examen des parties hautes de la Giralda eut vite fait de retrouver, à l'intérieur de l'actuel campanile, des vestiges fort importants de l'ancien lanternon (Pl. III). C'était assez peu : mais un ami, aussi bienveillant qu'érudit, me révéla le moulage dont on trouvera plus loin la reproduction et qui nous donne, avec une scrupuleuse fidélité, l'état du minaret almohade avant sa transformation. Il ne restait plus qu'à publier et à commenter cet admirable document (Pl. I et II).

Les bâtiments qui entourent au nord et à l'est l'actuel patio de Los Naranjos, semblent, pour qui les aborde par le callé Moret, conserver encore leur allure musulmane : les épais contreforts rectangulaires qui épaulent la muraille à intervalles égaux, la couronne de merlons dentés qui achève le mur, l'arc en fer à cheval brisé et les vantaux de bronze de la porte du Pardon laissent suppo-

Le minaret de la grande mosquée de Séville
(D'après un moulage appartenant à M. George BONSOR).

ser qu'on va se trouver en face d'importants vestiges de l'œuvre almohade. Mais les galeries intérieures du *ṣaḥn* ont subi, lors des aménagements successifs de la Sacristie et de la Bibliothèque Colombine, de considérables remaniements. Quelques-unes des arcades primitives subsistent pourtant à l'angle sud-est du patio : d'autres ont été récemment dégagées, qui permettent de prendre des mesures exactes (Pl. III).

De plus jusqu'en 1618, date à laquelle on commença de construire le Sagrario, le *ṣaḥn* de la mosquée avait dû rester intact. On pouvait penser en trouver de bonnes descriptions dans des textes du xvie siècle et cet espoir n'a point été déçu. La minutieuse description de l'historien sévillan Alonso Morgado permet en particulier de restituer les aménagements intérieurs du *ṣaḥn*[1].

Sur l'oratoire lui-même, nous ne savons presque rien : des données archéologiques jointes aux textes on ne peut tirer que les proportions générales et quelques rares détails. Le plan schématique et les indications de décor que nous avons pu établir permettent pourtant de fixer à la grande mosquée de Séville sa physionomie et son rôle distincts dans l'évolution de l'art almohade.

II. — LA DATE

Cette mosquée remplaçait un édifice du xe siècle qui fut bâti par Abd er Rahman ben al Hakam, si l'on en croit Ibn el Koutïya[2], en même temps qu'il faisait entourer la ville de remparts pour la protéger des attaques des Normands.

De cette mosquée oméïyade, il ne reste nul vestige en place. Peut-être les colonnes et les chapiteaux antiques ou visigothiques que l'on trouve aujourd'hui dans la Capilla de la Granada[3] proviennent-ils de cet édifice?

---

1. Alonso Morgado, *Historia de Sevilla*, Sevilla, 1587.

2. In Fagnan, *Extraits inédits relatifs au Moghreb*, pp. 209-210.

3. Une tradition sévillane veut que la Capilla de la Granada soit un reste de l'ancienne mosquée. Or la bâtisse actuelle sur colonnes de marbre est presque en marge du plan de l'édifice almohade. Elle ne saurait dater du xiie siècle. A cette époque on n'aurait pas

La date de l'édification de cette mosquée nous est donnée par le *Qirtas*[1] qui, par exception, est fort précis sur les constructions almohades à Séville. Ce sanctuaire fut commencé en 567 H-1171 J. C. par le calife Aboû Ya'qoûb Yoûsef. Sa construction fut achevée, au moins en très grande partie, onze mois après et la première *khotba* y fut alors prononcée. En cette même année suivant le *Qirtâs*, Aboû Ya'qoûb fit construire, avec le pont de bateaux sur le Guadalquivir, les deux qaçbas intérieure et extérieure, « les fossés » qui entourent les remparts, la muraille de la porte du Djouhar, les quais en pierre des deux côtés du fleuve, enfin l'aqueduc qui amenait l'eau de la colline de Djader.

Si tous ces travaux furent bien commencés en 567-1171, il faut penser qu'ils furent poursuivis sans arrêt pendant les quatre années que la calife passa en Andalousie ; il ne rentra en effet au Maghrib qu'en 571-1175.

Le *Holal*[2] relate brièvement la construction de la mosquée et du minaret, mais donne une date qui étonne quelque peu : 572-1176. Bien que le *Holal* soit un texte presque contemporain, il semble sage de lui préférer ici le *Qirtâs*, plus explicite et qui fait mention de la première *khotba*.

La longueur même de ce séjour, l'importance des travaux faits à Séville, donnent un sens particulier aux fondations d'Aboû Ya'qoûb. De la ville des 'Abbâdides, restée la plus riche et la plus en vue des cités de l'Espagne musulmane, il faisait la seconde capitale de son empire. Aboû Ya'qoûb avait longtemps vécu à Cordoue : par son éducation et par ses goûts, ce sultan almohade était vraiment un andalou. Aussi la grande mosquée de Séville devait être au moins l'égale de la Kotoubîya : si la mosquée d''Abd el Moûmin avait exprimé le récent triomphe de la conquête et de la réforme almohades, celle de son fils était le signe de la domination bien

---

conservé en cette place un vestige de l'ancienne mosquée. La seule façon de concilier cette tradition avec les données archéologiques est de supposer que ces colonnes, venant du premier sanctuaire, avaient été réemployées dans l'oratoire almohade et que, lors de la démolition de celle-ci, on les fit servir à l'édification de la Capilla de la Granada. Ces réemplois successifs de colonnes et de chapiteaux ne sont pas rares en Espagne.

1. *Qirtâs*, trad. Beaumier, p. 297.
2. *Holal el Maouchîya*, éd. de Tunis, p. 120, lignes 3 sqq.

établie des Moûminides et du rôle que les Almohades, combattants
de la foi, jouaient dans la péninsule. Elle signifiait la vigueur nouvelle et les victoires de l'Islâm en face des royaumes chrétiens un
instant triomphants. Enfin, mosquée califale, elle ne pouvait pas ne
pas tenter de rivaliser avec la mosquée de Cordoue, intacte et toute
proche, qui rappelait toujours la gloire du Califat oméiyade et
qu'Aboû Ya'qoûb connaissait si bien.

Si les travaux de la mosquée furent menés à bien en peu de
temps, le minaret fut-il aussi vite élevé ? Il semble bien que non.
Le *Holal*[1] affirme qu'il fut terminé par Ya'qoûb et Mansoûr et Makkari[2] reprend cette affirmation. On serait tenté de croire sans
réserves ces deux textes, mais il faut remarquer que le *Holal* nous
a déjà paru mal renseigné sur les constructions almohades de
Séville et on peut se demander, si la légende des trois minarets bâtis
par un même architecte ne commençait pas déjà à s'établir et à
fausser la chronologie des grands sanctuaires almohades. Il est donc
bien certain, quelque créance qu'on accorde au *Holal* ou à Makkari,
que la plus grande partie du minaret ainsi que la conception générale de son décor datent du règne d'Abou Ya'qoûb.

III. — LE MINARET ET SON LANTERNON

Nous n'étudierons pas ce qui subsiste encore du minaret almohade : on a déjà décrit cette énorme tour de briques. Son aména-
gement intérieur reproduit celui de la Koutoubîya ; une seule différence : la rampe sans gradins qui monte entre le noyau central et
les murs extérieurs est couverte d'une suite de petites voûtes
d'arêtes aux retombées saillantes au lieu de berceaux rampants. On
ne peut dire si les chambres intérieures, toutes remaniées, étageaient
une suite de coupoles aussi riches que celles de la Kotoubîya.
Nous ne reviendrons pas non plus sur la décoration extérieure de ce
minaret ; son décor de briques à entrelacs architectural était une

---

1. *Ibid.*
2. *Makkari,* trad. Gayangos, vol. I, liv. VIII, chap. iii, p. 322.

innovation d'avenir. Mais en Espagne le souvenir de l'art oméiyade
se trahit bien souvent par quelque détail : les larges dessins de briques prenaient appui sur des chapiteaux et des colonnes de jaspe et
de marbre empruntés à quelque monument oméiyade. Faut-il
expliquer cette parure archaïque, par le désir de rivaliser avec le
minaret de Cordoue[1] qui avait, lui aussi, des colonnes de marbre et
de jaspe et des chapiteaux de marbre. Rien n'est plus probable : la
frise de petits arcs sur colonnes de marbre qui achève la tour[2]
semble être une autre réminiscence de Cordoue.

Ce qui subsiste de la tour actuelle permet déjà de constater que
la Giralda était de proportions analogues à celles de la Kotoubiya.
Malgré ses quatorze mètres de côté, c'était une tour élancée. Quelques textes nous décrivent le lanternon comme une construction
aux parois ajourées[3], mais ces textes ne nous donnent ni la proportion du lanternon par rapport à la tour, ni l'ordonnance de son
décor.

Mais les murs du lanternon sont encore visibles au centre de
l'actuel *campanario* (Pl. III), et le moulage d'un bas-relief chrétien[4]
nous donne avec une exactitude parfaite les primitives dispositions
du minaret almohade et de son lanternon (Pl. I et II).

Lors du remaniement de 1568 le lanternon fut simplement décou-
ronné de son dôme, son décor fut détruit et empâté. Aujourd'hui

---

1. Cf. une restitution du minaret de Cordoue dans Henri Basset et Henri Terrasse,
Sanctuaires et forteresses almohades. Le minaret de la Kotobiya, Hespéris, 1925, III, 315 sqq.

2. *Ibid.*, pl. XVII et fig. 36.

3. Cf. sur ce point Antonio Ponz, *Viage de España*, Madrid, 1786, t. IX, p. 16 et
surtout Alonso Morgado, *op. cit.*

4. La planche reproduit un moulage de ce bas-relief qui appartient à M. George Bonsor. C'est M. Bonsor lui-même qui m'en a révélé l'existence et qui m'a permis de le
photographier et de le publier. Qu'il veuille bien agréer ici l'expression de ma respec-
tueuse gratitude. Je lui dois également les détails qui suivent :

Le bas-relief original ornait une des clefs de voûte de la cathédrale de Séville. Ce
médaillon sculpté tomba un jour dans la cathédrale. Alors seulement on s'aperçut de
l'intérêt de cette sculpture et on en prit trois moulages. Celui que M. Bonsor possède se
trouve, comme toutes ses remarquables collections d'art, au castillo de Mairena del Alcor.
Il a été acheté par lui lors de la vente du mobilier d'un peintre sévillan, pour qui il avait
été fait lors de la chute de la clef de voûte.

Il est probable que Guichot, qui, dans son *Historia de Sevilla*, donne une assez bonne
restitution du minaret, avait vu au moins un de ces moulages, mais il n'a pas indiqué
d'après quels éléments il avait effectué cette restitution.

Le lanternon du minaret de la grande mosquée de Séville
(D'après un moulage appartenant à M. George BONSOR).

ses quatre murs, couverts d'enduit, se voient encore (Pl. III) : ils forment une tour carrée de 6ᵐ,86 de côté. On n'a pas même pris la peine, sur deux des côtés du lanternon, d'enlever les colonnes de marbre qui comme sur les faces de la tour supportaient l'entrelacs architectural de briques. Ce détail ne permet pas de douter qu'on soit en face de l'ancien lanternon ; les restes en place s'accordent fort bien avec l'image que nous a laissée la clef de voûte chrétienne. La façade représentée à la Pl. III est celle qui apparaît avec la plus forte déformation perspective sur le bas-relief et où une seule baie s'ouvrait sous la vaste archivolte ornée qui supportait l'entrelacs architectural.

Si les proportions relatives de la tour et du lanternon sont les mêmes qu'à la Kotoubîya, le lanternon lui-même (Pl. II) est d'un type un peu différent : il est plus mince et plus élancé : la hauteur de sa coupole, les énormes dimensions de son *jamour* l'effilent encore. Il réalise déjà la silhouette des lanternons maghribins du xivᵉ siècle.

Son décor d'entrelacs architectural continue celui de la tour. Ses faces diffèrent deux à deux par un léger détail : une ou deux arcades à cinq lobes ajourent la base du lanternon. Ces arcs sont assez bas par rapport à la hauteur totale du lanternon : cette tour plus élancée n'avait pas besoin d'être aussi allégée que l'épais massif qui couronne la Kotoubîya. Ces arcs de départ sont, bien entendu, encadrés : leur tympan s'orne de motifs floraux, indiqués sur le bas-relief : il s'agissait sans nul doute ici, comme aux tympans des arcades de la tour, d'ornements céramo-plastiques. Des colonnes flanquaient ces ouvertures ; celles qui ont été conservées sont, comme à la tour elle-même, des colonnes de marbre veiné couronnées de chapiteaux oméïyades de marbre blanc. Par l'intermédiaire d'un motif serpentiforme se posait sur ces chapiteaux un grand arc qui semble avoir eu treize lobes. Son tympan s'ornait aussi de motifs floraux. De là partaient deux entrelacs architecturaux d'épaisseur différente, qui, comme sur la tour, croisaient les mailles de leurs réseaux. Sans doute étaient-ils faits, là aussi, de brique taillée : le plus large devait être un entrelacs géométrique, tandis que le plus étroit se composait de formes florales. Le premier devait seul s'entrelacer au cadre.

Le registre supérieur du décor était fait, après un bandeau en
léger relief, d'une frise de neuf arcatures brisées qui s'entrelaçaient
à leur cadre. Un autre bandeau en relief; puis la classique couronne
de merlons dentés, qui étaient ici plus nombreux et moins vigoureux
qu'à la Kotoubïya.

La coupole terminale est lisse, au lieu d'être côtelée comme à la
Kotoubïya : mais elle apparaît couverte de tuiles ou plus exactement de larges carreaux. Sur cette couverture un texte nous ren-
seigne : Antonio Ponz dans son *Viage de España*[1] donne, en dehors
des renseignements courants sur la Giralda, le détail suivant : le
lanternon, dit-il, « s'achevait par un couronnement de faïences de
couleurs variées, d'où s'élevait une barre d'acier, sur laquelle étaient
placées quatre grosses pommes de fer doré ». Cette tradition des
couvertures de tuiles vernissées aux couleurs variées s'est conservée :
on l'a reprise, dans une note un peu vive et avec quelque indiscré-
tion, dans les premières restaurations de l'Alhambra. A notre connaissance il n'est pas de plus ancien exemple de ces toitures poly-
chromes au luxe éclatant.

Sur le *jamour* les documents ne manquent pas. Les sphères qui
le composent apparaissent décorées et, sur ce point encore, nous
pouvons nous fier à l'exactitude de la sculpture chrétienne. Antonio Ponz ajoute que, suivant la *Chronique de Saint Ferdinard,* ce
jamour n'avait pas son égal au monde et que la première des boules
était « travaillée avec un art très délicat » et qu'elle était en même
temps « si extraordinaire et si grande » qu'il fallut élargir une des
portes de la ville pour l'y faire entrer.

Certes il ne faut pas prendre au pied de la lettre cette légende
d'un *jamour* gigantesque — simple variante d'un thème de folk-lore
bien connu — et que plusieurs auteurs ont recueilli. Il indique seulement en quelle estime on tenait ce travail de ferronnerie. Cette
admiration était si grande qu'on a conservé le nom du maître
qui avait exécuté ce chef-d'œuvre, Gestoso y Pérez dans sa *Guia
artistica de Sevilla*[2] dit que l'auteur de ce *jamour* s'appelait Abou-el

1. Antonio Ponz, *Viage de España*, p. 66 : « Remataba antiguamente en un chapitel de
azulejos de varios colores, de donde se elevaba una balla de acero en la qual estaban
puestas quatro grandes manzanas de hierro dorado. »
2. José Gestoso y Pérez, *Guia artistica de Sevilla*, Sevilla, 1886.

SÉVILLE - La Giralda. Vestiges du lanternon.

Layth el Sekili[1]. Malheureusement il n'indique pas la source de ce renseignement.

Ainsi le lanternon était digne du minaret; il était aussi vaste que celui de la Kotoubïya et ses proportions étaient originales. Son décor était nouveau aussi par sa technique, développait avec une richesse jusque-là connue le thème de l'entrelacs architectural qui s'annonçait seulement à la Kotoubïya et qui sera repris au minaret de la Qaçba de Marrakech. C'était, par sa matière, la brique, une œuvre d'une technique toute sévillane. C'était aussi et surtout un monument d'une esthétique toute espagnole. A cette multiplicité de détails, à ce luxe qui ne sait pas toujours trouver le juste milieu entre la subtilité inutile et la lourdeur, il est permis de préférer la belle simplicité et l'allure toute architecturale du décor des minarets almohades du Maroc.

La postérité du minaret sévillan fut d'ailleurs presque toute locale et, aussi bien dans l'art mudéjar que dans l'art musulman, assez restreinte. Comme la Kotoubïya, le minaret d'Aboû Ya'qoûb était une œuvre trop belle, trop exceptionnelle aussi, pour pouvoir être imité facilement. A Séville, à l'actuel clocher de San Marcos, en qui on veut voir un ancien minaret fort peu remanié, l'imitation du décor de la Giralda est évidente, et ce décor un peu menu de briques et de céramique est ici à l'échelle du monument. Les autres tours musulmanes ou mudéjares de Séville sont d'un décor trop simple pour que l'imitation du minaret almohade y ait été possible.

Le minaret mérinide de Mançoura, près de Tlemcen, imite dans la pierre l'ordonnance décorative de la Giralda et y mêle quelques souvenirs du minaret de Ḥassân. Mais la tour de Mançoura n'est plus qu'une ruine. Saurons-nous jamais si son lanternon répétait aussi quelques-uns des motifs sévillans ?

La vraie postérité de la Giralda est une postérité chrétienne et tardive. Dans la plaine du Guadalquivir, les clochers posent presque tous au-dessus d'une tour élancée — mais qui ne s'orne pas des mailles du décor musulman — un *campanario* ajouré qui rappelle celui dont on entoura le corps du lanternon de la Giralda. Rien

---

1. Il serait abusif de voir dans Abou el Layth el Sekili un sicilien. Cette ethnique avait pu se conserver dans sa famille depuis plusieurs générations.

n'indique mieux ce que les Andalous ont vu et voient encore dans
la tour de brique rose qui domine la grande ville affairée et joyeuse.
La cathédrale de Cordoue se nomme toujours *la mezquita*, la tour
qui a pris la place du minaret s'appelle, aujourd'hui encore, *almi-
nar*. Mais à Séville, la Giralda, bien qu'elle soit encore aux trois
quarts musulmane, est vraiment devenue un clocher.

IV. — LE ṢAḤN DE LA MOSQUÉE

Une tradition encore très vivante à Séville veut que l'actuel patio
de la cathédrale, qui se nomme comme à Cordoue la Cour des
Orangers (*Patio de los Naranjos*), ne soit autre que la cour de l'ancienne mosquée. Rien n'est plus exact et l'on restitue sans peine les
dimensions et les dispositions du ṣaḥn almohade.

Dès l'extérieur, on l'a vu, le souvenir de la mosquée s'impose.
La porte du Pardon est bien la porte principale de la mosquée :
elle s'ouvrait au centre de la façade Nord-Ouest, dans l'axe même
de la *qibla*. L'ampleur de son arc, ses vantaux et ses heurtoirs
de bronze, refaits en style mudéjar, lui donnent grande allure.
Les épais contreforts et la couronne de merlons dentés de toute
cette façade, plus encore que la porte du Pardon, font penser à
Cordoue.

A l'intérieur du patio, ce n'est plus au grand sanctuaire oméïyade
que l'on pense, mais aux mosquées africaines du XIIe siècle. Sans
doute des bâtisses d'âges divers ont changé la physionomie des
portiques qui entouraient le ṣaḥn. Mais les piliers de briques sur
lesquels retombent des arcs outrepassés et brisés, rappellent invin-
ciblement le souvenir de la Kotoubîya et de Tinmel (Pl. IV). Et à
l'angle sud-est du patio subsiste un arc lisse doublé d'un arc à lambrequins à découpures florales, qui rappelle de très près les arcs
sous coupoles des deux mosquées d''Abd el Moûmin (Pl. V).

Il est facile de restituer le nombre des nefs de la mosquée. Si
l'angle nord-ouest du ṣaḥn est occupé aujourd'hui par le Sagrario,
on compte, à l'Est, huit nefs après la porte du Pardon. La mosquée
de Séville comptait donc dix-sept nefs comme la Kotoubîya : sur ce
point il existait un canon des grands sanctuaires almohades. Alonso

Cathédrale de Séville, Cour des Orangers (Ṣaḥn de l'ancienne mosquée)

Morgado qui a vu la cour de la mosquée dans son état primitif a bien noté les dix-sept nefs.

La profondeur du *ṣaḥn* se détermine aisément : le pilier sur lequel retombe au sud l'arc décoré signalé plus haut est manifestement un pilier du fond de la cour (Pl. IV). Cette cour avait donc sept travées découvertes et un portique simple au nord, soit huit travées en tout.

La porte de l'Orient est une ancienne porte de la mosquée. A l'extérieur, ses lignes anciennes transparaissent sous les remaniements ; on voit encore son massif en forte saillie, son arc et son encadrement, l'amorce de sa corniche. Au-dessus du couloir lui-même, règne une belle voûte de larges stalactites (Pl. VI), en qui l'on peut voir le primitif décor de cette salle. Nulle part en Espagne on ne trouve de stalactites aussi proches de celles de la Kotoubîya et de Tinmel. Et si l'on retrouve aux mosquées saadiennes de Marrakech de semblables porches voûtés de stalactites, on voit que, là encore, les artistes du xvi° siècle ont repris une tradition almohade.

Il est encore possible de mesurer la largeur des travées et des nefs du patio. La nef axiale mesurait (entre axes des piliers) 7^m,70. Les autres nefs et travées étaient larges de 6^m,50 (entre axes des piliers) à l'exception des nefs extrêmes qui étaient plus larges. Ces chiffres sont un peu supérieurs à ceux de la Kotoubîya, mais les arcs semblent aussi un peu plus élevés : les proportions de l'édifice restaient donc les mêmes.

Toutes les constructions musulmanes de ce patio apparaissent faites de briques : les murs extérieurs étaient-ils de béton comme dans les autres mosquées almohades ? On n'en saurait rien dire, car un épais enduit masque l'appareil de ces murs.

Telles sont les données précises, mais peu nombreuses, que fournissent les vestiges encore en place. Heureusement Alonso Morgado, dans son *Historia de Sevilla*, publiée en cette ville en 1587, donne une description détaillée de cette cour et de ses galeries. A pareille date elle servait déjà de patio à la cathédrale, mais n'avait subi aucune altération.

Les proportions que donne Morgado, 330 pieds sur 130, s'accordent bien avec les dimensions de la cour actuelle, prolongée bien entendu, sur l'emplacement du Sagrario. Morgado croit à tort que le *ṣaḥn* de la mosquée était plus profond que le patio de los Naranjos[1]. Nous avons dit pourquoi nous pensons que le *ṣaḥn* n'a jamais eu que les huit travées aujourd'hui visibles.

Sous ce patio étaient creusées des citernes comme dans toutes les mosquées almohades et suivant une tradition déjà ancienne. Alonso Morgado a vu encore deux margelles de marbre, alors aveugles, qui s'ornaient d'un bandeau épigraphique. Ces inscriptions, nous dit-il, faisaient allusion au rôle de ces margelles. Il faut entendre par là quelque inscription poétique et non pas une inscription historique, car Morgado, dans un autre passage, s'étonne qu'on n'ait conservé aucune inscription historique relative à cette mosquée. C'est cette absence d'épigraphie historique qui, dans un monument almohade, se trouve à être normale. Nous n'avons de cette dynastie qu'une seule inscription historique : celle de la chaire de la Kotoubïya[2] ; encore n'y trouve-t-on aucune mention, même indirecte, du souverain qui la fit exécuter.

Une de ces margelles avait encore les gonds de la porte de bronze qui servait à la fermer. A ces citernes aboutissaient des conduits venant des chéneaux de plomb des toits.

Morgado parle de l'intérieur des citernes d'après Léon l'Africain, qui les décrivait, dans un de ses ouvrages aujourd'hui perdu que l'historien du xvie siècle ne spécifie pas. Elles étaient fort bien voûtées et divisées en nefs qui correspondaient à celles de la mosquée. Pareille disposition devait être reprise aux citernes de la mosquée de Ḥassan[3].

Les charpentes musulmanes couvraient encore à la fin du xvie siècle les galeries du patio. Ces charpentes fort belles étaient faites de cèdre « très incorruptible et très odorant qu'on avait été forcé d'amener par mer de Berbérie ». Seules les frises qui supportaient ces charpentes et qui s'inséraient dans les murs de la mosquée

---

1. Le mur nord de la cathédrale a été bâti un peu au sud de la limite méridionale du *ṣaḥn*. Aussi fut-il nécessaire de démolir sa ligne d'arcades sud ; dès les premiers travaux de la cathédrale, rien ne subsista plus de la salle de prières, pas même sa façade sur le *ṣaḥn*.

1. Cf. Henri Basset et Henri Terrasse. *Sanctuaires et forteresses almohades, in* Hespéris, 1926, II et III, p. 168.

3. A la première Kotoubïya au contraire, les voûtes des citernes étaient perpendiculaires aux nefs.

étaient de bois d'olivier. Tous ces plafonds étaient d'un merveilleux travail, les ajustages avaient été faits avec tant de soin que les joints des pièces de charpente étaient invisibles. Au xvi⁰ siècle, dans une ville où l'on savait encore faire de très beaux plafonds artesonados, on admirait toujours en eux le chef-d'œuvre de la charpente.

Il ne nous est pas bien difficile d'imaginer ces plafonds : ils étaient les analogues de ceux qui, après plus de huit siècles, sont restés intacts au-dessus de la travée-nef de la Kotoubïya, sans fléchir et sans se disjoindre. Il faut penser que, même sur les nefs communes, on avait mis à Séville des plafonds plus riches qu'à la Kotoubïya. Des plafonds aussi simples que ceux qui, en dehors de la travée-nef, couvrent la grande mosquée de Marrakech, n'auraient pas, malgré leur perfection technique, suscité à Séville une pareille admiration.

Alonso Morgado donne encore d'autres détails : les murs intérieurs du *ṣaḥn* étaient, comme aujourd'hui encore, surmontés de merlons dentés. Au centre de la cour se trouvait une fontaine entre huit colonnes « d'une *vara*[1] de haut ». Les intervalles des colonnes étaient garnis de grilles et l'édifice se couronnait, lui aussi, de merlons[2].

Cette fontaine que vit Alonso Morgado avait dû être restaurée, car Jérôme Münzer[3] qui visita l'Espagne et le Portugal en 1494-1495 vit au centre de la cour une fontaine en ruines. Ce patio, un peu nu et triste aujourd'hui à l'ombre de la cathédrale, était alors tout planté d'orangers.

Grâce à ce qui subsiste des bâtisses du xvi⁰ siècle, et à cette description, il est facile de restituer ce que fut le *ṣaḥn* de cette mosquée. On imagine sans peine les longues façades aux arcades hautes et régulières que dominaient au centre des grands côtés le grand arc de la porte axiale et celui qui donnait accès à la nef du *miḥrāb*, le couronnement de merlons dentés, les lignes d'orangers entre lesquelles

---

1. La *vara* mesure un peu moins de 0ᵐ,84.

2. Aujourd'hui il existe encore au centre du Patio de los Naranjos une fontaine en qui l'on veut voir un vestige de l'ancienne mosquée. Cette attribution est fort douteuse.

3. Jeronimo Münzer, *Itinerarium Hispanicum*. Texte latin publié par L. Pfandl dans la *Revue Hispanique*, 1920. — Traduction espagnole de Julio Puyol dans le *Boletín de la Real Academia de la Historia*, t. LXXXIV, pp. 32-119, 197-279.

se détachait la blancheur de la fontaine et des margelles de marbre. Ce vaste et beau jardin entouré de portiques ne devait pas avoir le charme intime et un peu sévère du *ṣaḥn* de la Kotoubîya, tout resserré au pied du minaret ; mais il possédait quelque chose de la grandeur paisible et accueillante du patio de Cordoue.

V. — L'ORATOIRE

Mais Alonso Morgado si précis pour tout ce qui concerne le *ṣaḥn* ne nous apprend presque rien de la salle de prières sur laquelle il n'a pu recueillir que quelques traditions. Il sait qu'elle couvrait une surface sensiblement égale à celle de la cathédrale et que, suivant une tradition des Maures, elle était plus profonde que large.

Il exista pourtant un plan de cette mosquée : lorsqu'on décida de commencer la cathédrale on fit faire un relevé de l'édifice musulman qui, depuis la Reconquête, servait de cathédrale afin d'y consigner l'emplacement des autels : mais ce plan fut détruit dans un incendie, à l'Escorial où il avait été déposé.

L'*Itinerarium Hispanicum* de Munzer donne les proportions générales de la mosquée, malheureusement en pas et avec des chiffres manifestement arrondis : elle aurait mesuré 250 pas de long sur 190 pas de large, A partir de ces chiffres, du nombre des nefs, et des mesures prises dans le patio de los Naranjos, on peut calculer le nombre des travées de la mosquée. La salle de prières aurait compris quatorze travées. Soit en tout avec les huit travées du *ṣaḥn* vingt-deux travées et dix-sept nefs. On peut dès lors proposer la restitution schématique ci-contre (fig. 1).

La grande mosquée de Séville était donc, comme la Kotoubîya, une mosquée à dix-sept nefs, avec une nef axiale et des nefs extrêmes plus larges que les autres. La disposition de son chevet semble se déduire aisément de ces caractères : c'était sans doute à la *qibla* une travée-nef aussi large que la nef axiale et jalonnée comme à la Kotoubîya de cinq coupoles, celles du *miḥrâb* et celle des extrémités sur plan carré ou sensiblement carré, les autres plus ou moins barlongues.

La hiérarchie du décor devait être la même qu'à la Kotoubîya et

Cathédrale de Séville, Cour des Orangers. Arc décoré.

l'arc à lambrequins floraux du *saḥn* (Pl. V) nous montre une déco-

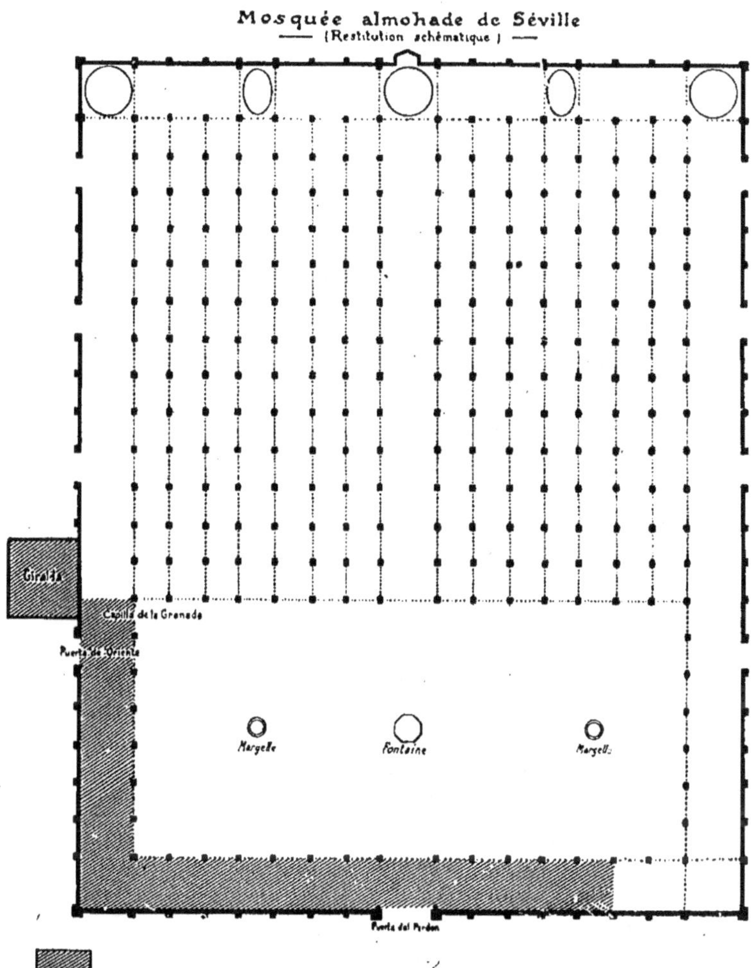

Fig. 1. — Plan schématique de la grande mosquée almohade de Séville.

ration de même style. On serait tenté de croire que le décor était

plus riche qu'à la Kotoubîya : le fait que les arcs entourant le *ṣaḥn*
aient été des arcs ornés[1], que les couloirs des portes aient été
voûtés de stalactites donne à cette hypothèse un commencement
de vérification. On a vu par ailleurs que les plafonds des galeries
de la cour et — par suite logique — ceux des nefs communes,
devaient être plus luxueux aussi qu'à la grande mosquée d'Abd el
Moûmin.

Mosquée de briques, mosquée sur piliers, mosquée en T et à cinq
coupoles, la mosquée d'Aboù Ya'qoûb apparaît bien dans la ligne
des grands sanctuaires almohades et l'influence de la Kotoubîya est
aussi visible dans le *ṣaḥn* et la salle de prières que dans le minaret.

Mais les proportions générales qui, à la Giralda, accusent l'imitation du premier grand sanctuaire almohade, révèlent ici, avec
une innovation, des influences plus anciennes.

Cette mosquée était énorme : 150 mètres sur 110 mètres environ. Si l'on veut bien penser que la Kotoubîya ne mesure que
90 mètres sur 60 mètres[2], mais que la mosquée de Ḥassan en compte
190 sur 140, on comprend que la mosquée de Séville fut, par sa
taille, le prototype ou tout au moins l'annonce du grand sanctuaire
inachevé de Ya'qoûb el Mansoûr. Après le chef-d'œuvre d'équilibre
et de mesure qu'était la Kotoubîya, l'art religieux des califes almohades semble bien viser à l'énorme : Abou Ya'qoub voulut dépasser
l'œuvre d'Abd el Moûmin et, son fils Aboû Yoûsef tenta d'éclipser
à la fois les sanctuaires de son père et de son aïeul.

Mais les dimensions du minaret ne suivirent pas le considérable
accroissement de la salle de prières[3] : les trois grandes tours almohades dominaient des oratoires de tailles très différentes.

Ce qui augmentait d'ailleurs, c'était moins la largeur de l'édifice
que sa profondeur, le nombre des nefs que celui des travées. C'est
bien une des originalités de la mosquée de Séville que l'étendue de
sa salle de prières ; mais ce développement de l'oratoire par rapport au *ṣaḥn* ne s'explique pas seulement par le désir de faire grand.
En face du plan de cette mosquée il est impossible de ne pas penser

1. Dans les mosquées saadiennes de Marrakech les arcs qui entourent le *ṣaḥn* sont aussi
des arcs ornés.

2. Exactement 90 et 92 mètres sur 60 et 57 mètres.

3. Kotoubîya : 12ᵐ,50 de côté ; Giralda : 14 mètres ; Minaret de Ḥassan : 16 mètres.

Cathédrale de Séville, Cour des Orangers.
Voûte à stalactites de la porte de l'Orient.

à Cordoue. Une salle de prières sans grande profondeur eût paru
mesquine à des yeux habitués aux longues perspectives des nefs
cordouanes et les architectes de Séville voulurent que leur œuvre
pût soutenir la comparaison avec la mosquée du premier califat
d'Occident.

Ces proportions, comme l'indique Morgado, devaient être celles
de beaucoup de mosquées espagnoles. La mosquée de Cordoue
après son agrandissement par El Hakâm, et, dans une moindre
mesure, après l'adjonction latérale d'El Mansoûr, avait dû en
fournir le type[1]. La mosquée de la Kotoubîya, au plan si har-
monieux, est fort peu profonde pour sa largeur. La mosquée de la
Qaçba de Marrakech et la mosquée de Ḥassan, plus longues que
larges, marquent sans doute un retour à une tradition bien établie
dans la péninsule bien plus qu'elles ne constituent une innovation.

*
* *

Bien incomplète est donc notre connaissance de l'édifice qui
manifesta le mieux dans toute l'Espagne la puissance des Almohades. Au moins pouvons-nous comprendre sa genèse et fixer sa
place dans l'évolution de l'art musulman occidental au xiie siècle.

La mosquée de Séville dérivait à la fois de la Kotoubîya et de la
mosquée de Cordoue. Elle se rattachait à la première des grandes
mosquées almohades par maint détail de son plan, par la hiérarchie
de son décor, par son appareil, par les formes de ses piliers et
de ses arcs, par les cinq coupoles qui jalonnaient sans doute sa
travée-nef.

Mais, du sanctuaire oméiyade, elle a accru les vastes dimensions
et conservé la plastique extérieure. Ainsi en plein xiie siècle au
moment où triomphait l'art nouveau des Almohades, l'influence de
Cordoue était encore assez forte pour s'affirmer dans quelques-unes
des dispositions essentielles de la mosquée sévillane. Comment s'en
étonner ? Cordoue n'agissait pas seulement par le prestige de son

---

1. Pour les portes donnant accès à l'oratoire lui-même, on en est réduit aux hypo-
thèses. Il est vraisemblable, que vu la profondeur de cette salle de prières, trois portes
lui donnaient accès de chaque côté au lieu de deux à la Kotoubîya. Il y aurait eu ainsi
neuf portes à la mosquée.

passé artistique : elle était restée — la chaire de la Kotoubîya[1] le prouve — un centre d'art très actif et dont le rayonnement dépassait même la péninsule.

Il serait sans doute injuste d'expliquer la grande mosquée de Séville par ces deux seules et illustres parentés. Si la Giralda a été déterminée en ses dispositions essentielles par la Kotoubîya, si la composition de son décor nous achemine vers la solution parfaite trouvée quelques années plus tard au minaret de la Qaçba à Marrakech, la matière même dont elle est bâtie, la fréquence et l'originalité de l'ornement céramique, lui donnent une allure bien sévillane. Elle semble à l'origine, ou tout au moins elle apparaît comme le plus ancien monument d'une tradition architecturale et décorative fondée sur l'emploi de la brique et qui est restée très vivante à Séville. Mais plus encore que la matière c'est l'esprit du décor qui, à la Giralda, se révèle particulier ; cette décoration qui tend à couvrir l'édifice tout entier et qui s'épanouit de plus en plus fournie vers le haut de la tour, procède d'une esthétique bien andalouse. Dans quelle mesure cette originalité s'exprimait-elle dans l'oratoire ? C'est ce que nous risquons d'ignorer toujours ; mais il serait bien étonnant que le caractère local de cet art n'y eût pas été sensible, au moins en quelques détails.

Des souvenirs de Marrakech, des rappels plus lointains de Cordoue, la richesse facile et la couleur légère de Séville : voilà ce qu'on trouvait dans la grande mosquée d'Aboû Ya'qoûb. Y eut-il jamais meilleur symbole de ce que fut dans la péninsule la domination du second califat d'Occident ? A l'Espagne islamique qui faiblissait sous la poussée chrétienne, les sultans moûminides apportèrent le secours de la force africaine. Reprenant l'œuvre des Oméiyades, ils maintinrent pour un temps l'unité musulmane de la péninsule. Ils surent enfin, oublieux de l'austérité des premiers Almohades, comprendre tout le charme de Séville, où le meilleur de la civilisation andalouse se concentrait alors.

Novembre 1926.

1. Cf. Henri Basset et Henri Terrasse, *op. cit.*, pp. 168-207 : *La chaire de la Kotoubîya*

QUELQUES REMARQUES SUR LE SOLEIL
DANS LE FOLK-LORE DES SÉMITES

Par M. le Pr A.-J. Wensinck.

I

Les langues sémitiques contiennent un certain nombre d'expressions qui attribuent au soleil des parties du corps animal. Assez fréquentes sont les métonymies qui parlent de *l'œil du soleil* : on les trouve en arabe[1] et aussi en vieil égyptien, en persan et dans les littératures des peuples indonésiens. Le livre de Job[2] parle des *sourcils de l'aube*, expression parfaitement compréhensible, tandis qu'en arabe le *sourcil du soleil* ou les « sourcils du soleil »[3] n'indiquent aucune relation avec le lever du soleil ; l'expression est expliquée comme désignant sa marge supérieure. Al-Nuwairī[4] cite une ligne du poète Abū Hilāl al-'Askarī, qui appelle le soleil « d'un front clair », comme si, dit al-Nuwairī, c'était le visage d'une jolie femme dans un voile bleu. En syriaque, on trouve le « fiel du soleil » sans explication[5].

Peut-être cette dernière expression pourrait être rapprochée de ce qu'on appelle en arabe la « morve » ou la « salive du soleil » :

---

1. Buḫāri, *K. al-Zakāt*, bâb 47 ; le Pseudo-Balḫi, *Le livre de la création et de l'histoire*, éd. Cl. Huart, II, 24.

2. Job, III, 9 ; IV, 10.

3. Buḫāri, *Mawāḳit al-Ṣalāt*, b. 30, 35 ; *Adān*, b. 95.

4. Ms. de Leyde, p. 13 :

وقال ابو هلال العسكرى والشمس واضحة الجبين كانها وجه المليحة فى الخمار الازرق

5. Ephraim Syrus, *Opera*, I, 125 D.

muḫāṭ al-šams. L'expression se trouve, entre autres passages, dans un commentaire sur des lignes citées par al-Ṭabarī[1]. « Al-summahā » dit-on, « désigne ce qui est sans réalité. En premier lieu c'est ce que le vulgaire appelle *muḫāṭ al-saiṭān*, c'est-à-dire la salive du soleil au midi, comme le poète Abu 'l-Naǧm al-'Iǧlī dit : « Le soleil fondait de la salive qui descendit, quand la balance du temps était au juste milieu ». Le *Lisān al-'Arab*[2] donne l'explication suivante : « les flèches qui se montrent dans l'œil du soleil à celui qui regarde dans l'air au midi, s'appellent la morve du soleil ou bien la salive du soleil. Toutes ces expressions sont entendues parmi les Bédouins. » Ce qui nous intéresse particulièrement, c'est que le soleil est appelé dans l'explication d'al-Ṭabarī « le šaiṭān ». Nous y reviendrons tout à l'heure.

La *tunique du soleil*, mentionnée dans un passage cité par le Pseudo-Balḫī[3] appartient à un autre ordre d'idées : « un visage, comme si le soleil y avait jeté sa tunique, de couleur pure, pas émacié ». L'auteur du *Livre de la Création et de l'histoire* y rattache le commentaire suivant : « On dit qu'au lever du soleil il est couvert de trois tuniques (*kiswa*), l'une rouge, l'autre blanche, la troisième jaune[4] ». Cette tradition de cosmologie populaire pourrait être rapprochée d'une notice d'al-Azraḳī[5] relative à la *kiswa* de la Ka'ba : « On dit qu'au lieu de la *kiswa*, qui aujourd'hui consiste en une seule pièce d'étoffe noire, on usait aux temps anciens de plusieurs pièces d'étoffes de diverses couleurs. »

Sans s'égarer un seul moment dans des spéculations sur la Ka'ba comme sanctuaire solaire, on peut constater qu'aussi d'autres traditions laissent entrevoir un certain rapport entre la Ka'ba et le soleil, par exemple celle des 360 idoles autour de la Ka'ba, que Moḥammad aurait détruites lors de la conquête de la Mecque ; al-Azraḳī[6] rapporte que même aux temps islāmiques il y avait des images (probablement des disques d'or ou d'argent) du soleil et de

---

1. Ed. de Goeje, II, p. 67.
2. IX, 275 ; cf. Goldziher, *Abhandlungen zur arabischen Philologie*, I, 113.
3. *O. c.*, II, 24.
4. *O. c.*, II, 22.
5. *Die Chroniken der Stadt Mekka*, I, 174.
6. *O. c.*, I, 166.

la lune dans la Ka'ba. Un soleil d'or, encadré en perles, hyacinthes et émeraudes figura parmi les dons que le calife al-Mutawakkil présenta à la maison d'Allāh[1].

« La tunique du soleil » pourrait être empruntée à une conception mythologique représentant le dieu Šamaš vêtu d'un manteau. L'antiquité nous a laissé un nombre d'images de Šamaš vêtu de divers manteaux ; quelques-unes, selon toute apparence, ne font pas jaillir de rapport saillant entre le vêtement et son porteur comme dieu-lumière. Telle la célèbre stèle de Hammūrapi, où le dieu Šamaš n'est pas caractérisé par sa tunique, mais plutôt par les faisceaux de rayons sortant de ses épaules ; tels les nombreux cylindres où la tunique couvrant les épaules du dieu a été gravée d'une manière plus accentuée ; cependant, ici aussi ce sont les faisceaux de lumière qui sont beaucoup plus caractéristiques. Seulement l'image d'Ahūramazda au centre du soleil ailé représente la queue de l'oiseau solaire comme formant en même temps la partie inférieure de la tunique du dieu. Je ne sais pas s'il existe des textes cunéiformes qui mettent en lumière l'importance du manteau du dieu solaire. Dans cet ordre d'idées, il faut cependant tenir compte de l'expression biblique[2] selon laquelle Yahwé s'enveloppe de lumière comme d'un manteau, expression qui laisse entrevoir une idée mythologique.

La couverture du soleil se retrouve plus tard dans la littérature rabbinique[3] ; d'après elle, Dieu a enveloppé le soleil d'une housse afin de modérer sa chaleur excessive. Quand ce monde prendra fin, cette housse sera ôtée et les impies seront brûlés. Cette conception se retrouve en eschatologie musulmane dans les traditions[4], selon lesquelles, vers la fin du monde, le soleil se rapprochera de la terre, si bien que les hommes seront mouillés de sueur : elle atteindra une hauteur variable selon leurs œuvres.

Les changements dans le cours ordinaire du soleil appartiennent à l'eschatologie plutôt qu'au cadre de cette étude. Il faut donc les laisser de côté ; je me permets seulement de mentionner les

1. *O. c.*, I, 157.
2. *Psaumes*, 104, 2.
3. *Berešit Rabba*, § 6.
4. Muslim, *Ganna*, trad. 62.

traditions[1] selon lesquelles le char solaire qui est pourvu de 360
anses dont chacune est accompagnée d'un ange, est renversé à
chaque éclipse et sera renversé à la fin du monde si bien que le
soleil lui-même tombera d'en haut[2]. On pourrait se demander si
cette conception n'a pas été influencée par la tradition classique
de la chute d'Icare.

Enfin il faut attirer l'attention sur les nombreux rapports étymo-
logiques et littéraires qui existent dans les langues sémitiques entre
les racines comportant l'idée de « briller » et celle de « semer » et
d' « éclore ». En arabe, on dit ذرّ شارقه « la lumière du jour est
semée[3] ». Ephraïm le Syrien dit :[4] « Gloire à celui qui a semé sa
lumière dans les ténèbres. » Et dans les Psaumes[5] il est dit : « La
lumière est semée pour les justes. » La racine ṣ-m-ḥ comporte en
hébreu l'idée d' « éclore », en syriaque celle de « briller ». L'épithète bien connue du Messie, ṣemaḥ « rejeton » est traduite par les
Septante (Jér., XXIII, 5 ; XXXIII, 15) par ἀνατολή, les rapports
entre le Messie et la végétation étant transmis ainsi vers la sphère
céleste, où, d'ailleurs, ils ne sont pas hors de lieu (cf. Malachie,
III, 20 ; Ev. St. Luc, 1, 78). Ces rapports se manifestent également dans la racine n-ṣ, qui, en hébreu comporte les deux idées
de « briller » et de « fleurir ».

II

C'est aussi dans le monde animal que les traditions populaires
des Sémites retrouvent l'influence du soleil. Al-Ḳazwīnī[6] en parle
de la manière suivante : « C'est un fait remarquable, que la vigueur
et l'agilité des animaux augmentent jusque le temps où le soleil
atteint le zénith ; alors leur vigueur et leur agilité diminuent jus-

1. al-Ṭabari, éd. de Goeje, I, 64, 67 ; Pseudo-Balḫi, II, 24 ; al-Suyūṭi, La'āli, I, 24.
2. al-Suyūṭi, La'āli, I, 25 ; al-Ṭabari, I, 66.
3. Gazāli, Iḥyā' (le Caire, 1302, IV, 204).
4. Opera, II, 403.
5. 97, 11.
6. 'Aǧā'ib al-maḫlūḳāt, éd. Wüstenfeld, p. 25.

qu'à son coucher, quand ils rentrent dans leurs habitations et sont comme morts. »

L'homme en Orient, au contraire, craint le moment où le soleil atteint le zénith. Nous avons trouvé une trace de l'influence démoniaque du soleil dans l'expression « morve du Satan ». Le bouc émissaire des Israélites serait, selon l'opinion de M. Houtsma[1], une personnification de la chaleur d'été, démon qui est lapidé rituellement au pèlerinage musulman. Ce démon, plus précis la personnification du coup de soleil, se retrouve aussi, selon M. Houtsma, dans le mot *ḳoṭeb* ou *ḳeṭeb,* qui est rendu en grec par ὀπισθότονος ἀνίατος « méningite incurable ». Les écrits rabbiniques donnent des détails relatifs à cet être redoutable, qui, à ce qu'il me semble, est mentionné *expresso verbo* dans le Psaume, 91, 6, où le texte hébreu original peut être reconstruit d'après les Septante qui ont lu : ἀπὸ συμπτώματος καὶ δαιμονίου μεσημβρινοῦ.

C'est le « démon du midi », contre lequel la pratique monastique s'armait précisément par la récitation du 91e Psaume[2]. Bar Hebraeus[3] donne au solitaire l'avis de faire sa sieste à midi, « parce que l'attitude immobile du solitaire désarme la vigueur du démon de lassitude, qui, à ce moment du jour, force le solitaire à regarder perpétuellement dans les rayons du soleil ». Cette lassitude, *ma'inūthā,* ἀκηδία est en effet un des ennemis les plus redoutables du solitaire, affaibli par un ascétisme excessif. Bar Hebraeus la représente comme le démon du midi qu'il faut éviter plutôt que le combattre.

L'influence funeste du soleil est mise en relief dans quelques-uns des contes populaires de Palestine recueillis par Hans Schmidt. Au n° 43, le héros est un garçon, fils d'un émir et de sa femme âgée de 90 ans, qui ne doit jamais être regardé par le soleil. Une nuit, comme il avait l'âge de 15 ans, sa mère lui permit de sortir. Ensommeillé en plein air, il ne se réveilla que longtemps après le lever du soleil, qui lui avait brûlé la joue. Dès ce temps il avait « le soleil au visage » et était d'une beauté irrésistible pour les femmes.

Dans l'autre conte — variante du premier — le garçon, aussi-

---

1. *Verslagen en Meded. van de Kon. Akademie van Wetenschappen,* IVe série, tome II, p. 3, suiv.

2. St Basile, *Opera,* éd. Garnier (Paris, 1722), II, 383.

3. *Ketaba de Jawna,* éd. Bedjan, p. 542.

tôt qu'il a regardé le soleil, est métamorphosé en chameau. Cependant, il épouse plusieurs filles qui toutes meurent pendant la nuit de noces. La fille d'un marchand, toutefois, se force à rester éveillée la nuit du mariage ; elle s'aperçoit comment le chameau se change en un beau garçon. Après avoir donné la promesse de tenir la chose secrète, un beau jour elle s'oublie ; son époux la quitte, pour être réuni à elle après des années de séparation.

Peut-être l'étude comparée du folk-lore pourra nous éclairer sur la signification de l'interdit qui empêche un enfant de regarder impunément le soleil.

Que penser de l'expression *seris hamma* « eunuque du soleil » qui dans la Misna désigne un eunuque par nature. L'évangile de St. Mathieu, XIX, 12, énumère les catégories d'eunuques suivantes : les eunuques depuis naissance, les eunuques mutilés par l'homme et, en dernier lieu, ceux qui se sont rendus eunuques pour des raisons religieuses. La question se pose : Est-ce que l'eunuque depuis sa naissance est identique à « l'eunuque du soleil » dont il est question dans la Mišna ? Quoi qu'il en soit, l'expression elle-même fait penser à une influence émasculative attribuée au soleil.

Une trace de cette croyance populaire se retrouve dans la légende de sainte Hilarie. Cette princesse, par amour de la vie ascétique, s'esquiva de la cour royale de son père en travesti, pour aller passer sa vie dans un couvent de moines où elle était connue sous le nom d'Hilarion l'eunuque. Ayant atteint un haut degré de perfection, elle se retira dans le désert, où elle mourut toute seule. Quand deux hommes trouvèrent son cadavre, qu'ils croyaient celui d'un homme, ils n'y trouvèrent pas de traces de barbe, ce qui les induisit à penser qu'ils avaient affaire à l'un de ceux « qui sont imberbes à cause d'excès de chaleur [1]. »

L'expression, tout comme celle d' « eunuque du soleil », semble attribuer l'absence de signes virils à l'influence du soleil.

Je ne connais pas d'autres exemples de cette croyance. Elle n'est pourtant pas étrangère aux croyances populaires d'Orient.

Dans la biographie de Moḥammed [2], la perte temporaire de la

1. *Legends of Eastern Saints*, II, Leyde, 1913, p. 9.
2. Buḫāri, *Bad' al-ḫalḳ*. bâb 11.

faculté virile du Prophète est attribuée à des influences magiques
exercées par un sorcier juif. Dans la littérature cunéiforme, la
même maladie est rattachée à des êtres démoniaques[1]. Ces démons
sont bien connus des croyances populaires des Indes néerlandaises,
où ils portent le nom de *pontianak*[2].

III

Quiconque a étudié le fikh, connaît la défense de faire la *ṣalāt* à
trois moments : au lever du soleil, à midi et au coucher du soleil.
On a cherché le motif de cette défense dans le principe de *muḫā-
lafa*, de la déviation voulue des institutions d'autres religions,
principe caractéristique pour les religions monothéistes. Or, il me
semble qu'il faut se garder de regarder ce principe comme le motif
général des défenses bibliques, chrétiennes et musulmanes, à l'exclusion d'autres idées, ce qui signifierait un manque de respect
envers la méthode de l'histoire des religions et de l'ethnologie, qui
nous ont appris que la religion officielle a gardé une double attitude envers les énergies magiques, tantôt négative, tantôt positive.
Or, les heures du lever du soleil, de midi (nous l'avons déjà vu) et
du coucher du soleil étaient justement les moments auxquels on
attribuait au soleil une grande influence magique. Il ne fallait donc
pas exposer le culte monothéiste à ces influences. Mais, d'un côté,
si la sainteté du lieu ou du temps munit l'homme d'un contrepoids
assez fort, l'attitude négative est abandonnée. De là l'autorisation
de dire la *ṣalāt* du vendredi à midi[3], et de faire les *ṣalāt* à la Mecque
au lever du soleil[4], à midi et au coucher du soleil.

L'influence magique qu'on attribuait jadis à ces moments du jour
est attestée par la littérature ; mais elle y a déjà pris des formes
convenables aux croyances monothéistes. La *ṣalāt* est défendue au
lever du soleil, parce que le soleil « se lève entre les deux cornes

---

1. Jastrow, *Die Religion Babyloniens und Assyriens*. I, 3o8.
2. G. A. Wilken, *Verspreide Geschriften*, II, 225 suiv.
3. al-Širāzī, *Tanbīh*, éd. Juynboll, p. 31.
4. Nasā'ī, *Mawāḳīt al-ṣalāt*, bāb 41 ; Ibn Māǧa, *Iḳāma*, bāb 14o, etc.

d'un satan ». Que signifie cette expression ? Goldziher[1] a conjecturé que le soleil lui-même serait le démon cornu. On pourrait peut-être agréer l'explication du maître vénéré, s'il était impossible de trouver une explication qui soit plus conforme à l'expression arabe elle-même. Il faut remarquer d'abord que l'antiquité a connu l'image du soleil entre des cornes. Elle se trouve sur des monuments égyptiens[2]. Puis, dans le folk-lore musulman, il est question du taureau dont les cornes se lèvent au-dessus de l'horizon[3]. Il semble hors de doute que ce taureau représente le taureau de la terre lui-même, idée bien connue dans l'antiquité[4]. Le soleil qui « se lève entre les deux cornes d'un « šaiṭān » serait donc le soleil se levant entre les cornes du taureau de la terre. Or, selon l'eschatalogie juive et musulmane, Dieu anéantira aux derniers temps ses anciens ennemis cosmiques, le représentant de l'Océan, le Léviathan, ainsi que le représentant de la terre, la Behemot de l'Ancien Testament, qui serviront de nourriture aux habitants du paradis. La tradition musulmane qui défend la *ṣalāt* au moment du lever parce que le soleil se lève entre les cornes d'un šaiṭān, repose sur l'idée que le taureau de la terre est un des ennemis de Dieu, un saiṭān. Il ne faut, toutefois, pas oublier, que la défense a des racines beaucoup plus anciennes que l'eschatologie du monothéisme, voire les idées pré-animistes d'un temps de beaucoup antérieur au monothéisme.

Il en est de même pour la défense de faire la *ṣalāt* à midi. Elle repose sans doute sur l'influence magique qu'on attribuait à l'heure de midi. La théologie officielle a laissé derrière elle de tels motifs. Comme il a été dit, ces forces magiques sont partiellement accaparées par le monothéisme et d'autre part elles sont reléguées au domaine du démoniaque. Cela explique comment la *ṣalāt* à midi est admise à la Mecque et le vendredi ; les autres jours et en d'autres endroits elle est défendue à cette heure « parce qu'à ce moment l'enfer est chauffé et ses portes sont ouvertes »[5].

1. Goldziher, *Abhandlungen*, I, 113.
2. H. Prinz, *Symbolik*, planche IV, fig. 3 ; planche VIII, fig. 4 ; texte, p. 45/6.
3. Ta'labi, *Ḳiṣaṣ*, p. 4.
4. W. B. Kristensen, *De heilige horens in den oud-kretensischen godsdienst*, dans *Verslagen en Med. van de kon. Akademie van Wetenschappen*, IVe série, tome XII, p. 86 suiv.
5. Ibn Māǧa, *Iḳāma*, bāb 48.

Le coucher du soleil est le temps magique par excellence ; c'est
une idée qui apparaît dans plusieurs rites. En Égypte, les fumigations pour détourner les mauvaises influences sont pratiquées de
préférence au moment où le soleil commence à se coucher et à devenir rouge[1]. Ces pratiques se rattachent pour la plupart à la croyance
que le soleil, à son voyage quotidien, apporte ou emporte des pouvoirs magiques qui influencent le sort humain. M. Doutté[2] fait
mention des pratiques et des formules usitées par les femmes au
Maghrib afin de hâter le retour souhaité d'un mari absent. « La
femme », dit-il, « assimile le retour prochain du soleil à celui de
son mari ». Dans l'ancienne Arabie les enfants jetaient leurs dents
changées dans la direction du soleil en disant : « donne-moi une
meilleure en échange[3] ». Une pareille coutume est mentionnée par
Canaan dans son livre sur la médecine et les croyances populaires
de la Palestine contemporaine[4].

L'influence attribuée au soleil couchant se retrouve dans une
expression remarquable connue de l'arabe et du tigrē : le couchant
y est désigné comme « le soleil des morts[5] ». Je n'ai trouvé
aucune explication de cette expression dans les littératures sémitiques. Peut-être n'est-il pas inutile de la chercher dans les croyances
d'autres peuples. Aux Indes néerlandaises, on croit que le soleil à
ce moment du jour cherche à emmener les âmes des vivants, ou
bien qu'à cette heure les morts reviennent afin d'emmener les
vivants[6]. Une pareille explication de l'expression « soleil des morts »
me semble justifiée aussi parce que les croyances des peuples sémitiques à ce sujet vont dans la même direction. « Ne laissez pas sortir votre bétail ni vos enfants, quand le soleil se couche jusqu'après
le commencement du soir, car les Satans sortent et se répandent
quand le soleil se couche, jusqu'après le commencement du soir ».
C'est le ḥadīṯ[7] qui contient cette défense.

1. Lane, *Manners and Customs of the Modern Egyptians* (London & Paisley, 1899), p. 259.
2. *Magie et religion dans l'Afrique du Nord*, p. 131.
3. Freytag, *Einleitung in das Studium der arabischen Sprache*, p. 70.
4. *Volksmedizin und Aberglauben in Palästina*, p. 133.
5. Muslim, *Masāǧid*, trad. 26 et le commentaire d'al-Nawawi : شَرْق المَوْتَى. En
tigrē : ṣuḥī māitām (communication bienveillante de M. Enno Littmann).
6. Kruyt, *Het animisme in den indischen Archipel*, p. 240.
7. Muslim, *Aśriba*, trad. 98.

C'était au même moment du jour que Moḥammed et ses compagnons entendirent les cris des Juifs punis dans leurs tombeaux[1]. Selon toute probabilité, c'était aussi la partie du jour propre aux serments. Dans la tradition bien connue qui défend les faux serments pour s'enrichir au détriment de son prochain, le temps des serments est précisé par « après le 'aṣr[2] ». L'explication de ces mots donnée par le commentaire d'al-Nawawī : « car à cette heure les anges du jour et ceux de la nuit se réunissent » met en lumière le point de vue musulman.

Le fait que le moment où le soleil se couche est propice aux serments doit être fondé sur d'anciennes croyances anté-islāmiques, croyances qui se rattachaient soit au soleil couchant soit aux âmes des morts qui revenaient à cette partie du jour.

En dernier lieu il faut mentionner l'influence purificatrice attribuée au soleil couchant, idée qui n'a plus besoin d'explication après la discussion précédente — trop rapide, il est vrai — de croyances analogues.

« Si le pèlerin », dit un ḥadīṯ, « se dévoue à Dieu tout le jour et répète la *talbiya* jusqu'au moment où le soleil se couche, le soleil couchant emporte ses péchés, si bien qu'il acquiert de nouveau l'état de pureté du moment où il naquit[3] ». La même idée a donné naissance à quelques commandements de l'Ancien Testament. Il est bien connu que la religion des Israélites rattache la restitution de la pureté perdue à des ablutions soit du corps, soit des vêtements. En plusieurs cas, toutefois, l'état de pureté n'est restitué qu'au moment où le soleil se couche[4].

Ces derniers exemples montrent comment le monothéisme a adapté les antiques croyances qui se rattachaient au soleil. Cependant, l'attitude générale du monothéisme envers le soleil n'est pas conciliante. Même quand on laisse de côté les nombreuses traditions eschatologiques qui peignent le bouleversement des luminaires aux derniers temps, il reste un grand nombre de passages qui regardent le soleil comme l'ancien ennemi, maintenant vaincu, du

1. Buḫārī, *Ǧanā'iz*, bāb 88.
2. Muslim, *Īmān*, trad. 173.
3. Ibn Māǧa, *Manāsik*, b. 17.
4. *Lévitique*, XI, 24/5 ; XXII, 7.

Dieu unique. Le soleil reçoit sa couronne à son lever ; au coucher il la rend à Dieu [1]. Il monte jusqu'au septième ciel et se prosterne avec la lune et ses anges sous le trône de Dieu, où il reçoit son manteau de lumière emprunté au trône divin [2].

Et à sa propre fête, l'Epiphanie, il adore son nouveau maître, le Christ [3].

Les remarques précédentes sont nécessairement incomplètes. J'en ai exclu, pour des raisons qui paraîtront justifiées aux yeux des connaisseurs de ce vaste sujet, tout ce qui se rattache au culte du dieu-soleil. Puissent-elles, néanmoins, être un hommage pas trop indigne à la mémoire du savant qu'était Henri Basset.

Leyde, 1926.

1. *The Secrets of Henoch*, trad. de Forbes et Charles, § 14.
2. al-Ṭabari, I, 61 ; cf. *The Legend of Alexander the Great*, éd. Budge, p. 260.
3. Assemanni, *Codex Liturgicus*, I. 226.

UNE INSCRIPTION D'UN PRINCE DE TRIPOLI
DE LA DYNASTIE DES BANU 'AMMAR

Par M. G. Wiet.

Le Directeur général du Service des Antiquités de Syrie,
M. Virolleaud, a bien voulu me communiquer la photographie
d'une inscription trouvée récemment à Tripoli.

Elle est gravée sur une dalle de pierre, cassée en haut à gauche,
en bas des deux côtés. Six longues lignes, et une courte, en plus
petits caractères. Coufique simple, un peu maniéré.

(1)   بسم [الله الرحمن الرحيم انما يعمر مساجد الله من]

(2)   آمن بالله واليوم [الاخر واقام الصلوة واتى الزكوة ولم]

(3)   يخش الا الله فعسى او[لائك يكونوا من المهتدين هذا ما انشا]

(4)   تقربا الى الله تعالى ورغبة فى ?[وابه القاضى ••• جلال]

(5)   [الملك] ابو الحسن على بن محمد بن ع[مار •••• فى سنة •••]

(6)   [••••• وا] ربع مائة وجرى ع[لى يذى •••••••••]

(7)   الله •••••

Basmala. — *Coran*, IX, 18. — (Voici ce qui a fondé) pour se rapprocher du Très-Haut et dans le désir d'obtenir sa récompense (le ḳāḍi...
Jalāl al-mulk) Abū'l-Ḥasan 'Ali, fils de Muḥammad ibn 'A(mmār,.... en
l'année) 4**. Ceci eut lieu par (les soins de ....).

Les crochets dans le texte et les parenthèses dans la traduction font apparaître que l'attribution de cette inscription à un prince tripolitain des Banū 'Ammār n'est qu'une hypothèse. Toutefois, celle-ci repose sur des arguments nombreux qui la rendent à peu près certaine. L'inscription a été trouvée à Tripoli, et, dans la date, le chiffre des centaines (400), qui seul a subsisté, ne contredit pas cette attribution. La beauté des caractères fait songer à une inscription souveraine, présomption qui se change en certitude grâce au verbe *jarā* « avoir lieu », qu'on lit à la ligne 6. Ce verbe, qui se trouve dans des textes antérieurs au vi⁵ (xii⁵) siècle, ne se rencontre qu'à la fin des inscriptions souveraines[1]. La lecture de la première

lettre du nom [رامـ]ع (l. 5) est assurée pour la comparaison avec trois

autres 'ayn (ou ǧayn) initiaux. رغبة (l. 4), علي (l. 5) et [على]ع (l. 6). Enfin, le prince qui régna à Tripoli de 464 à 492, se nommait, comme dans l'inscription, *Abū'l-Ḥasan 'Alī, fils de Muḥammad* ibn 'Ammār.

Je crois donc qu'on peut voir dans cette inscription le premier document authentique de cette dynastie des Banū 'Ammār, qui administra la principauté de Tripoli pendant les quarante années qui précédèrent la prise de la ville par les Croisés (502/1109).

On n'a pas encore précisé la date à laquelle le premier représentant de cette famille, Ḥasan ibn 'Ammar, se déclara indépendant. M. Sobernheim se contente d'une formule vague, « vers le milieu du v⁵ (xi⁵) siècle[2] » Or cette date est donnée par Ḏahabī[3] : cet auteur précise que le ḳāḍī de Tripoli, Ibn 'Ammār, prit en mains l'administration de la ville en l'année 462 (1070), qui fut d'ailleurs néfaste au gouvernement fāṭimide, puisque des événements du même ordre se déroulèrent à Damas, à Tyr et en Palestine.

Avant cette date, le ḳāḍī Ḥasan était déjà un puissant personnage : il servit, en 459 (1067), de médiateur entre le Mirdaside

---

1. Van Berchem, *Inscr. ar. de Syrie*, Mém. Inst. égyptien, III, p. 422 ; C. I. A., *Jérusalem*, II, nᵒˢ 144, 216, 220-221 ; *Amida*, nᵒˢ 2-4, 6, 9, 10, 11, 13, 15-18 ; *Revue biblique*, 1905, p. 91 ; Van Berchem, *Inschr. aus Armenien*, nᵒ 3.

2. C. I. A., *Syrie du Nord*, I, p. 39 ; *Enc. de l'Islām*, II, p. 382-383. — Les connaissances de Ḳalḳašandi (IV, p. 174) sur les Banū 'Ammar sont vraiment trop sommaires et en partie erronées.

3. Ibn Ḳalānisi, p. 97-98, note ; cf. Ibn el-Aṯīr, *s. a.* 462.

d'Alep, Maḥmūd ibn Naṣr, et le gouvernement du calife Mustanṣir, représenté par son préfet à Damas, le célèbre Badr Jamālī[1].

A la mort de Ḥasan, en 464 (1072), ses deux neveux briguèrent
sa succession : Jalāl al-mulk 'Alī Muḥammad réussit à évincer son
frère Amīn al-daula. Il fut soutenu en la circonstance par 'Alī ibn
Muḳallid, qui, poursuivi alors par le prince d'Alep, Maḥmūd, se
ménagea ainsi une solide amitié[2].

On sait peu de chose de Jalāl el-mulk 'Alī[3], qui avait épousé la
sœur d'un gouverneur fāṭimide de Damas, Mu'allā ibn Ḥaidara[4].
Son autorité dut être assez forte puisqu'il réussit à se maintenir
pendant près de trente ans. En 473, il prit Jabala aux Byzantins[5] ;
et, lorsque deux ans plus tard, un cousin du seldjoukide Malik-
Chāh, Sulaymān ibn Ḳutulmiš, s'empara de Tortose, 'Alī y installa
un ḳāḍī[6]. Sa jalousie contre les Fāṭimides[7] alla jusqu'à empêcher
le prince de Damas, Tutuš, de rechercher une alliance matrimo-
niale dans la famille de Badr Jamālī[8].

Un grave incident, qui se produisit en 485, mérite un plus long
développement. En cette année, écrit Ibn el-Aṯīr[9], le sultan seldjoukide Malik Chāh donna à son frère Tutuš, prince de Damas, à
Aḳsunḳur, prince d'Alep, et à Būzān, prince d'Édesse, l'ordre de
s'emparer des provinces de Syrie qui appartenaient à Mustanṣir.
Les trois princes se mirent en campagne, s'emparèrent de Homs,

1. Abū'l-Maḥāsin, éd. Popper, II, p. 238-239.

M. Tabbāḫ (*Hist. d'Alep*, II, p. 338) signale, sans le dater, un siège de Tripoli par
Maḥmūd, qui en rançonna les habitants et envoya la somme recueillie au Seldjoukide
Alp Arslān. D'après Abu'l-Fidā' (*s. a.* 463), Maḥmūd ne reconnut la suzeraineté des
Seldjoukides qu'en 463.

Ḥasan avait fondé à Tripoli une université pourvue d'une riche bibliothèque (Derenbourg, *Ousama*, p. 275) : on sait que les Francs sont accusés d'avoir incendié cette bibliothèque lorsqu'ils s'emparèrent de la ville (Maḳrizi, éd. Wiet, III, p. 130, note, 328).

2. Ibn Ḳalānisi, p. 114, note; Abū'l-Maḥāsin, éd. Popper, II, p. 280; Derenbourg,
Ousama, p. 15-16, 589-591.

3. M. Sobernheim ne mentionne aucun des détails donnés ici sur ce prince.

4. Ibn Ḳalānisi, p. 96.

5. Ibn el-Aṯīr, *s. a.* 494 ; Abū'l-Maḥāsin, éd. Popper, II, p. 267.

6. Abū'l-Maḥāsin, éd. Popper, II, p. 271. — Tortose aurait été conquise par Tutuš,
selon Ibn Ḳalānisi (p. 115), qui ne parle pas du ḳāḍi.

7. Derenbourg, *Ousama*, p. 591.

8. Abū'l-Maḥāsin, éd. Popper, II, p. 272-273.

9. Ibn el-Aṯīr, *s. a.* 485.

d'Arḳa, d'Apamée, et vinrent assiéger Tripoli. En voyant arriver cette armée, le prince de Tripoli, Jalāl el-mulk 'Alī, se trouva réduit à user de ruse. Il réussit à corrompre le vizir du prince d'Alep et finit tenir à ce dernier un diplôme de Malik Chāh prouvant que la souveraineté sur la région de Tripoli lui avait été conférée. Ce fait suffit à détacher Āḳsunḳur de la confédération, et, nonobstant sa fureur, Tutuš dut regagner Damas.

Si la chronique d'Ibn el-Aṯīr est ici digne de créance, le rôle de 'Alī ibn 'Ammār ne fut guère brillant[1]. Mais il est loin d'être prouvé, comme le croit M. Hartmann, que le prince de Tripoli n'était qu'un gouverneur au nom du calife fāṭimide[2].

Un autre récit, celui d'Abū'l-Maḥāsin, ne suppose pas la duplicité de Jalāl el-mulk : il s'agit, il est vrai, d'un historien tardif, mais Ibn el-Aṯīr n'est pas non plus un contemporain, et Abū'l-Maḥāsin est un des rares écrivains arabes à qui le sens critique ne fait pas complètement défaut, sans compter que sa haine des Fāṭimides l'aurait peut-être poussé à ne pas cacher la trahison d'un des leurs. « En cette année, écrit-il[3], Tripoli fut assiégée par Tutuš, frère du sultan Malik Chāh, auquel s'étaient joints Āḳsunḳur et Burān[4] : des mangonneaux furent dressés contre la ville. Le ḳāḍī qui en était le seigneur, Jalāl el-mulk ibn 'Ammār, fit valoir qu'il avait en mains un diplôme du sultan Malik Chāh qui l'investissait de Tripoli.

Tutuš ne voulut rien entendre, mais Āḳsunḳur refusa de continuer la lutte. — « Tu es mon vassal, lui dit Tutuš, comment oses-tu être en désaccord avec moi ? — Ma vassalité envers toi, répliqua l'autre, s'arrête à la désobéissance envers le sultan. » Furieux, Tāj el-Daula (Tutuš) rentra à Damas, pendant qu'Āḳsunḳur réintégrait Alep et que Būzān regagnait Édesse. »

En somme, c'est contre le gouvernement fāṭimide, qui nommait

1. Quelques pages plus haut, Ibn el-Aṯīr avait pourtant fait l'éloge de Jalāl el-mulk (s. a., 464).

2. M. Hartmann, *Ar. Inschr. in Salamya* (Z. D. P. V., XXIV, p. 62, n. 1) : « ein fatimidisch gesimmter Mann und Statthalter der egyptischen Herscher. »

3. Abū'l-Maḥāsin, éd. Popper, II, p. 288. Pour lui, l'incident se passe en 484, ce qui, à priori, paraît préférable. Ibn Ḳalānisi n'en souffle mot, mais, selon sa chronique, l'année 485 est pour Tutuš bien chargée d'événements (p. 121-122).

4. Dans le texte : قزان, Ḳuzān.

INSCRIPTION DE TRIPOLI

à Tripoli le gouverneur, que l'oncle, Ḥasan ibn 'Ammār, s'était déclaré indépendant. La principauté qu'il posséda formait un tout petit territoire, convoité par les Fāṭimides, qui, même sous l'énergique Badr Jamālī, perdent du terrain en Syrie, et par les Seldjoukides, dont une branche règne à Damas et qui compte des vassaux dans la Syrie septentrionale. Il ne faut pas oublier qu'en 470, lors de son départ pour la Syrie, Tutuš avait reçu en fief « tout ce qu'il pourrait conquérir en Syrie[1] » : à cette date pourtant, un général seldjoukide, Atsiz, occupait Damas et presque toute la Palestine. Ce sont même probablement ces victoires seldjoukides qui ont suscité les principautés indépendantes de Tyr et de Tripoli. Le diplôme seldjoukide des Banū 'Ammār a bien pu être authentique et ne pas gêner Tutuš, que les scrupules n'étouffaient pas : on se rappelle qu'il fit exécuter, le jour même de son arrivée à Damas et sous un prétexte futile, le même Atsiz, qui avait sollicité le concours de son armée contre les Fāṭimides et avait promis à Tutuš une entière soumission à ses ordres[2].

Enfin, sur l'attitude réelle des Banū 'Ammār, on trouve un texte formel d'un Syrien, qui a pu être informé par des contemporains de Tutuš : « Les villes maritimes de Tyr et de Tripoli, écrit Ibn Kalānisī[3], étaient aux mains de leurs ḳāḍīs, qui les gouvernaient en toute indépendance. Non contents de s'être soustraits à l'obédience de l'Émir des armées[4], ils recherchaient la bienveillance des Turcs par des bons procédés et des cadeaux. »

La seigneurie de Tyr est assiégée et prise par Badr Jamālī en 432[5]. C'est dans ce fait qu'il faut voir la cause des agissements de Tutuš deux ans plus tard : le Seldjoukide, craignant qu'Ibn 'Ammār ne pût résister efficacement aux Fāṭimides, voulut s'y installer. La population y était restée très attachée à la dynastie fāṭimide : on le vit bien, lorsque Faḫr el-mulk, le dernier des Banū 'Ammār, quitta la ville pour solliciter des secours contre les croisés[6]. Ce détail

---

1. Ibn el-Atīr, *s. a.* 471.
2. Ibn Kalānisi, p. 112 ; Ibn el-Atīr, *s. a.* 471.
3. Ibn Kalānisi, *loc. cit.*
4. Titre de Badr Jamālī, le tout-puissant ministre de Mustanṣir.
5. Ibn Kalānisi, p. 120 ; Ibn el-Atīr, *s. a.* 482.
6. C. I. A., *Syrie du Nord*, p. 41. — De même les habitants de Tyr (Ibn Kalānisi, p. 124).

permettrait de croire que, pour éviter des troubles, Jalāl el-mulk, tout en s'appuyant politiquement sur les Seldjoukides, faisait réciter le prône au nom des Fāṭimides pour ne pas exciter la population. Il est curieux, en effet, de voir que le premier soin du ḳāḍī de Jabala, lorsqu'il se révolta contre le seigneur du Tripoli, fut de reconnaître dans la ḫuṭba la suzeraineté spirituelle du calife abbaside, et Jalāl el-mulk considéra que c'était un geste d'hostilité. Mais, pour réduire ce rebelle, le seigneur de Tripoli sollicita l'intervention du fils de Tutuš, Duḳāḳ, qui, lui aussi bien entendu, reconnaissait le califat abbaside[1].

Tels sont les renseignements, en somme assez minces, que donnent les chroniques sur ce deuxième prince de la dynastie des Banū ʿAmmār. Les lacunes de l'inscription ne permettent pas de rétablir le nom d'un calife, abbaside ou fāṭimide. Ce texte, dans lequel le seigneur de Tripoli se nomme seul, est bien à rapprocher de l'incident que nous venons de développer : les Banū ʿAmmār s'étaient bien détachés du gouvernement fāṭimide et ce geste les rejetait vers Bagdad, mais leur attitude resta prudente parce que leurs sujets manifestaient des sympathies alides.

---

1. Ibn el-Aṯir, s. a. 494. — Duḳāḳ ne put s'emparer de Jabala : l'incident se place entre 488 (avènement de Duḳāḳ) et 492 (mort de Jalāl el-mulk).

En 494, la situation se retourne brusquement : le ḳāḍī de Jabala livre la ville à l'atabek de Duḳāḳ, Ṭugtakūp, qui y envoie son fils Būrī. Ce dernier est fait prisonnier par l'armée de Faḫr el-mulk ibn ʿAmmār, après une courte occupation de la ville (Ibn Ḳalānisi, p. 139; Ibn el-Aṯir, loc. cit.).

PUBLICATIONS D'HENRI BASSET

I. — PRÉHISTOIRE ET ARCHÉOLOGIE PRÉ-ISLAMIQUE

Fouilles dans la nécropole de Chella (*Comptes rendus de l'Académie des Inscriptions*, Paris, 1918, pp. 300-301).

La nécropole romaine de Chella (*France-Maroc*, III, 1919, pp. 131-134).

Note sur une inscription latine d'Azemmour (*Recueil des Travaux du Comité des Études historiques et scientifiques*, 1922, pp. xvi-xviii).

Deux pétroglyphes du Maroc Occidental (Région des Zaer) (*Hespéris*, III, 1923, pp. 141-146, 2 pl.), signalé dans *Revue d'Ethnographie et des Traditions populaires*, V, 1924, p. 103.

COMPTES RENDUS

J. Campardou, *Notes archéologiques sur la région de Taza* (*Hespéris*, II, 1922, pp. 175-176).

X. de Cardaillac, *La station néolithique de Bab Merzouka* (*Hespéris*, I, 1921, p. 485).

St. Gsell, *Hérodote* (*Archives Berbères*, II, 1917, pp. 195-204).

P. Pallary, *Notes critiques de préhistoire nord-africaine ;* — M. Reygasse, *Études de paleth-nologie maghrébine* (*Hespéris*, III, 1923, pp. 132-135).

L. Poinssot et R. Lantier, *Un sanctuaire de Tanit à Carthage* (*Hespéris*, IV, 1924, pp. 239-240).

M. Reygasse, *Nouvelles études de palethnologie maghribine* (*Revue Africaine*, LXIII, 1922, pp. 208-210).

II. — ISLAM, HISTOIRE ET ARCHÉOLOGIE MUSULMANES NORD-AFRICAINES

Une primitive mosquée de la Koutoubia à Marrakech (*Comptes rendus de l'Académie des Inscriptions*, 1923, pp. 248-252, 1 plan).

Un aqueduc almohade à Rabat (*Revue Africaine*, LXIV, 1923, pp. 523-528).

Les années d'exil de Moulay el Yazid (1784-1789) (*Bulletin de l'Enseignement au Maroc*, X, 1923, pp. 339-349).

Ibn Toumert, chef d'État (*Revue de l'Histoire des Religions*, Paris, 1925, II, pp. 438-439. — Résumé d'une communication).

A propos d'un livre récent : Les arts décoratifs au Maroc (*Bulletin de l'Enseignement au Maroc*, XII, 1925, pp. 429-436).

En collaboration avec M. J. CAMPARDOU :

Le Bastioun de Taza (*Archives Berbères*, III, 1918, pp. 109-135). C. R. dans *Revue de l'Histoire des Colonies françaises*, XV, 1923, pp. 324-328).

Graffiti de Chella (*Hespéris*, I, 1921, pp. 87-90).

En collaboration avec M. E. LÉVI-PROVENÇAL :

Chella ; une nécropole mérinide (*Hespéris*, II, 1922, pp. 1-92 ; 255-316 ; 385-425 ; — 1 vol. de 198 pages avec 16 pl. et 61 fig. (*Collection Hespéris*, I, 1923). — Signalé dans *Revue d'Ethnographie et des traditions populaires*, IV, 1923, pp. 305, 306 et 408.

En collaboration avec M. H. TERRASSE :

Sanctuaires et forteresses almohades (*Hespéris*, IV, 1924, pp. 9-91 ; 181-203 ; V, 1925, pp. 311-376 ; VI, 1926, pp. 107-270 ; VII, 1927, pp. 117-171 et pp. 287-345.

Articles de l'*Encyclopédie de l'Islām* : Kerkūr, Kawār, Ḳaṣr Fir'awn, Ṣāliḥ b. Ṭarīf, Salā, Safi.

COMPTES RENDUS

P. J. André, *L'Islam et les races* (*Revue Africaine*, LXV, 1924, pp. 379-381).

M. Asin Palacios, *Une introduction musulmane à la vie dévote* (*Hespéris*, III, 1923, p. 540).

Col. Paul Azan, *L'émir Abd-el-Kader (1808-1883)* (*Hespéris*, V, 1925, pp. 499-502).

A. Bel, *Les Beni Snous et leurs mosquées* (*Hespéris*, II, 1922, pp. 406-407).

— *Zahrat el As* (*Hespéris*, III, 1923, pp. 540-541).

Gh. Bouali et Georges Marçais, Ibn el Aḥmar, *Histoire des Beni Merin, rois de Fàs, intitulée Rawḍat en Nisrin* (*Archives Berbères*, II, 1917, pp. 312-317).

H. de Castries, *Sources inédites de l'histoire du Maroc*, 1re série, Espagne, t. I (*Hespéris*, II, 1922, pp. 353-356).

— Angleterre, t. I (*Hespéris*, I, 1921, pp. 101-105).

— Pays-Bas, t. V (*Hespéris*, I, 1921, pp. 352-355).

—   —   t. VI (*Hespéris*, IV, 1924, pp. 491-493).

— 2e série, France, t. I (*Hespéris*, III, 1923, pp. 428-432).

—   —   t. II (*Hespéris*, V, 1925, pp. 491-496).

A. Cour, *La dynastie marocaine des Beni Wattas* (*Hespéris*, I, 1921, pp. 492-497).

G. Ferrand, *Voyage du marchand arabe Sulaymân en Inde et en Chine* (*Hespéris*, II, 1922, pp. 495-496).

S. Flury, *Islamische Schriftbänder* (*Hespéris*, I, 1921, pp. 490-492).

Gaudefroy-Demombynes, *Les Institutions Musulmanes* (*Hespéris*, I, 1921, pp. 105-107).

A. Godard, Ghazni, S. Flury, *Le Décor épigraphique des monuments de Ghazna* (*Hespéris*, VI, 1926, pp. 98-101).

Ign. Guidi, *L'Arabie antéislamique* (*Revue de l'Histoire des Religions*, LXXXV, 1922, pp. 212-213).

Isidro de las Cagigas, *Los viages de Ali bey a través del Marruecos oriental* (*Revue Africaine,* LXII, 1921, pp. 190-195).

E. Kühnel, *Daten zur Geschichte der spanisch-maurischen Keramik* (*Hespéris*, VI, 1926, pp. 273-274).

E. Lévi-Provençal, *Les historiens des Chorfa, Essai sur la littérature historique et biographique au Maroc du XVIe au XXe siècle* (*Revue Africaine,* LXIII, 1922, pp. 505-510).

P. Marty, *Une tentative de pénétration pacifique dans le sud marocain en 1839* (*Hespéris,* I, 1921, pp. 355-356).

H. Massé, *Essai sur le poète Saadi* (*Revue de l'Histoire des Religions,* LXXXI, 1920, pp. pp. 376-381 ; — *Hespéris,* 1921, pp. 99-100).

Ibn Muyassar, *Annales d'Egypte,* éd. Massé (*Revue Africaine,* LXI, 1920, pp. 344-345).

Jean Serres, *La politique turque en Afrique du nord sous la monarchie de juillet* (*Hespéris,* V, 1925, pp. 496-499).

III. — ETHNOGRAPHIE

Rapport sur une mission chez les Ntifa (*Archives Berbères,* II, 1917, pp. 97-121).

La Libye d'Hérodote d'après le livre de M. Gsell (*Revue Africaine,* 1918, pp. 293-305).

Les éléments du peuple marocain (*France-Maroc,* 1918, pp. 261-267).

Le culte des grottes au Maroc (Alger, Carbonel, 1920, in-8°, 129 pages).

> C. R. par Fr. Beguinot (*Oriente Moderno,* 1921, pp. 311-314) ; A. Bernard (*La Géographie,* 1921, pp. 197) ; L. Brunot (*Bulletin de l'Enseignement au Maroc,* 1920, pp. 490) ; J. Carcopino (*Revue Africaine,* 1920, pp. 345-350) ; A. Cour (*Recueil de la Société Archéologique de Constantine,* 1922, pp. 324-326) ; M. Delafosse (*Revue d'Ethnographie,* 1920, pp. 227-229) ; R. Dussaud (*Revue de l'Histoire des Religions,* 1921, pp. 213-215) ; G. Ferrand (*Journal Asiatique,* 1922, pp. 291-292) ; E. Laoust (*Hespéris,* 1921, p. 225) ; R. Maunier (*Revue algérienne de Législation,* 1921, p. 157).

> J. L., *Grottes mystérieuses* (*Vigie Marocaine,* 10 mai 1922).

État actuel des études d'ethnographie au Maroc (*Bulletin de l'Institut des Hautes-Études Marocaines,* 1920, pp. 130-136).

Rapport sur les travaux d'ethnographie relatifs au Maroc (*Hespéris,* I, 1921, pp. 458-461).

> Signalé dans *Revue d'Ethnographie,* III, 1922, p. 366.

Les influences puniques chez les Berbères (*Revue Africaine,* LXII, 1921, pp. 340-374).

Les cérémonies du mariage à Bahlil (Introduction à un article de Houccin Kaci, *Hespéris,* I, 1921, p. 337).

Les rites du travail de la laine à Rabat (*Hespéris,* II, 1922, pp. 139-160).

> Signalé dans *Revue d'Ethnographie,* IV, 1923, p. 305.

Quelques notes sur l'Ammon libyque (dans les *Mélanges René Basset,* Publications de l'Institut des Hautes-Études Marocaines, t. X, 1923, vol. I, pp. 1-30).

Les troglodytes de Taza ; — notes sur les poteries des Ghiata (*Hespéris,* V, 1925, pp. 427-442, 19 fig.).

Le Maroc, la population, origine, langue, mœurs, religion (l'*Armée d'Afrique*, II, déc. 1925, pp. 13-21 et 4 clichés).

La vie sociale (dans *Rif et Jbala, Bulletin de l'Enseignement au Maroc*, janvier 1926, pp. 56-62).

Collaboration à *France-Maroc* (*La fête de Lalla Ksaba*, 1917, pp. 35-36 ; — *Les sauterelles*, 1919, pp. 295-296 ; — *Les cigognes*, 1919, pp. 252-253 ; — *Vers l'Atlas*, 1919, pp. 200-201).

COMPTES RENDUS

Béjot, *Étude sur le tatouage en Algérie* (*Hespéris*, II, 1922, pp. 176-177).

A. Bernard, *Enquête sur l'habitation rurale des indigènes de l'Algérie* (*Hespéris*, III, 1923, pp. 135-138).

— *Enquête sur l'habitation rurale en Tunisie* (*Hespéris*, IV, 1924, pp. 339-341).

J. Brévié, *Islamisme contre naturisme au Soudan Français* (*Hespéris*, 1923, pp. 294-296).

Bulletin de la Société de Géographie du Maroc, 1re année, fascicule I, juillet-août-septembre 1916 (*Archives Berbères*, II, 1917, p. 207-208).

Dupuis-Yakouba, *Industries et principales professions des habitants de la région de Tombouctou* (*Hespéris*, II, 1922, pp. 497-499).

St. Gsell, *Hérodote* (*Archives Berbères*, II, 1917, pp. 195-204).

P. Hacoun-Campredon, *Étude sur l'évolution des coutumes kabyles* (*Revue Africaine*, LXIII, 1922, pp. 359-361).

Sir J. G. Frazer, *Le rameau d'or ; — Les origines de la famille et du clan* (*Hespéris*, V, 1925, pp. 377-379).

H. Labouret, *Langage tambouriné et sifflé* (*Hespéris*, III, 1923, pp. 292-293).

E. Laoust, *Mots et choses berbères* (*Revue d'Histoire des Religions*, LXXXIV, 1921, pp. 153-162).

A. R. de Lens, *Pratiques des harems marocains* (*Hespéris*, V, 1925, pp. 133-135).

M. Mercier, *La civilisation urbaine au Mzab* (*Revue africaine*, LXIV, 1923, pp. 546-549).

L. Milliot, *Les terres collectives, Étude de législation marocaine* (*Revue d'Ethnographie*, IV, 1923, pp. 93-95).

Moussa Travelé, *Proverbes et contes Bambara* (*Revue Africaine*, LXV, 1924, pp. 548-549).

L. Ortega, *Los hebreos en Marruecos* (*Revue Africaine*, LXII, 1921, pp. 182-183).

P. Ricard, *Corpus des tapis marocains*, I (*Hespéris*, IV, 1924, pp. 341-343).

— *L'art de la dorure et de la reliure de Abou 'l 'Abbas Ahmed ben Mohammed es-Sofiani* (*Revue Africaine*, LXI, 1920, pp. 153-154).

Sitte und Recht in Nord Afrika (Quellen zur ethnologischen Rechtsforschung von Nordafrika, Asien, und Australien (*Hespéris*, IV, 1924, pp. 133-135).

A. van Gennep, *Le Folk-lore* (*Revue Africaine*, LXV, 1924, p. 376).

Westermarck, *Les cérémonies du mariage au Maroc* (*Revue d'Histoire des Religions*, LXXXV, 1922, pp. 214-218).

IV. — LITTÉRATURE BERBÈRE

Essai sur la littérature des Berbères, in-8°, Alger, Carbonel, 1920, 446 pages.

C. R. par Miguel Asin Palacios (*La Ciudad de Dios*, vol. 126, pp. 302-304) ; A. Bernard (*La Géographie*, 1921, p. 197) ; L. Brunot (*Bulletin de l'Enseignement au Maroc*, 1920, pp. 489-490) ; M. Delafosse (*Revue d'Ethnographie*, 1920, pp. 224-227) ; R. Dussaud (*Revue d'Histoire des Religions*, 1921, LXXXIII, pp. 213-215) ; G. Ferrand (*Journal Asiatique*, 1922, pp. 289-291) ; M. Gaudefroy-Demombynes (*Revue Critique*, 1924, pp. 22-23) ; R. Maunier (*Revue Algérienne de Législation*, 1921, pp. 153-155) ; Salomon Reinach (*Revue Archéologique*, 1920, p. 161) ; G. Yver (*Revue Africaine*, 1920, pp. 350-357).

> A. Bernard, *La littérature des Berbères* (*Afrique Française*, 1920, pp. 324-326) ; F. Beguinot, *La letteratura berbera secondo un opera di H. Basset* (*Oriente Moderno*, 1923, pp. 505-510) ; A. Cour, *Une enquête de sociologie berbère* (*Bulletin de la Société de Géographie d'Oran*, 1921, pp. 128-135) ; E. Laoust, *La littérature des Berbères d'après l'ouvrage de M. H. Basset* (*Hespéris*, I, 1921, pp. 194-208).

Quelques nouveaux contes berbères (*Revue d'Ethnographie*, II, 1921, pp. 26-38).

Les proverbes de l'Ahaggar (*Revue Africaine*, LXIII, 1922, pp. 489-502).

> Signalé dans *Revue d'Ethnographie*, 1923, p. 293.

Un nouveau manuscrit berbère : le Kitâb el Maw'iza (*Journal Asiatique*, CCII, 1923, pp. 299-303).

COMPTES RENDUS

S. Biarnay, *Étude sur les dialectes berbères du Rif* (*Revue des Traditions Populaires*, XXXIII, 1918, pp. 276-284).

E. Destaing, *Étude sur le dialecte berbère des Aït Seghrouchen* (*Revue d'Ethnographie*, II, 1921, pp. 67-70).

Le Père de Foucauld et A. de Calassanti-Motylinski, *Textes touaregs en prose* (*Revue Africaine*, LXIV, 1923, p. 549).

E. Laoust, *Étude sur le dialecte berbère des Ntifa* (*Revue Africaine*, LXII, 1921, pp. 175-177).

J. Marouzeau, *La linguistique* (*Hespéris*, 1921, pp. 349-350).

V. — DIVERS

Biarnay, *Revue Africaine*, LIX, 1918, pp. 494-498.

Discours prononcé à la séance d'ouverture du IVe Congrès de l'Institut des Hautes-Études Marocaines (*Hespéris*, IV, 1924, pp. 446-448).

Rapport sur le fonctionnement de l'Institut des Hautes-Études Marocaines (*C. R. Académie Inscriptions*, 1925, pp. 336).

Discours prononcé à la séance d'ouverture du Ve Congrès de l'Institut des Hautes-Études Marocaines (*Hespéris*, V, 1925, pp. 449-450), reproduit dans *Rif et Jbala*, Introduction (*Bulletin de l'Enseignement au Maroc*, janvier 1926, pp. 3-5).

TABLE DES MATIÈRES

TOME PREMIER

TOME II

CHARTRES. — IMPRIMERIE DURAND RUE FULBERT.

Vient de paraître :

TEXTES ARABES RELATIFS A L'HISTOIRE DE L'OCCIDENT MUSULMAN
VOLUME I

DOCUMENTS INÉDITS D'HISTOIRE ALMOHADE

FRAGMENTS MANUSCRITS DU " LEGAJO " 1919 DU FONDS ARABE DE L'ESCURIAL

publiés et traduits avec une introduction et des notes

par

E. LÉVI-PROVENÇAL

Directeur de l'Institut des Hautes-Études Marocaines
Professeur à la Faculté des Lettres de l'Université d'Alger

Un volume de xii-276 pp. et de 152 pp. de texte arabe, 4 planches et 2 cartes hors texte, in-8, 1928. Prix. . . . . **160 fr.**

INTRODUCTION. — TRADUCTION Première partie : **Lettres d'Ibn Tumart et de 'Abd al-Mu'min.** — Deuxième partie : **La généalogie des Almohades et l'organisation du parti** (Extraits du *Kitab al-ansab fi ma'rifat al-asab*). — Troisième partie : **L' « Histoire des Almohades » d'Abu Bakr b. 'Ali as-Sanhaji, surnommé al-Baidak.** — APPENDICES. — GLOSSAIRE. — Index des noms de personne. — Index ethnique. — Index géographique et toponymique.

Ce volume est le premier d'une collection de *Textes arabes relatifs à l'histoire de l'Occident musulman*, dont M. Lévi-Provençal a pris la direction. Il inaugure cette série d'ouvrages par la publication, avec une traduction enrichie d'un appareil de notes fort détaillé, d'une première série de *Documents inédits d'histoire almohade* contenus dans un manuscrit de l'arrière-fonds arabe de l'Escurial, non inventorié par Casiri. Ce manuscrit, dont l'existence n'avait jamais encore été signalée, a été découvert par M. Lévi-Provençal, au cours de l'une des missions dont il a été chargé ces dernières années en Espagne, pour préparer la suite de la publication du Catalogue des manuscrits arabes de la Bibliothèque de San Lorenzo, entreprise par le regretté Hartwig Derenbourg.

Ces « Documents » et une partie de l'œuvre du chroniqueur Ibn al-Kattan (*Nazm al-juman*) que M. Lévi-Provençal vient de découvrir dans une bibliothèque privée de Fès (et qui paraîtra aussi dans la présente collection), sont appelés à compléter et à renouveler sur bien des points notre connaissance — jusqu'ici fort réduite — du célèbre mouvement almohade, qui mit à la tête de l'Occident musulman une nouvelle dynastie califienne, celle des Mu'minides.

Le manuscrit de l'Escurial, publié in-extenso dans cet ouvrage, comprend trois fragments. Le premier, le plus court, semble avoir appartenu à un recueil de lettres officielles se rapportant à la première période de l'histoire de la communauté almohade. — Le second fragment a été tiré d'un ouvrage composé sans doute dans la première moitié du viie/xiiie siècle, sous le titre de « Livre des Généalogies pour la connaissance des Compagnons » (du Mahdi Ibn Tumart). Ce qui en fait surtout l'intérêt et la nouveauté, c'est une liste détaillée à l'extrême de toutes les tribus berbères qui constituèrent le *makhzen* almohade. Le troisième fragment, enfin, est de beaucoup le plus important ; c'est la plus grande partie de l'œuvre, malheureusement acéphale dans le manuscrit, et écrite sous forme de véritables « mémoires », d'un personnage du nom d'Abu Bakr as-Sanhaji, surnommé al-Baidak. La personnalité de l'auteur, telle qu'elle se dégage de son histoire, est des plus intéressantes, car il exerça un rôle souvent actif dans les événements qu'il consigne. Il apparaît comme un almohade de la première heure qui passa sa vie dans le sillage du Mahdi, plus du calife Abd al-Mu'min. Ajoutons que son œuvre, capitale pour l'histoire de cette période si importante pour le Maghrib, fut sans doute par la suite mise à l'index, à cause de son caractère panégyrique pour la doctrine almohade vue du point de vue religieux ; à peine en trouve-t-on trace dans deux ouvrages postérieurs à qui elle servit de source au moyen d'un intermédiaire inconnu, *L'Histoire des Berbères* d'Ibn Khaldun et la chronique anonyme *al-Halal al-mauchiya*.

Deux cartes enfin accompagnent ces documents ; l'une est celle de la répartition probable des tribus du sud de Marrakech au xiie siècle de J.-C. ; l'autre, des principales régions et localités du Maroc à l'époque almohade.